형사소송에서 하자의 치유

나 기 업

박영사

머 리 말

중추신경계는 눈에 보이지 않고 일상에서 그 존재가 인식되는 일도 드물지만 신체의 감각·운동·생체기능 등을 조절하고 통합하는 중요한 역할을 한다. 형사절차법에서는 소송행위의 가치판단 문제가 그에 대응한다. 표면에 잘 드러나지 않고 자주 쟁점화되지 않을 뿐 사실은 형사소송의 모든 국면이 이와 연결된다. 증거능력이나 기판력 등 쟁점이 근육과 피부에 생기는 이상이라면, 소송행위의 가치판단에 관한 쟁점은 중추적 조절기능의 이상에 해당한다. 하자치유 문제는 그중에서도 중핵을 이루는 것으로서 형사소송이론의 정교함 정도 및 형사사법실무의 정형화 정도와 밀접하게 관련돼있다. 무효인 소송행위의 하자치유 여부는 단순 기술적·합목적적 판단을 넘어 형사소송법의 목적과 기본원칙들 간 우선순위와 비중에 대한 평가를 요하는 논제다.

그럼에도 이에 관해 학계와 실무의 관심은 그리 크지 않다. 대법원은 오래전부터 공소제기, 공소장변경, 증인신문 등 다양한 소송행위에 관해 (특히 책문권포기를 이유로) 하자치유를 인정해 왔으나 상세한 기준이나 요건을 제시하기보다는 다툼이 있을 때마다 그 쟁점에 대한 간략한 결론만을 내놓고 있다. 개론서들은 하자치유 문제를 비롯한 소송행위의 가치판단에 관한 총론적 내용을 도입부에서 제시하고 있지만 그 분량은 대체로 열 페이지를 넘지 않으며, 각론적 쟁점과의 연계는 거의(사실상 전혀) 시도되지 못하고 있다. 현재의 형사절차법 이론은 중추신경계 질환으로 인한 병변을 단순한 피로감이나 감각 이상으로 치부하고 그 원인을 추적하지 않는 의료행위처럼, 소송행위의 하자치유 문제를 개개 사안에서의 산발적·국소적 현상으로 취급해 주변화하는 경향이 강하다.

물론, 판례상 하자치유 인정 여부가 문제된 소송행위들은 공통요소를 추출해 내기 어려울 만큼 종류가 다양하고, 그 하자의 유형도 가지각색이다. 이 점은 하자사안에 두루 적용될 이론적 토대를 세우는 일을 불가능하거나 무의미한 작업처럼 비치게 만든다. 그러나 하자치유 가부 및 기준에 관한 개략적 틀을 짜는 것은 가능할 뿐 아니라 실천적으로도 필요하다. 이는 효력규정의 규범력을 언제 어떻게 또 얼마만큼 포기할지의 문제로서 개별사안에서 종국판결의 내용에 직접적 영향을 미치기에, 피고인과 검사 모두에게 중차대한 의의를 지니기 때문이다. 물론 하자사안에서의 법적 결정에 고려되는 사정은 사건마다 다르므로 일의적 해결은 불가능하나, 최소한 법원이 어떤 법규범에 기대어 결정해야 하는지, 나아가 그 규범의 내용을 어떻게 파악해야 하는지에 대해 일관된 기준이 있어야 한다.

이러한 문제의식에 터잡아, 이 책에서는 형사재판에서 하자의 치유에 관한 통일적·체계적인 이론적 기초를 제시하고 이를 구체적 쟁점에 적용해, 소송행위가 무효인 사안에서 수소법원이 취해야 할 적절한 소송법적 조치를 제시하고자 하였다. 방법론적으로 그 작업은, i) 법체계에는 법규칙(legal rule)뿐 아니라 그와 논리적으로 구별되는 법원리(legal principle)도 포함돼 있고, ii) 판결하기 어려운 사안(hard case)에서의 법적용은 법원리 간 형량을 통해 이루어져야 하는 반면, iii) 법규칙이 존재하는 사안에서는 그러한 형량이 불요부당하다는 인식에 기초해, 하자사안을 원리충돌사안과 규칙적용사안으로 분별하여 고찰하는 방식으로 수행되었다. 아울러 그 과정에서 무효와 불성립의 구별, 형사소송의 목적과 진실개념, 형사소송구조론, 유추금지원칙, 심급의 이익 등 다양한 이론적 주제들과의 연계를 시도했다. 저자는 종래 몇 편의 글과 박사학위논문(형사재판에서 소송행위의 무효와 하자의 치유, 2025)에서 이러한 작업을 한 바 있으며, 이 책은 바로 그 논문을 출간한 것이다. 전체적으로 문장과 참고문헌을 다시 한번 정리하였고, 내용은 (약간 첨삭을 가하였으나) 대부분 학위논문의 그것과 일치한다.

비록 책의 중심주제가 하자치유 문제에 맞춰져 있기는 하나, 더 나아가 소송행위의 가치판단 전반에 관한 이론서의 기능을 수행할 수 있도록 서술하였고, 그 밖에 형사소송법의 다양한 쟁점들을 포괄하여 다루고자 하였다. 소송행위의 가치판단 문제는 수사절차에서 상소, 나아가 비상구제절차까지 형사절차의 전 영역에서 발생하기 때문이다. 아울러 미간행 하급심판례를 최대한 많이 소개하는 한편, 실무가로서 필자의 경험이나 관점도 일부 덧붙임으로써 이론과 실천의 조화를 염두에 두었다.

형식상 이 책의 내용은 저자가 몇 년간 단행논문에서 주장한 바를 체계적으로 재구성한 것이지만, 근본적으로는 변종필 선생님의 저서[『법철학강의』, 박영사(2022), 『형사소송의 진실개념』, 세종출판사(1999) 등] 및 논문에서 제시된 견해나 방법론을 소송행위의 가치판단 문제에 구체적으로 적용한 결과물이라 할 수 있다. 저자의 부족함으로 인해 혹여 선생님의 서술을 오독하거나 왜곡시킨 부분이 있을까 저어되기도 하나, 무효와 하자치유에 관한 이론적 연구가 거의 이루어지지 않는 현실에서 이 주제에 관심이 있는 연구자와 실무가들을 위해 저자의 관점을 부족하나마 공유하고자 출간을 결심하게 되었다. 이 책이 소송절차론의 연구와 발전에 조금이나마 기여하기를 소망한다.

2025년 9월 1일

나 기 업

차　　례

제 1 장 서　　론

제 2 장 하자치유의 전제

제 4 장 하자사안에서 법원의 조치

제 5 장 적 용

제6장 결 론

일러두기

1. 이 책에서 아래의 교과서들은 저자명과 페이지수로만 표시한다.

강구진, 형사소송법원론, 학연사(1982)
강동욱, 형사소송법(제1판), 도서출판 오래(2023)
곽윤직, 민법총칙(신정수정판), 박영사(2000)
권오병, 형사소송법(제3판), 일신사(1967)
김기두, 형사소송법, 박영사(1983)
김인회, 형사소송법(제2판), 피앤씨미디어(2018)
김일수, 형법총론(제7판), 박영사(1998)
김정한, 실무형사소송법(제2판), 준커뮤니케이션즈(2022)
김홍엽, 민사소송법(제11판), 박영사(2023)
배종대, 형법총론(제14판), 홍문사(2020)
배종대/이상돈, 형사소송법(제7판), 홍문사(2006)
배종대/홍영기, 형사소송법(제3판), 홍문사(2022)
백형구, 형사소송법강의(제8정판), 박영사(2001)
변종필/나기업, 형사소송법, 박영사(2024)
서일교, 형사소송법(제8개정판), 박영사(1979)
손동권/신이철, 형사소송법(제5판), 세창출판사(2022)
신동운, 신형사소송법(제5판), 법문사(2014)
신양균/조기영, 형사소송법(제1판), 박영사(2020)
신현주, 형사소송법, 박영사(2002)
이상돈, 형법강론(제3판), 박영사(2020)
이시윤, 신민사소송법(제10판), 박영사(2016)
이은모/김정환, 형사소송법(제8판), 박영사(2021)
이재상/장영민/강동범, 형법총론(제9판), 박영사(2017)
이재상/조균석/이창온, 형사소송법(제14판), 박영사(2022)
이창현, 형사소송법(제8판), 도서출판 정독(2022)
임동규, 형사소송법(제16판), 법문사(2022)
정동윤/유병현/김경욱, 민사소송법(제9판), 법문사(2022)

정영석/이형국, 형사소송법, 법문사(1994)
정웅석/최창호/김한균, 신형사소송법(제2판), 박영사(2023)
차용석/최용성, 형사소송법(제4판), 21세기사(2013)
최영승, 형사소송법(제2판), 피앤씨미디어(2013)
호문혁, 민사소송법(제13판), 법문사(2016)
團藤重光, 新刑事訴訟法綱要(六訂版), 創文社(1961)
鈴木茂嗣, 刑事訴訟法(改訂版), 青林書院(1990)
井戸田侃, 刑事訴訟法要說, 有斐閣(1993)
田口守一, 刑事訴訟法(第五版), 弘文堂(2009)

2. 형사소송법의 규정은 조항만으로 기재하고, 형사소송규칙은 '규칙'으로 약칭하며, 그 외 법령의 약어는 아래의 표와 같다. 판례를 원문 그대로 인용하는 경우에도 법령명칭은 약어로 표기하였다.

가폭법	가정폭력범죄의 처벌 등에 관한 특례법
공수처법	고위공직자범죄수사처 설치 및 운영에 관한 법률
교특법	교통사고처리 특례법
국참법	국민의 형사재판 참여에 관한 법률
성매매처벌법	성매매알선 등 행위의 처벌에 관한 법률
소촉법	소송촉진 등에 관한 특례법
아학법	아동학대범죄의 처벌 등에 관한 특례법
집시법	집회 및 시위에 관한 법률
특가법	특정범죄 가중처벌 등에 관한 법률
특경법	특정경제범죄 가중처벌 등에 관한 법률
국참규칙	국민의 형사재판 참여에 관한 규칙

3. 서술과정에서 본문의 다른 부분을 언급하거나 원용하는 경우 대괄호 안에 절번호(홀수쪽 좌측 상단)/문단번호(본문 바깥쪽)를 병기하였다. 본서의 절번호 및 문단번호는 제1장[§1; §2]을 제외하고는 저자의 학위논문(형사재판에서 소송행위의 무효와 하자의 치유, 2025)의 그것과 동일하다.

제1장[§1-2]
서　　론

제1절 하자치유의 기준을 찾아서 §1

1 광의의 형사절차, 즉 수사개시에서 형집행에 이르는 절차를 조성하는 행위로서 소송법상 일정한 효과가 부여되는 것을 소송행위(Prozesshandlung)라 하고, 무효원인 있는 소송행위가 일정한 사유로 인해 소급해서 유효하게 되는 것을 하자의 치유라 한다. 하자가 치유되면 법원은 그 소송행위가 당초부터 효력이 있었던 것으로 취급해 절차를 진행하거나 판결해야 한다.

하자치유를 인정할 때 법원은 '하자가 치유되었다'[1]는 표현과 '더 이상 다툴 수 없다'[2]는 표현을 혼용하는바, 전자는 소송행위가 유효하게 됐다는 뜻임이 분명하나 후자는 단지 소송상 무효주장을 불허한다는 뉘앙스가 강하다. 사실 i) 무효인 소송행위가 유효하게 된다는 것과 ii) 무효임을 다툴 수 없다는 것이 의미론적으로 동일하다고 할 수는 없다. 전자는 이론적·관념적 차원의 가치판단적 명제인 반면 후자는 공격방어방법 차원의 소송기술적 명제인바, 후자가 반드시 전자를 전제로만 성립하지는 않기 때문이다. 다만 실천적으로 양자를 굳이 구별할 필요는 없을 것이다.

2 오래 전부터 판례는 공소제기, 공소장변경, 증인신문 등 다양한 소송행위에 관해 (특히 책문권 포기를 이유로) 하자의 치유를 폭넓게 인정해 왔다. 개별사안에서 하자치유 여부는 종국재판의 내용에 직접적 영향을 미칠 수 있는 쟁점으로서 피고인·변호인과 검사 모두에게 중차대한 문제이기에, 하급심은 물론 상고심에서도 그에 대한 다툼이 매년 빈번히 발생한다. 그러나 이에 대한 학계와 실무의 관심은 그리 크지 않다. 대법원은 하자치유에 관한 일반적 기준이나 요건을 제시하기보다는 다툼이 있을 때마다 그 쟁점에 국한된 간략한 결론만을 내놓고 있으며, 개론서상 그러한 판결례를 축약해 소개하는 정도의 설명이 비슷한 분량으로 수십년간 되풀이되어 왔다.

3 판례상 하자치유 인정 여부가 문제된 소송행위들은 공통요소를 추출해내기 어려울 만큼 종류가 다양하고, 하자의 유형 또한 가지각색이다. 이 점은 하자사안에 두루 적용될 이론적 토대를 세우는 일을 불가능하거나 무의미한

---

1 대법원 2010. 1. 14. 선고 2009도9344 판결; 2012. 7. 26. 선고 2012도2937 판결.

2 대법원 2009. 10. 22. 선고 2009도7436 (全)판결; 2017. 11. 9. 선고 2014도15129 판결.

작업처럼 보이게 만든다. 그러나 소송행위의 하자치유 가부 및 기준에 관한 개략적 틀을 짜는 것은 가능할 뿐 아니라 실천적으로도 반드시 필요하다. 이는 효력규정의 규범력을 언제 어떻게 또 얼마만큼 포기할지의 문제이기 때문이다. 하자사안에서의 법적 결정에 고려되는 사정은 사안마다 다르기에 일의적 해결은 불가능하나, 최소한 수소법원이 어떤 규범원리를 고려해야 하는지, 나아가 그 원리의 내용을 어떻게 파악해 적용해야 하는지에 대한 일관된 기준이 있어야 한다.

4 이에 이 책에서는 하자치유 문제를 무효와 불성립의 구별, 법규칙과 법원리의 구별, 형사소송의 목적과 진실개념, 형사소송구조론, 유추금지원칙, 심급의 이익 등 다양한 이론적 주제들과 연관시켜 다룸으로써, 소송행위에 무효사유가 있는 사안에서 수소법원이 그 종국적 효력유무 판단에 고려해야 하는 사항을 규명하고, 구체적 문제상황에서 행해져야 할 적절한 소송법적 조치를 제시하고자 한다.

5 제2장에서는 하자치유 논의의 전제가 되는 소송행위의 무효에 관해 다룬다. 소송행위가 처음부터 유효하거나, 본질적 성립요건을 갖추지 못해 아예 불성립하는 사안에서는 하자치유 가부를 검토할 수 없다.[1] 그러나 상당수 쟁점에서 학설과 판례는 소송행위가 무효(로서 하자치유 논의의 대상)임에도 이를 애당초 유효한 것으로 취급하거나, 엄연히 효력규정위반이 존재하지 않거나 소송행위 자체가 부존재함에도 이를 무효로 보아 하자치유를 인정하고 있다. 이는 성립과 불성립 간, 유효와 무효 간 구별기준이 분명히 설정돼 있지 않을뿐더러, 개론서 차원에서 거칠게나마 제시되는 기준들 또한 개별 소송행위의 특질에 맞춰 적절히 적용되지 못하고 있는 데 그 까닭이 있다. 바꿔 말해 위와 같은 현상은 첫째 교과서상 소송절차 일반론 부분('소송행위와 소송조건'이라는 표제하의 설명)에서 그간 일반적으로 제시되어온 기준이 정밀하지 못했고, 둘째 그 부분에서 설명한 바를 개별 소송행위에 일관되게 관철하는 작업이 거의 수행되지 않았기에 발생한다. 따라서 제2장에서 저자는 성립요건을 갖춘 소송행위가 어떻게 무효로 되는지[§3 참조], 그리고 어떤 경우 소송행위가 그 성립요건을 갖추지 못해 부존재하는지[§4 참조]를 면밀히 검토하고 이를 개개 쟁점상황에 적용할 것이다. 그

1 대법원 2003. 11. 14. 선고 2003도2735 판결.

목적은 종래 소송행위가 무효라고 인식돼온 사안들 중 실제로는 무효원인이 존재하지 않거나 소송행위 자체가 불성립하는 경우를 하자치유 논의에서 배제함으로써, 제3장 이하의 결론이 적용될 대상사안을 추려내는 데 있다.

> 형사소송에서는 소송행위가 일단 성립요건을 갖춘 이상 취소는 불가하고 유효 또는 무효 중 하나로 판정된다는 데 견해가 대체로 일치되어 있다.[1] 대법원도 비록 쟁점에 따라 일관성을 포기하는 모습을 보이기는 하나[§4/39, 82 참조], 기본적으로는 "형사소송절차에 있어서는 … 법적 안정성과 형식적 확실성이 요구되는 것이므로 … 소송행위의 효력을 소급적으로 소멸시키는 취소는 인정되지 않는 것"이라는 입장을 취하고 있다.[2] 따라서 이 책에서 취소사유인 하자나 그 치유는 논의대상이 아니며, 애초에 그 존재를 인정하지도 않는다.

제3장에서는 본격적으로 하자치유의 기준을 제시한다. 우선, i) 제1절에 6
서는 소송행위가 무효인 경우의 법효과가 확정적으로 규정되어 있는 경우와 그렇지 않은 경우를 나누어, 형량을 통한 하자치유는 후자의 사안에서만 가능함을 밝힌다[§6 참조]. ii) 제2절에서는 후자의 사안에서 하자치유의 근거가 되는 규범원리가 무엇인지 규명하고자 한다. 종래 학설은 그 자리에 이른바 '절차유지원칙'이 있다고 설명해 왔으나 저자는 그 내용적 타당성과 규범원리성을 부인하고 진실규명원칙을 원용하며, 여기서 '진실'은 대응론적·실체적 개념이 아닌 의사소통적·절차적 개념으로 파악되어야 한다는 의견을 제시한다. 아울러 하자치유 가부 판단을 위한 형량에서 어떤 원리가 기본적으로 우선하고, 다른 원리가 예외적으로 우선하는 조건은 무엇이며, 이때 책문권포기사실이 어떻게 고려되어야 하는지를 고찰한다. 학설·판례는 절차유지원칙과 당사자주의 등을 형사소송의 법원칙으로 받아들여 일부 사안에서 민사소송법 제151조를 유추적용해 책문권포기를 하자치유의 단일요건으로 설정하는바, 저자는 이러한 접근은 타당하지 않음을 밝히고자 한다[§7 참조]. iii) 제3절에서는 제327조의 규범적 성격상 공소제기의 무효는 형량으로 치유될 수 없다는 입장을 개진한다[§8 참조].

---

1 강동욱 156쪽; 김정한 716쪽; 백형구 186쪽; 손동권/신이철 143-144쪽; 신현주 184쪽; 이은모/김정환 142-143쪽; 이재상/조균석/이창온 §33/21; 이창현 192쪽; 임동규 123쪽; 정웅석/최창호/김한균 446쪽; 團藤重光 162쪽.

2 대법원 2001. 10. 16. 선고 2001초428 판결.

7 제4장에서는 하자가 치유된 경우 및 치유되지 않은 경우 각각에 대한 소송법상 처리방안을 논의한다. 여기서는 하자가 치유됐음에도 위법상태가 잔존하는 것처럼 설시하거나, 하자가 치유되지 않았다고 하면서도 정작 이를 해소하기 위한 적절한 조치를 취하지 않는 판례의 태도를 비판적으로 검토한다. i) 제1절에서는 제1심 소송행위의 하자가 치유된 경우 항소심이 판결이유에서 그에 대해 어떤 법적 평가를 내려야 하는지의 문제를 중심으로 다룬다. 판례상 이 경우 '법령위반이 있으나 판결에 영향을 미치지는 않았다'고 하여 상소를 기각하는 예가 있으나, 저자는 그러한 설시방식은 타당하지 않다는 입장을 취한다[§10 참조]. ii) 제2절에서는 제1심의 소송행위가 모두 무효이고 그 치유가 인정되지 않는 사안에서 항소법원이 어떤 재판을 해야 하는지를 중점적으로 고찰한다. 대법원은 일부 사안에 관해 위 경우 항소법원이 파기자판해야 한다고 하나, 심급의 이익을 고려할 때 이는 적절한 해결책이 아니라는 관점을 제시하고자 한다[§11 참조].

8 제5장에서는, 제2장에서 다룬 무효사안 가운데 실무상 중요한 의의를 지니는 몇 가지에 대해 제3장·제4장에서 도출한 결론을 적용한다. 주요 대법원판결에 대한 평석의 형식으로 서술을 전개하되, 논의에 필요한 한도에서 해당 판결의 논증구조 분석 및 형식논리적 오류에 대한 지적을 병행하고자 한다. i) 제1절에서는, 제1심법원이 개정요건이 구비되지 않았음에도 공판절차를 진행해 판결했거나, 국민참여재판 대상사건에서 의사확인절차를 거치지 않았거나, 국민참여재판의 신청이 있음에도 아무런 결정 없이 통상절차로 심리·판결한 사안을 각각 다룬다. 대법원은 전자의 경우 항소법원의 파기자판으로 시정해야 하고, 후자의 경우 항소심에서 책문권포기로 하자가 치유된다고 한다. 그러나 저자는 이들 사안에서 항소법원은 항상 파기환송판결을 해야 한다고 본다[§13 참조]. ii) 제2절에서는 공소제기가 효력규정위반으로 무효이거나 동일사건이 동일지방법원에 중복으로 기소된 사안을 다룬다. 이들 사안에서 일정한 조건이 구비되면 하자가 치유되어 실체재판을 할 수 있다고 하는 판례의 입장과 달리, 저자는 수소법원은 언제나 공소기각판결을 해야 한다고 생각한다[§14 참조].

제2절 비실증주의적 접근 §2

1 이 책은 법체계의 구성요소를 법규칙(legal rule)과 법원리(legal principle)로 구분하는 법이론적 착상을 방법론적 틀로 삼는다. 둘 사이의 구분을 둘러싼 이론적 입장들은 대체로 세 갈래로 나뉘는바, i) 양자가 논리적으로 동일한 범주의 규범에 속한다고 간주하는 일치테제(Übereinstimmungsthese),[1] ii) 양자 간에 논리적 구별이 성립하기는 하지만 이는 단지 적용강도나 추상성의 정도와 같은 양적 측면에서의 차이에 불과한 것이라고 보는 약한 분리테제(schwache Trennungsthese),[2] iii) 양자는 성격상 질적으로 상이한, 엄격히 범주를 달리하는 규범이라는 강한 분리테제(starke Trennungsthese)[3]가 그것이다. 이 책은 그중 드워킨(R. Dworkin)에 의해 촉발되어 알렉시(R. Alexy)에 의해 구체화된 iii)의 관점을 소송행위 무효사안에 적용하는 방식으로 논의를 전개한다[§6 참조]. 즉, 저자는 법질서가 법규칙들로만 구성되어 있다는 실증주의 법체계관념(규칙 모델)[4]이 아닌, 법규칙과 법원리의 이원적 체계로 구성되어 있다는 비실증주의 법질서관(규칙-원리모델 또는 규칙-원리-절차모델)을 전제로, 소송행위에 하자가 있는 사안을 원리적용사안과 규칙적용사안으로 구별해 고찰할 것이다[§7-8, 13-14 참조].

2 법규칙이 존재하는 사안에서, 법원은 문제의 사실관계를 해당 규정에 포섭(Subsumtion)해 거기서 지시하는 법효과대로 결론을 내려야 한다. 반면, 법규칙이 마련되어 있지 않은 사안에서는 (정책적 고려나 재량이 아닌) 법원리에 기대어 판단해야 한다.[5] 후자의 경우 여러 개의 원리들이 상이한 결론을 지시한다면 형량(Abwägung)을 통해 그중 무엇에 우선순위를 둘 것인지 결정해야 하는 반면, 전자의 경우 그러한 형량은 불필요하며 불가능하다. 그러나 통설·판례는 일

---

1 A. Jakab, *Concept and Functions of Principles. A Critique of Robert Alexy*, ON THE NATURE OF LEGAL PRINCIPLES 148−152 (2009).

2 은승표, “R. 알렉시의 원칙과 규칙 구별 이론에 대한 하나의 단상”, 영남법학 제41집(2015), 142−143쪽.

3 R. Dworkin, *The Model of Rules*, 35 U. CHI. L. REV. 22−31 (1967); R. Alexy, *Zum Begriff des Rechtsprinzips*, RECHTSTHEORIE 60 (1979); 로베르트 알렉시(이준일 譯), 기본권이론, 한길사(2007), 117−121, 140−143쪽.

4 H. HART, THE CONCEPT OF LAW 78−79 (1961).

5 에른스트 크라머(최준규 譯), 법학방법론, 박영사(2022), 276−280쪽.

정한 하자사안에 관해 소송행위가 무효인 경우의 법효과에 관한 법규칙이 존재함에도 법원리를 원용해 하자치유를 인정하거나, 상충하는 법원리들 간 비중평가를 수행해야 할 사안에서 일종의 규칙적 판단구조를 상정해 형량을 생략하고 있다. 이러한 방법론은 결과적으로 하자 있는 소송행위의 효력유무에 관한 법적 결정의 타당성에 의문을 제기하게 하는바, 이 책에서는 그러한 태도를 비판하고 각 사안에서 요구되는 타당한 고찰방법이 무엇인지 검토하고자 한다.

논의의 집중을 위해, 비실증주의 법원리론의 전개과정[1]이나 강한 분리테제에 대한 반론,[2] 재반론,[3] 드워킨과 알렉시의 각 견해에 대한 차이점 등에 관한 자세한 언급은 이 책에서는 생략하기로 한다. 여기서는 필자의 방법론적 접근방식으로 보면 좋을 것 같다.

---

1 박진완, "규칙과 원리로서 기본권", 공법연구 제34집 제1호(2005), 278－280, 293－294쪽.

2 미카엘라 페터스(정종섭/박진완 譯), "규칙과 원리로서의 기본권", 서울대학교 법학 제43권 제4호(2002), 319－346쪽; 이부하, "원칙이론에 의한 헌법재판적 형량", 법학논고 제46집(2014), 42쪽 이하 등.

3 마틴 보롭스키(정종섭/박진완 譯), "기본권규범으로서 원리", 서울대학교 법학 제44권 제1호(2003), 248－281쪽; 안준홍, "법규칙과 법원리를 질적으로 구별할 가능성에 대한 비판적 고찰", 법철학연구 제11권 제2호(2008), 443－447쪽; 은승표, "R. 알렉시의 원칙과 규칙 구별 이론에 대한 하나의 단상", 영남법학 제41집(2015), 139－144쪽.

제2장[§3-5]

하자치유의 전제

하자치유 여부는 당해 소송행위가 일응 성립했으나 효력규정위반 또는 (귀책사유 없는) 의사표시의 하자로 인해 그 효력상 결함이 있다고 평가되는 사안에서만 문제될 수 있다. 만약 소송행위가 본질적 성립요건을 충족하지 못해 애당초 그 성립 자체가 부정된다면, 어떠한 논의도 하자치유라는 개념틀 안에서 전개될 여지가 없다. 그리고 아무런 법령위반 없이 행해진(또는 훈시규정만을 위반한) 소송행위 역시 하자치유 문제와는 무관한 영역에 속한다.

그러나 실무와 학설의 전개양상을 면밀히 관찰해보면, 그러한 개념적 전제를 일관되게 관철하지 못하고 있는 사례들이 적잖이 발견된다. 구체적으로, i) 소송행위가 명백히 무효이고 그 치유가능성을 논증해야 할 상황에서 이를 처음부터 정당한 법적 효력을 갖춘 유효한 행위로 간주하거나, 반대로 ii) 소송행위의 실체가 존재하지 않음에도 불구하고 이를 일응 존재하는 것으로 취급하고 무효라는 법적 지위에 위치시킨 다음 하자치유의 대상인 것으로 판단하는 접근이 빈번하게 나타나고 있다. 이러한 태도는 하자치유의 개념을 왜곡시키거나 그 범위를 부당히 확장함으로써 종국적으로 형사절차의 법적 안정성과 체계적 일관성을 훼손하는 결과를 낳을 수 있다.

이에 본장에서는 하자치유의 기준과 그 구체적 적용에 관한 검토를 위한 선결조건으로서 소송행위의 무효에 관한 이론적 정초를 시도하고, 이를 개별 쟁점 상황에 대입하여, 종래 하자치유가 가능하다고 여겨졌던 사례들 중 일부가 논의의 대상에서 제외되어야 함을 밝혀내고자 한다. 이 작업은 하자치유 가부가 쟁점화될 수 있는 사안의 범위를 정제함으로써 제3편 이후에서 전개될 논의의 외연이 무분별하게 확대되지 않도록 하는 데 목적이 있다.

제1절 소송행위의 무효 §3

제1관 효력규정위반

Ⅰ. 훈시규정과 효력규정의 구별[1]

1. 통상의 논의

형사소송법은 소송행위의 무효에 관한 일반규정을 두고 있지 않다. 개별 1
소송행위에 대해서도, 무효조건 및 그 효과를 직접적으로 제시하는 규정은 "공소제기의 절차가 법률의 규정을 위반하여 무효일 때" 공소를 기각해야 한다고 규정하는 제327조 제2호뿐이다. 그 외에 민사소송법이나 형사소송규칙에도 무효인 소송행위의 취급에 관해 참조할 만한 규정은 없다.

개론서에서는 대체로 훈시규정과 효력규정을 나누어, 전자를 위반한 소 2
송행위는 부적법하나 무효는 아닌 반면 후자를 위반한 소송행위는 무효라고 한다.[2] 이러한 관점은 법률의 규정을 위반하면 곧 공소제기가 무효인지, 아니면 법률의 규정 위반과 공소제기의 무효 여부는 별개인지를 명확히 제시하지 않는 제327조 제2호의 해석론에도 적용된다. 즉, 훈시규정위반시 단지 '공소제기의 절차가 법률의 규정을 위반한 때(부적법하나 유효)'가 되지만, 효력규정위반시 '공소제기의 절차가 법률의 규정을 위반하여 무효인 때(부적법하고 무효)'가 된다. 실무상 '훈시규정위반이 아니므로 하자가 치유될 수 없다'는 취지로 설시하는 예[3]가 있으나, 문제의 조항이 효력규정인지는 유·무효 판단의 문제로서 하자치유 논의의 전제일 뿐, 그 자체 하자치유 가부 문제는 아니다.[4]

---

1 이하의 내용은 나기업, "공소제기의 무효", 법조 제72권 제6호(2023), 160−162쪽의 서술에 기초하고 있다.

2 배종대/이상돈 166쪽; 배종대/홍영기 32쪽; 손동권/신이철 144쪽; 신동운 713−714쪽; 신양균/조기영 511쪽; 신현주 184쪽; 이은모/김정환 143쪽; 이재상/조균석/이창온 475쪽; 이창현 193쪽; 임동규 124쪽; 정웅석/최창호/김한균 447쪽.

3 대구지방법원 2021. 5. 26. 선고 2020노1605 판결: "선서의무와 관련된 형사소송법 규정은 당사자가 처분할 수 있는 권리 내지 임의규정, 훈시규정에 해당하지도 아니하므로, 설령 피고인이 선서거부를 한 증인에 대한 증인신문진행에 관하여 즉시 이의를 제기하지 아니하였더라도 그 하자가 치유된다고 볼 수 없다."

4 대법원 1995. 6. 13. 선고 95도826 판결 참조.

3 훈시규정은 통상 '위반하더라도 행위나 절차의 효력에 영향을 미치지 않는 규정'으로 정의된다. 지키지 않아도 문제가 생기지 않는 규정을 '법'이라 할 수 있는지, 나아가 이를 인정함이 법치국가원리와 조화되는지 의문이 제기되기도 한다.[1] 그러나 형사절차에 관한 법규칙 전체를 효력규정으로 파악한다면 개별사안에서 문제해결 자체를 할 수 없거나 수긍할 수 없는 결론이 도출되는 경우가 적지 않기에, 일정한 조항을 훈시규정으로 파악하는 해석론은 부득불 필요하다. 판례로 훈시규정을 인정함은 법창조로서 권력분립원칙에 위배된다는 견해도 있으나[2] 일률적으로 말할 수는 없다. 가언명령형식으로 위반시 제재나 법률효과를 규정할 수 있음에도 이를 하지 않은 것은 그 준수를 공식적으로 강제하지는 않고자 함이 입법취지라 할 수 있으므로, 이를 훈시규정으로 취급한다 해서 권력분립원칙 위반이 되지는 않는다고 본다.

2. 구별기준

4 훈시규정위반시 부적법유효로, 효력규정위반시 위법무효로 보는 통설적 접근법 자체에는 저자도 방법론상 이의가 없으나, 이는 훈시규정과 효력규정 간 뚜렷한 경계선을 그어주지는 않기에 지금의 논의를 위한 전제로는 충분치 않다. 그것은 어디까지나 효력면에서의 차이를 기준으로 한 '분류'일 뿐, 양자 간 근본적 구별기준은 아니다. 여기서는 다음과 같이 구분하기로 한다.

5 i) 형사소송법은 국가형벌권 행사와 관련된 법적 절차를 규율하는 규범으로, 적법한 절차에 따라 진실을 규명하고 공정한 판결을 획득함을 목적으로 한다.[3] 형사절차법에는 그러한 진실규명 또는 적법절차보장의 요청과 밀접한 관련이 있는 규정들도 있지만, 직접 관련성이 적은 부수적·기술적 수단에 머무르는 규정들도 있다. 효력규정이 될 수 있는 것은 그중 전자뿐이다. ii) 전자의 경우에도 그 위반에 대한 소송법적 효력은 제각각이다. 그러한 위반이 법률상 일정한 제재의 요건이 되는 경우가 있는가 하면, 종국판결의 내용을 정하는 데 참작되는 등의 간접적 제재만 가능하거나 그조차 불가한 경우도 있다. 절차위반의 효과에 요구되는 형식적 확실성과 정형성을 고려할 때, 문제의 조항이 효력규정으로 간주되는 것은 앞의 경우에 한정된다.

---

1 문기탁, "훈시규정에 대한 고찰", 성신법학 제9호(2010), 83쪽.

2 문기탁, 위의 논문, 84쪽.

3 변종필/나기업 15쪽.

이에 형사절차에서 효력규정은 'ⓐ 진실규명·적법절차보장 그 밖에 형사법의 법원리들과 밀접한 관련을 맺고 있거나 일정한 형사정책적 결단에 근거한 규정으로서, ⓑ 그 위반에 대해 일정한 절차적 제재를 구성할 수 있는 것'으로 정의될 수 있다. 6

ⓐ요건에서 말하는, 형사소송(법)의 목적과 직접 관련된 규정과 단순 기술적 규정이 언제나 뚜렷이 구분되지는 않는다. ⓑ요건도, 개별사안에서 문제되는 조항의 속성을 식별하는 데 큰 기여를 못할 수도 있다. 소송법규위반에 대한 제재의 중요한 축을 차지하는 규정은 판결에 영향을 미친 법령위반을 상소이유로 규정하는 제361조의5 제1호 및 제383조 제1호인데, 당초 상소이유로 취급되지 않던 위법이 실무변천으로 상소이유로 취급되는 경우(또는 그 반대의 경우)가 있기 때문이다. 다만 여기서는 부족하나마 이 정도의 서술을 전제로 논의를 이어가기로 한다.

종국재판의 기한에 관한 제318조의4 제1항, 제3항 및 소촉법 제21조는 헌법상 신속한 재판 원칙과 밀접히 관련되어 있지만(ⓐ요건), 이를 위반했을 경우의 절차적 효력을 상정할 수 없기에(ⓑ요건; 재판지연사실을 양형에 반영할 수는 있으나, 이는 그 자체 독립된 소송법상 효과는 아니다) 훈시규정이다(소송법규위반은 주문에 영향이 없어도 '판결에 영향을 미친 위법'이 될 수 있으나, 재판을 신속히 하지 못한 것이 그러한 범주에 속한다고 보기는 어렵다).[1] 이와 관련해 공직선거법 제270조가 "선거범의 재판기간에 관한 강행규정"이라는 표제하에 "선거범과 그 공범에 관한 … 판결의 선고는 제1심에서는 공소가 제기된 날부터 6월 이내에, 제2심 및 제3심에서는 전심의 판결의 선고가 있은 날부터 각각 3월 이내에 반드시 하여야 한다"고 규정하나, 이 기간을 도과한 경우를 위한 효과규정이 없고, 선고가 늦게 행해졌다는 사실을 '판결에 영향을 미친 위법'으로 보기도 어려운 만큼,[2] 표제상 '강행규정'이라는 문언에도 불구하고 이를 효력규정으로 보기는 어렵다. 같은 이유로 조서정리기간에 관한 제54조 제1항,[3] 원심법원의 기록송부의무에 관한 제361조, 제377조, 제408조 제2항,[4] 석방결정의 기한에 관한 규칙 제55조[5] 등도 훈시규정이다. 7

1 대법원 1993. 9. 26. 선고 2013도8765 판결; 부산지방법원 2021. 7. 22. 선고 2020노3775 판결; 수원지방법원 안양지원 2021. 10. 21. 선고 2021고정100 판결 등.

2 대법원 2009. 2. 12. 선고 2008도11434 판결.

3 대법원 1980. 5. 20. 선고 80도306 (全)판결; 1995. 6. 13. 선고 95도826 판결.

4 대법원 1961. 4. 28. 선고 4294형상85 결정; 수원지방법원 2015. 5. 28. 선고 2015노338 판결.

5 대법원 2003. 6. 23.자 2003모172 결정.

8 제260조 제4항은 재정신청서에 재정신청의 이유를 기재할 것을 요구한다(즉, 1장짜리 신청서만 낸 후 나중에 이유서를 제출함은 허용되지 않는다). 이는 신청사유를 빠르게 현출시켜 심리절차가 신속히 진행되도록 함으로써, 불기소결정의 효력이 불확정상태로 표류하지 않게끔 하려는 것이다(ⓐ요건; 다만 실무상 재정신청사건의 심리기간 규정(제262조 제2항)을 지키는 예가 드물기에, 이러한 취지는 현실적으로 달성되지 않고 있다). 그리고 이를 위반해 재정신청서에 이유를 적지 않고 재정신청기간을 도과해 이유서를 따로 제출한 경우, 기각사유에 관한 제262조 제2항 제1호의 "신청이 법률상의 방식에 위배된 경우"로 포섭할 수 있다(ⓑ요건). 이런 점에서 제260조 제4항은 효력규정인 것이다.

Ⅱ. 효력규정위반의 예

1. 공소제기의 무효[1]

9 제254조 제2항을 제외하고, 형사법령에서 공소제기의 요건이나 방식, 절차와 관련한 규정들은 대체로 효력규정이다. 가령 i) 공소장을 법원에 제출해야 한다는 제254조 제1항, ii) 공소장에 피고인을 특정할 수 있는 사항을 기재해야 한다는 같은 조 제3항 제1호, iii) 공소사실은 범죄의 시일, 장소와 방법을 명시해 특정해야 한다는 같은 조 제4항, iv) 실체형법상 친고죄·반의사불벌죄 규정들(이는 보충성원칙의 표현이자, 소추의 효력을 피해자 등의 의사에 의존시키려는 입법적 결단의 결과물이다),[2] v) 보호처분이 확정된 사건에 관해 동일사실로 기소할 수 없게 하는 형사특별법 규정들, vi) 합의부 관할사건에 대해 검사직무대리의 기소를 금하는 같은 법 제32조 제3항은 모두 효력규정이다.

> 공수처법 제3조 제1항이 일부 고위공직자범죄등사건에 관해 수사처검사만이 공소를 제기하도록 규정하고 있으므로 이에 위반한 공소제기는 위법하여 무효라는 견해가 있으나,[3] 법문상 그러한 해석은 가능하지 않다고 본다.

---

1 상세히는 나기업, "형사소송에서 피고인의 확정과 불일치의 문제", 법학논총 제39권 제3호(2019), 230－270쪽; "공소제기의 무효", 법조 제72권 제6호(2023), 163－168쪽; "공소장일본주의 위반과 공소사실불특정의 소송법상 효과", 형사정책연구 제35권 제4호(2024), 24－33쪽.

2 박달현, "보충성의 원칙과 친고죄의 본질", 비교형사법연구 제3권 제1호, 한국비교형사법학회(2001), 252쪽 이하 참조.

3 노태악 編, 주석 형사소송법 Ⅲ, 한국사법행정학회(2022), 764쪽(송민경 집필부분).

예외적으로 ⓐ요건을 충족하지 못해 훈시규정으로 새겨야 하는 조항이 10
있는데, 공소장에 피고인 수만큼의 부본을 첨부해야 한다는 제254조 제2항이 그것이다. 이 규정은 법원의 공소장부본송달(제266조)을 위한 행정편의를 도모하려는 조항일 뿐, 적법절차의 요청이나 진실규명원칙 등 형사소송(법)의 핵심적 법원리와는 무관하다는 점에서 훈시규정이며(부본첨부에 관한 규정을 굳이 형사소송'법'에 둘 필요도 없다), 이를 위반한 공소제기는 위법하나 무효는 아니다.

피고인수만큼의 부본이 첨부되지 않은 경우 접수단계에서 법원직원이 보완을 요구하지만, 공소시효만료가 임박한 시점에서 당직근무중 접수되는 등으로 보완이 불가능하다면 접수할 수밖에 없다. 이 경우 부본을 추후 제출받을 수도 있고, 법원사무관 등이 등본을 만들어 송달할 수도 있다.

(1) **공소사실불특정** 제254조 제4항은 "공소사실의 기재는 범죄의 시 11
일, 장소와 방법을 명시하여 사실을 특정할 수 있도록 하여야 한다"고 규정하고 있다. 이는 심판범위를 특정하고 피고인이 방어권을 원활히 행사할 수 있게 하려는 취지의 효력규정이며, 이를 위반한 공소제기는 무효이다.

위 규정의 원형인 일본형사소송법 제256조 제3항은 공소사실을 '가능한 12
한' 특정하라고 규정하여("공소사실은 訴因을 명시해 이를 기재해야 한다. 소인을 명시함에는 가능한 한 일시, 장소 및 방법으로 죄가 되는 사실을 특정해야 한다"), 정밀한 수사에도 사건의 구체적 윤곽을 파악하는 데 한계가 있다면 어느 정도 개괄적 기재가 가능하다는 명시적 근거를 제공하는 반면,[1] 우리 법에는 그러한 문구가 없다. 그러나 포괄일죄나 마약범죄 등의 경우 어느 정도 개괄적인 기재는 사건의 성질상 불가피하기에 이를 제254조 제4항 위반이라 볼 수는 없다. 모든 범죄에서 일시·장소·방법을 빠짐없이 명시함은 인식론적 한계상 불가능하고, 법률은 인간에게 불가능한 것을 요구할 수 없기 때문이다. 더욱이 마약범죄에서는 신체검사 결과 약물이 검출되기만 하면 약물을 그자가 사용한 것이라는 사실을 인정할 수 있고, 여기서는 피고인이 구체적 범죄행위를 한 사실이 명확히 드러나며, 일시·장소의 구체적 특정 여부는 범죄행위 유무 판단과는 거의 관계가 없으므로, 공소사실의 개괄적 표시가 방어권행사에 큰 지장을 초래하지 않는다.[2] 때문에 공소사실은 구성요건해당사실을 다

1 일본 최고재판소 1962. 11. 28. 선고[昭和34(あ)1678], 형집 제16권 제11호, 1633쪽.

2 이은모a, "공소사실특정과 관련된 몇 가지 문제점에 대하여", 한양법학 제10집, 한양법학회(1999. 12.), 34-35쪽.

른 사실과 구별할 수 있을 정도로 기재하면 족하고,[1] 범죄 성격상 개괄적 표시가 부득이할 뿐 아니라 피고인의 방어권행사에 지장이 없다면 범행일시·장소를 구체적으로 적시하지 않아도 적법하며,[2] 특히 포괄일죄에서는 개개 행위를 특정할 필요 없이 전체범행의 시기, 종기, 범행방법, 피해자나 상대방, 범행횟수, 피해액의 합계 등을 명시하면 된다.[3]

13 ⑵ 죄명·적용법조 누락 공소장에 죄명·적용법조를 기재할 것을 요구하는 제254조 제3항 제2호 및 제4호도 효력규정에 해당한다. 죄명과 적용법조를 기재함은 법원의 심판범위를 분명히 하고 피고인이 자신이 어떤 죄로 소추됐는지 명확히 알게 하기 위함이다. 이는 진실규명의 요청과 적법절차원칙 모두와 관련되어 있다.

14 대법원은 "적용법조의 기재는 공소의 범위를 확정하는 데 보조기능을 가짐에 불과하므로 적용법조의 기재에 오기가 있거나 그것이 누락된 경우라 할지라도 이로 인하여 피고인의 방어에 실질적 불이익이 없는 한 공소제기의 효력에는 영향이 없다"고 한다.[4] 그러나 피고인 입장에서는 공소사실만큼이나 죄명과 법정형도 중요하므로 이들의 기재가 보조기능만 지닌다고 할 수는 없다. 판례가 위와 같이 보는 것은 대다수 사건에서는 공소사실 만으로도 죄명·적용법조가 특정되거나, 죄명·적용법조 중 하나만 적어도 나머지를 알 수 있다는 데 이유가 있어 보인다(구약식의 경우 공소장 기재 구형량도 죄명·적용법조 특정의 근거가 된다). 가령 공소사실이 직계존속인 피해자를 살해했다는 것이라면, 죄명·적용법조를 모두 누락해도 존속살해죄(형법 제250조 제2항)로 의율됐다는 사실을 알 수 있다. 그러나 죄명과 적용법조 모두 또는 그중 하나를 누락한 경우 어떤 죄로 소추됐는지 알기 어려운 경우도

---

1 대법원 2002. 6. 20. 선고 2002도807 (全)판결; 1996. 5. 10. 선고 95도1588 판결.

2 대법원 2006. 4. 14. 선고 2005도9561 판결.

3 대법원 2002. 6. 20. 선고 2002도807 (全)판결.
구체적 판결례 및 관련논의에 관해 상세히는 김혁돈, "모발감정결과에 의한 공소사실의 특정", 형사소송 이론과 실무 제8권 제2호(2016), 108−115쪽; 민만기, "마약류 투약 사건과 공소사실의 특정", 성균관법학 제28권 제4호(2016), 320−338쪽; 박성민, "저작재산권침해죄에 있어 공소사실의 특정", 계간 저작권 제33권 제3호(2020), 159−173쪽; 안성수, "공소사실의 특정", 홍익법학 제11권 제2호(2010), 5−27쪽; 양동철, "마약류 자기사용죄에 있어서의 공소사실의 특정", 경희법학 제44권 제1호(2009), 38−66쪽; 예상균, "마약 투약사범의 공소사실 특정", 법과 정책연구 제14집 제4호(2014), 1969−1984쪽; 원혜욱, "마약류 투약범죄에 있어서 공소사실의 특정과 피고인의 방어권 보장", 형사판례연구 17(2009), 521−539쪽; 황일호, "마약류 투약범죄에서의 공소사실의 특정", 중앙법학 제18집 제3호(2016), 212−232쪽.

4 대법원 2001. 2. 23. 선고 2000도6113 판결.

존재하는바, 예를 들어 공소사실에 15세인 아동청소년을 정서적으로 학대하였다고만 기재되어 있고 죄명과 적용법조가 빠져있다면 청소년보호법 제57조의 죄로 기소된 것인지 아니면 아동복지법 제71조 제1항 제2호의 죄로 기소된 것인지를 알 수 없을 것이다. 더욱이 공소제기는 '법령의 정당한 적용을 청구(검찰청법 제4조 제1항 제3호)'하는 소송행위이고, 죄명과 적용법조의 특정은 그 자체 소추과정에서 충분한 법률적 검토가 이루어졌다는 사실을 거증하는 의미도 지니는 만큼, 공소사실의 근거가 되는 죄명·적용법조의 기재는 기소절차상 구속적 의무라 봄이 타당하다.

대법원은 해산명령위반을 이유로 하는 집시법위반의 범죄사실로 공소를 제기하는 경우 피고인이 동법 제20조 제1항 각호의 사유 중 어느 것으로 해산명령을 받았는지를 특정할 수 있을 정도로 적용법조를 기재해야 한다고 하면서, 이를 기재하지 않았음을 문제삼아 공소기각 취지의 파기환송판결을 한 바 있다.[1] 그러나 이는 해산명령의 법적 근거가 확인되지 않는 경우 위 죄의 구성요건해당사실이 구체적으로 특정할 수 없는 데 그 까닭이 있는바, 여기서 방점은 어디까지나 구성요건에 해당하는 구체적 사실인 '공소사실'이 특정되지 않았다는 데 있고, 적용법조 누락 자체가 공소기각사유로 되고 있는 것은 아니라고 보인다.

다만 죄명·적용법조 일부 누락(공범으로 기소하면서 형법총칙상 공범규정을 빠뜨렸거나, 특경법위반으로 기소하면서 형법규정만 기재한 경우 등)은 제254조 제3항 위반에 해당하지 않는다고 본다. 일부라도 기재가 되어 있기는 하기 때문이다. 기재가 전혀 안 되어 있거나, 돼있기는 하지만 총체적으로 잘못 기재돼있어 아예 기재하지 않은 경우와 같게 평가할 수 있는 때에 한해 제254조 제3항 위반에 해당한다고 보아야 할 것이다. 15

(3) 피고인불특정

(가) 성명불상자에 대한 공소제기　　공소장에 피고인의 인적사항을 특정하라고 요구하는 제254조 제3항 제1호 역시 효력규정이다. 따라서 피고인을 16

1　대법원 2009. 8. 20. 선고 2009도9 판결: "공소사실의 기재만으로는 이 사건 집회가 집시법 제20조 제1항에서 해산명령이 발하여질 수 있다고 정하여진 그 많은 집회의 태양 중 어느 것에 해당하여 경찰로부터 해산명령을 받았는지를 쉽사리 알 수 없다. 또한 이 사건 공소사실을 위 제20조 제1항에서 열거된 이들 규정에 일일이 비추어 본다고 하여도 그러한 불명확함이 현저히 감소된다고 할 수 없으므로, 이 사건 집시법위반의 점에 대하여 공소장에 적용법조로 집시법 제20조 제2항만을 기재한 것은 결국 공소사실에 대한 법적 평가를 제대로 제시하지 못하였다고 할 수밖에 없다. 따라서 이 사건 공소사실 및 적용법조의 기재는 공소의 범위를 확정하지 못하고 나아가 피고인의 방어권 행사에 실질적인 불이익을 주는 것이어서, 이 사건 공소제기의 절차는 위법하여 무효라고 할 것이다."

'성명불상'으로만 기재해 기소한 경우 그 공소제기는 무효이며, 법원은 위 조항 위반을 이유로 제327조 제2호에 따라 공소기각판결을 해야 한다.

17 ㈏ 피모용자에 대한 공소제기　　제254조 제3항 제1호와 관련해, 성명모용으로 인하여 검사가 의도한 자(甲)가 아닌 자(乙)의 인적사항이 공소장에 기재된 경우(외국인이나 무적자의 경우 경찰청 DB에 지문이 등록돼있지 않거나, 지문조회결과가 늦게 도착함으로 인해 성명모용 발각 전 기소될 수 있다)의 소송법상 조치가 논의되고 있다. 구공판사건에서 쟁점상황은 크게 i) 乙의 인적사항이 공소장에 기재됐으나 실제로는 甲이 공판정에 출석하여 피고인으로 행세하는 경우(제1유형), ii) 乙의 인적사항이 공소장에 기재됐고 공판정에 乙이 출석해 피고인으로 취급되는 경우(제2유형)로 나뉜다. 구약식사건은 (약식절차는 서면심리에 의하므로) 제2유형에 준해 취급될 수 있으며, 만약 정식재판청구나 통상회부로 공판이 개시됐다면 제2유형과 완전히 동일한 모습이 된다.

> '모용'이라는 말이 일본에서 유래했다는 이유로 이를 '도용' 등으로 고쳐 적어야 한다는 지적이 있다.[1] 그러나 동아시아문화권에서 기원이나 유래를 이유로 특정 한자어의 사용을 배척함이 타당한지 의문임을 차치하고, 이 용어는 최소한 여말선초부터 한반도에서 사용되어 왔다.[2]

ⓐ 학　설

18 ⒜ 공소제기가 무효라는 견해　　다수설은, 위 경우 피고인은 甲인데 공소장에 乙의 인적사항이 적혀 있으므로 일단 제254조 제3항 제1호 위반으로서 공소제기가 무효로 되고, 검사가 추후 피고인의 표시를 甲의 것으로 정정함으로써 하자가 치유된다고 한다. 그리고 그와 별개로 제2유형에서는 乙에게 제327조 제2호를 유추적용해 공소기각판결을 해야 한다고 한다.

19 성명모용사안의 처리에 관한 다수설의 구체적 설명은 다음과 같이 요약된다: i) 형사재판의 피고인은 실질적 피고인과 형식적 피고인의 두 종류로 나뉘는데, 전자는 검사의 의사를 기준으로, 후자는 법원에 의해 피고인으로

---

1 법제처 알기쉬운법령팀, 알기 쉬운 법령 정비기준(제8판), 법제처(2018), 200쪽; 황현호, "성명모용과 위장출석의 경우 피고인의 인정기준", 사법논집 제25집(1994), 500쪽; 호문혁 219쪽 등.

2 직함·성명 따위를 '범하여 쓰다' 내지 '위조하여 쓰다'라는 의미로 사용한 예로 조선왕조실록 중 "태종실록" 13권, 태종 7년 5월 1일 갑인, 1번째; "세종실록" 57권, 세종 14년 8월 4일 경인, 3번째; "세종실록" 57권, 세종 14년 9월 1일 병진, 5번째; "단종실록" 1권, 단종 즉위년 6월 9일 경오, 1번째; "중종실록" 81권, 중종 31년 3월 1일 병진, 1번째.
'함부로 사용하다'라는 뜻으로 사용한 예로 "세종실록" 111권, 세종 28년 3월 26일 계사, 2번째; "중종실록" 14권, 중종 6년 12월 5일 신사, 2번째.

취급된 사실이 있는지를 기준으로 각각 확정된다.[1] 그에 따라 성명모용 제1유형에서는 甲이 유일한 피고인이고, 제2유형에서는 甲이 실질적 피고인, 乙이 형식적 피고인이다. ii) 甲이 실질적 피고인인데 공소장에는 乙의 이름이 적혀 있어 제254조 제3항 제1호에 위반해 피고인이 특정되지 않은 상태가 되므로, 공소제기는 무효이다. iii) 다만, 검사는 공소장의 피고인표시를 甲의 것으로 정정할 수 있고, 이로써 하자가 치유되므로, 법원은 甲에 대해 실체심리를 진행해 판결할 수 있다. 한편, iv) 제2유형에서는 乙에 대해 사실상 소송계속이 발생해 형식적 피고인의 지위가 발생했으므로, 수소법원은 그에 대해 적법한 기소가 없었음을 밝혀주는 의미에서 제327조 제2호를 유추적용해 공소기각판결을 선고해야 한다.[2]

주지하다시피, 피고인 확정기준에 관해서는 종래 의사설·표시설·행위설의 세 가지 기본입장이 존재한다. 의사설은 검사의 의사를 기준으로 피고인을 확정하는 관점으로,[3] 검사가 소추하고자 의욕한 자인 甲만을 인적 심판대상으로 본다. 그에 따르면 乙은 피고인이 주체인 소송행위를 할 수 없고, 법원은 그를 절차에서 사실상 배제하면 족하며 그에게 어떤 소송법상의 조치를 취해서는 안 된다. 표시설은 공소장에 인적사항이 기재된 자가 피고인이라는 입장인바, 이에 의하면 성명모용사안에서 乙만이 피고인으로 확정되며, 나머지는 피고인이 아니다.[4] 행위설은 '피고인으로서의 행위를 함으로써 법원에 의하여 피고인으로 취급된 자'를 피고인으로 확정하는 시각이다. 20

다수설은 위 세 가지 기본입장들 중 의사설과 행위설을 절충한 견해라 할 수 있다. 먼저, i) 검사가 피고인으로 삼으려 한 자와 공소장에 표시된 자가 불일치할 경우 전자(甲)가 피고인으로 확정된다고 함으로써 의사설을 기본입장으로 삼는다. 표시설처럼 공소장에 표시된 바만 피고인 확정기준으로 21

1 이기광, "성명모용의 경우 법원이 취하여야 할 형사소송절차상의 조치", 재판과 판례 제6집(1997), 482-483쪽; 황현호, "성명모용과 위장출석의 경우 피고인의 인정기준", 사법논집 제25집(1994), 507-508쪽.

2 배종대/이상돈 394-395쪽; 배종대/홍영기 234쪽; 손동권/신이철 63-68쪽; 신동운 608-612쪽; 신양균/조기영 459-462쪽; 이은모/김정환 76-77쪽; 이재상/조균석/이창온 339쪽; 이창현 96쪽 이하; 임동규 64-67쪽; 정웅석/최창호/김한균 332-338쪽; 차용석/최용성 108쪽.

3 김정한, "피고인의 특정에 관한 소고", 형사소송 이론과 실무 제7권 제1호(2015), 136쪽; 이기광, 앞의 논문, 482쪽.

4 나기업, "형사소송에서 피고인의 확정과 불일치의 문제", 법학논총 제39권 제3호(2019), 255-261쪽.

한다면 성명모용사안에서는 공소장에 표시된 자(乙), 즉 피모용자가 진정한 피고인이고, 공소장에 그의 이름이 기재되어 있는 이상 불특정의 문제는 발생할 수 없다. 반면, 검사의 의사를 피고인확정기준으로 할 경우, '누가 피고인으로 확정되는지'의 문제와 '그 확정된 자의 인적사항이 공소장에 올바르게 특정되어 있는지'의 문제가 분리된다. 그 결과 성명모용사안에서는 필연적으로 의사와 표시의 불일치상황이 발생하는바, 다수설은 이를 제254조 제3항 제1호 위반, 즉 피고인 불특정이라는 하자(검사가 의도한 피고인인 甲의 인적사항이 공소장에 기재되어 있지 않은 상태)가 존재하는 사안이라고 전제한 후, 검사의 피고인표시정정을 조건으로 하자치유를 인정하는 것이다. 한편, ii) 법원에 의해 피고인으로 취급된 자(제2유형의 乙)에 대해 '사실상 소송계속'이 발생해 공소제기의 효과가 가상적으로 미친다고 하여, 그를 절차에서 배제하기 위한 형식재판이 필요하다고 하는 것은 행위설을 반영한 설명이다.

22 (bb) 공소제기가 처음부터 유효하다는 견해 소수설은, 피고인의 지위는 오직 공소장에 표시된 바에 따라 발생하므로, 성명모용사안에서 피고인은 乙로 확정되고, 그의 이름을 공소장에 기재한 것은 단지 수사를 잘못한 결과일 뿐 그 자체 공소제기절차의 효력규정위반이라고는 할 수 없다고 한다. 그에 따르면 공소제기는 적법·유효하므로[1] 하자치유를 논의할 수 없고, 성명모용사실이 밝혀지는 즉시 검사는 乙에 대한 공소를 취소해야 하며, 공소취소가 없을 경우 법원은 乙에 대해 무죄판결을 해야 한다. 이는 앞서 본 세 가지 기본입장 중 표시설에 입각한 견해라 할 수 있다.

23 (b) 판 례 판례는 다수설과 마찬가지로, 검사가 공소장표시정정을 통해 피고인의 표시를 바로잡는 경우 하자가 치유되고, 그와 별개로 수소법원은 乙에게 형식재판을 해야 한다는 입장을 취하고 있다. 가령 대법원 1993. 1. 19. 선고 92도2554 판결은 "i) 검사가 이와 같은 피고인의 표시를 정정하여 그 모용관계를 바로잡지 아니한 경우에는 외형상 피모용자 명의로 공소가 제기된 것으로 되어 있고, 이는 공소제기의 방식이 제254조의 규정에 위반하여 무효라 할 것이므로 법원은 공소기각의 판결을 선고하여야 할 것이다. … ii) 공소장의 피고인표시를 정정하여 바로잡은 경우에는 처음부터 모용자에 대한 공소의

1 나기업, 위의 논문, 255–261쪽.

제기가 있었고 피모용자에 대한 공소의 제기가 있었던 것은 아니므로, 법원은 모용자에 대하여 심리하고 재판을 하면 될 것이지, 원칙적으로는 피모용자에 대하여 심판을 할 것이 아니다. 그러나 이와 같은 경우라도 피모용자가 약식명령에 대하여 정식재판의 청구를 하여 피모용자를 상대로 심리를 하는 과정에서 성명모용사실이 발각되어 검사가 공소장을 정정하는 등 사실상의 소송계속이 발생하고 형식상 또는 외관상 피고인의 지위를 갖게 된 경우에는 법원으로서는 피모용자에게 적법한 공소의 제기가 없었음을 밝혀 주는 의미에서 제327조 제2호를 유추적용하여 공소기각의 판결을 함으로써 피모용자의 불안정한 지위를 명확히 해소해 주어야 할 것이다."라고 한다.[1]

이에 따라, 성명모용 제2유형(특히, 피모용자가 정식재판을 청구해 공판절차가 개시된 사건)의 경우 검사가 공소장 표시를 모용자의 것으로 교체하는 피고인표시정정을 하고, 그에 따라 법원이 약식명령의 피고인표시를 모용자의 것으로 경정해 모용자에게 송달한 후 피모용자에게 제327조 제2호를 유추적용해 공소기각판결을 하는 것이 확고한 실무로 되어 있다.[2]

(c) 검 토 　형식적 확실성이 가장 강력히 요구되는 형사소송에서 공소장에 표시되지도 않은 자(甲)에게 검사의 의사를 이유로 피고인의 지위를 인정하는 방법론에는 찬성하기 어렵다. 공소제기는 검사라는 단독제 국가기관의 공적 의사표시인 만큼, 그 소송법상 효과는 공식적·외부적으로 표명된 바에 따라 발생한다고 봄이 타당하다. 다수설은 공소장 표시만을 기준으로 피고인을 확정할 경우 검사의 의사가 무시되고 소송경제에 반한다고 하나, 소송에서 형식적 확실성이라는 가치는 표시되지 않은 진의 또는 실무상 편의와 택일적 관계에 놓이기 마련이고, 소송주체 확정 단계에서는 그러한 획일성요 24

1 대법원 1993. 1. 19. 선고 92도2554 판결: "검사가 피고인을 乙로 표시하여 약식기소하였다 하더라도 乙은 성명을 모용당한 것에 지나지 아니하므로 그 공소제기의 효력은 乙에게 미치지 아니하고, 모용자인 甲에게 미친다고 할 것이다. 그리고 이에 대하여 약식명령이 발하여지고 乙이 이를 수령하여 정식재판을 청구하였다고 하여도 진정한 피고인인 甲에게는 아직 약식명령의 송달이 없었다고 할 것이고, 검사는 공소장에 기재된 피고인의 표시를 정정할 수 있고, 법원은 이에 따라 약식명령의 피고인표시를 경정할 수 있으며, 본래의 약식명령정본과 함께 이 경정결정을 모용자인 甲에게 송달하면 이때에 그 약식명령은 적법한 송달이 있다고 볼 것이고, 이에 대하여 소정의 기간내에 정식재판의 청구가 없으면 이 약식명령은 확정된다고 볼 것이다. 그러나 乙은 본래의 약식명령에 대하여 정식재판을 청구하여 통상의 공판절차의 진행이 있었으므로 乙은 형식상 또는 외관상 피고인의 지위를 갖고 사실상의 소송계속이 발생한 셈이 되므로 법원으로서는 공소기각의 판결을 하는 것이 옳은 것이다."

2 대법원 1997. 11. 28. 선고 97도2215 판결; 2022. 11. 17. 선고 2020오4 판결; 2023. 3. 16. 선고 2023도751 판결 등.

청이 기능상 편의보다 우선시돼야 한다. 민사재판에서 소장 기재사항만을 당사자확정기준으로 삼듯,[1] 형사소송에서도 공소장 기재사항만을 피고인확정기준으로 인정해야 한다.

25 형사소송에서는 진범을 밝혀내 처벌해야 한다는 이념이 있으므로 공소장의 표시만으로는 피고인을 인정할 수 없다거나,[2] 검사의 의사를 기준으로 삼음으로써 진실규명의 이념에 충실할 수 있다는[3] 견해가 있다. 그러나 누가 피고인인지의 문제와 진범 여부는 관계가 없으며, 있어서도 안 된다.[4] 검사가 소추하고자 의욕한 자가 진범이라는 보장은 없고 심지어 피모용자가 진범일 가능성조차 마음 놓고 배제할 수 없다. 사실심리절차라는 의사소통과정을 통해 비로소 재구성될 진실[§7/24-27 참조][5]을 피고인 확정단계에서 미리 원용함은 방법론상 부적절하다.

차라리 '표시설은 한국인의 법감정에 맞지 않는다'는 설명[6]이 좀 더 솔직하나, 피고인확정기준에서 공소장의 표시보다 한국인의 법감정을 우선시할 수는 없다.

26 제2유형의 乙이 '형식적 피고인'이라거나 그에게 '사실상 소송계속'이 생겼다고 하면서 제327조 제2호를 유추적용해 공소기각판결을 해야 한다고 하는 것 역시 타당하지 않다. 이들은 형식적 확실성을 핵심가치로 삼는 소송법과는 어울릴 수 없는 개념이다. 특히 제327조 제2호를 '유추적용'함은 법관에 의한 소송조건의 입법을 허용하는 방법론으로서 권력분립원칙에 반한다.

여기서 공소기각판결은 진정한 의미의 공소기각이 아니라 단지 절차배제의 의미만 갖는다고 설명되기도 한다.[7] 그러나 그처럼 공소기각판결을 본래의 취지 외로 전용(轉用)해 형식재판과 소송조건의 체계를 흔드는 이론상 무리를 감수할 이유가 없다. 공소기각판결은 어디까지나 기소된 자를 절차에서 해방하기 위한 재판일 뿐, 기소

1 이시윤 138쪽; 호문혁 218－219쪽; 대법원 1996. 3. 22. 선고 94다61243 판결.

2 황현호, "성명모용과 위장출석의 경우 피고인의 인정기준", 사법논집 제25집(1994), 505쪽.

3 이기광, "성명모용의 경우 법원이 취하여야 할 형사소송절차상의 조치", 재판과 판례 제6집(1997), 480쪽.

4 김정한, "피고인의 특정에 관한 소고", 형사소송 이론과 실무 제7권 제1호(2015), 131쪽.

5 변종필, "형사소송의 목적과 '실체적 진실' 원칙", 안암법학 제4호(1996), 20쪽 이하.

6 심희기, "성명모용소송에서 피고인 인정과 검사·법원이 취하여야 할 조치", 고시연구 제30권 제7호(2003), 86쪽.

7 백형구 53쪽; 신이철, "형사절차상 성명모용이 판명된 경우 검사와 법원의 조치", 외법논집 제33권 제2호(2009), 9쪽.

되지 않은 자를 단지 사실상 배제하기 위한 재판이 아니다.

결론적으로, 성명모용사안에서 피고인은 공소장에 기재된 乙로 확정되고, 공소장에 그의 인적사항이 올바르게 특정돼있는 이상 제254조 제3항 제1호 위반은 존재하지 않는다. 甲이 피고인이라고 하면서 제254조 제3항 제1호 위반으로 공소제기가 무효라는 전제하에 표시정정을 통한 하자치유를 인정함은 타당하지 않다. 이 경우 공소제기는 처음부터 적법·유효하며, 검사는 乙에 대한 공소를 취소해야 하고(이에 따른 공소기각결정이 확정되더라도, 제329조의 재기소제한효는 乙에게만 미친다), 공소취소가 없을 경우 법원은 乙에 대해 무죄판결을 해야 한다. 검사가 사건을 재기해 甲을 기소하지 않는 한, 甲은 피고인이 아니므로 법원은 그에게 어떠한 종국재판도 해서는 안 된다(기소의 효력이 乙에게만 미치는 이상, 甲에 대해 공소시효는 계속 진행한다). 27

구약식처분 직후 성명모용사실이 발각된 경우 법원은 검사에게 공소취소를 촉구해야 하며, 공소취소가 없으면 통상회부결정을 해야 한다(제450조). 회부결정에 따라 개시된 공판사건의 담당재판부 또한 공소취소를 촉구해야 하며, 공소취소가 없을 경우 사실심리절차를 진행해 무죄판결을 해야 한다. 법원이 불일치를 간과하고 공소장의 내용대로 약식명령을 발령한 경우에도 약식명령의 효력은 피모용자에게만 미치고 정식재판청구권 또한 피모용자에게만 있으며, 구체적인 정식재판청구기간은 피모용자에게 약식명령의 정본이 송달된 때부터 진행한다. 정식재판에서 성명모용의 사실이 밝혀지는 경우 법원은 피모용자에 대하여 무죄판결을 선고해야 하고, 정식재판청구기간이 도과했다면 피모용자는 재심을 청구할 수 있다. 재심청구사건의 재판부는 재심개시결정과 동시에 통상회부결정을 해야 하며, 재심공판에서 법원은 피모용자에게 무죄판결을 선고해야 한다.

한편, 설령 다수설과 판례의 입장대로 피고인이 甲이고 공소제기가 무효라고 보더라도, 표시정정을 통한 하자치유는 인정할 수 없다고 본다. 이에 관해서는 후술한다[§14/41-42 참조]. 28

(4) 간인 등 누락 공무원 작성 서류에 간인 또는 이에 준하는 조치를 요구하는 제57조 제2항의 규정은 공문서의 신뢰성·형식성·진정성을 담보하기 위한 법규칙[§6/1-3 참조]으로서 효력규정이다. 대법원은 근래 간인이 누락된 공소장이 제출된 사안에서 "공소장의 형식과 내용이 연속된 것으로 일체성이 인정되고 동일한 검사가 작성하였다고 인정되는 한 그 공소장을 제57조 제2항에 위반되어 효력이 없는 서류라고 할 수 없다. 이러한 공소장제출에 의한 공소제기 29

는 그 절차가 법률의 규정에 위반하여 무효인 때에 해당한다고 할 수 없다."라고 판시한바,[1] 이는 공소장작성의 진정성 및 진정성립이 인정되는 이상 간인누락은 문제삼을 바 아니라는 취지로서 위 조항을 훈시규정으로 본 결과라 할 수 있다. 과거에도 대법원은 공판조서에 간인을 누락해도 무효사유는 되지 않는다고 한 바가 있다.[2]

30 그러나 서류의 연속성·진정성을 담보함이 목적이라도 "간인 또는 이에 준하는 조치를 하여야 한다"는 기속적 내용으로 입법한 이상 이는 그 자체 독립된 의무사항이다. 애당초 일정한 소송법적 사실을 담보하기 위한 절차적 규정을 위반했다면, 그것이 담보하고자 하는 사실이 다른 방법으로 증명되더라도 그 소송행위는 위법무효라고 해야 한다. 진술조사과정에서 수사과정기록을 누락했다면 증거조사를 통해 진술의 임의성이 인정되더라도 그 조서의 증거능력을 부인하는 것[3] 역시 그러한 이유에서다. 더욱이 위와 같은 판례의 태도는 그간 대법원이 진술자의 간인이 누락된 증인신문조서[4]나 피고인의 간인이 누락된 피의자신문조서[5]는 증거능력이 없다고 한 것과 비교해 일관성이 없다. 공소장에 요구되는 형식성·엄격성은 진술서류에 요구되는 그것과 비견될 바가 아니다.

⑸ 검찰청법 제4조 제3항 위반

31 ㈎ 공소제기의 무효원인으로서 '법률의 규정' 위반 제327조 제2호의 '법률'이란 국회가 입법한 형식적 의미의 법률을 뜻함이 법문상 자명하다. 따라서 공소제기의 절차에 관한 효력규정, 즉 위반시 공소제기가 무효로 되는 규정에 헌법이나 대법원규칙의 규정은 포함되지 않는다.[6]

32 학계에서는 제327조 제2호가 비유형적 소송조건 전반에 관한 일반조항으로서의 성질을 갖는다고 새기는 관점이 지배적이다.[7] 이러한 견해는 공소권남용 등 다양한 소송법적 관심사항을 소송조건으로 포괄해 형사재판에 반

---

1 대법원 2021. 12. 30. 선고 2019도16259 판결.

2 대법원 1960. 1. 29. 선고 4292형상747 판결.

3 대법원 2015. 4. 23. 선고 2013도3790 판결; 2022. 10. 17. 선고 2022도9510 판결.

4 대법원 1961. 3. 15. 선고 4292형상725 판결.

5 대법원 1999. 4. 13. 선고 99도237 판결.

6 변종필/나기업 123쪽.

7 배종대/이상돈 739쪽; 신동운 1475쪽; 신양균/조기영 1000쪽; 이은모/김정환 770쪽; 이창현 1114쪽; 정웅석/최창호/김한균 765쪽. 이견으로 이재상/조균석/이창온 785-786쪽.

영할 법적 근거를 마련하려는 데 동호의 입법취지가 있다고 설명하는바,[1] 그에 따르면 헌법이나 대법원규칙의 규정을 위반한 공소제기도 '법률의 규정을 위반해 무효'인 것이 될 수 있다. 그러나 그러한 사유를 제327조 제2호의 공소기각사유로 취급함 동조의 법문에 반할뿐더러, 법원에 의한 (대법원규칙이나 판례를 통한) 소송조건의 임의적 창설을 허용하는 결과를 낳는다. 물론 형사소송법으로부터 직접 위임받은 사항을 규율하는 대법원규칙 규정의 위반은 '법률의 규정' 위반으로 볼 수 있으나 현행법상 그런 위임규정은 없다.[2] 더욱이 제327조 제2호는 일본형사소송법 제338조 제4호("공소제기의 절차가 그 규정에 위반했기 때문에 무효인 때")를 계수한 규정인데, 제정 당시 입법자는 일본법에 없는 '법률'이라는 표현을 추가했다는 사실을 상기할 필요가 있다. 제정형사소송법은 '법령(또는 법규)'과 '법률'을 엄격히 구분했고(제정형사소송법 제383조 참조) 이는 현행법도 마찬가지다.

> 검찰청법 제11조는 "검찰청의 사무에 관하여 필요한 사항은 법무부령으로 정한다"고 규정하고, 이에 따라 검찰사건사무규칙은 제105조, 제109조 등에서 공소제기의 절차·방식에 관해 규정한다. 그러나 이는 성질상 행정규칙이고,[3] 검찰청법 제11조의 위임사항은 관청인 '검사'의 직무가 아니라 관서인 '검찰청'의 사무이므로, 검찰사건사무규칙을 위반했다고 공소제기가 위법하게 되지는 않는다.

다만, 현행법상 공소제기의 유효를 일종의 비유형적 소송조건으로 보는 33
결론 자체는 수용할 수 있다고 본다. 아래에서 보듯, '법률의 규정'인 검찰청법 제4조 제3항이 다양한 유형의 기소절차상 하자를 포섭해주기 때문이다.

(나) 효력규정으로서 검찰청법 제4조 제3항 검찰청법 제4조 제3항은 "검 34
사는 그 직무를 수행할 때 국민 전체에 대한 봉사자로서 헌법과 법률에 따라 국민의 인권을 보호하고 적법절차를 준수하며, 정치적 중립을 지켜야 하고 주어진 권한을 남용하여서는 안 된다"고 규정하고 있다. 그간 이 조항은 형사소송법도그마틱에서 조명받지 못했고 판례상 이를 비중있게 인용한 예도 찾기 어렵다. 법 초반부에 검사의 직무에 관한 일반규정으로 등장하고, 문구가 상투적일 뿐 아니라 그 형식 또한 성의가 없어 '있어도 그만, 없어도 그

---

1 배종대/이상돈 738-739쪽; 신동운 1475쪽.

2 저자와는 다른 관점에서 다수설을 비판하는 예로 신상현, "위법한 함정수사의 법적 효과에 대한 재검토", 법학논총 제29권 제2호(2016), 33-34쪽.

3 헌법재판소 1991. 7. 8. 선고 91헌마42 결정.

만'인 단순 조직법적·선언적 규정 정도로 이해되어 왔기 때문이다. 같은 조 제2항으로 최초 도입된 1997. 1. 13. 당시의 개정이유에서도 단지 "검사가 정치적 영향으로부터 독립하여 국민에 대한 봉사자로서 그 직무를 공정하게 수행할 수 있도록 하기 위하여 검사의 정치적 중립성에 관한 선언적 규정을 신설"했다고만 적혀 있다. 검찰청법의 절차법이라기보다는 조직법적 성격을 강조하는 관점이나, 법해석에서 역사적 해석카논을 중시하는 관점에서는 위 조항을 공소제기에 관한 효력규정으로 보려 하지 않을 것이다.

35 그러나 동조항이 규정한 인권보호의무·적법절차준수의무·정치중립의무·권한(특히 공소권)남용금지는 검찰제도 전체를 관통하는 규범으로서 단지 선언적·훈시적 성질의 것이 아니다. 이들은 원리로서 존재해 오다가 1997년 검찰청법 제4조를 통해 법률의 규정 형태로 명문화됐다. 그런데 형사소송법은 법률의 규정을 위반한 공소제기를 무효로 하고 있다. 그렇다면 적법절차준수의무·권한남용금지의무 등을 규정한 위 조항은 공소권행사의 구체적 한계를 정하는 효력규정의 역할을 도맡을 수밖에 없다. 법률은 제정되고 나면 입법자의 목적에 종속되지 않고 독자적 목적을 수행하는바, 입법자의 당초 의도가 단지 검사의 정치적 중립성 선언에 있었더라도 오늘날 그 객관적 입법취지는 공소권에 대한 법치국가적 한계원리를 효력규정화하려는 데서 찾아야 한다.

최근 '수사와 기소의 분리'라는 기이한 모토를 내세워 검찰청을 폐지하고 공소전담기관인 공소청과 수사전담기관인 중수청을 신설하는 법안들이 발의되었다. 그중 현행 검찰청법 제4조 제3항에 대응하는 것은 「공소청 설치 및 운영에 관한 법률」(의안번호 2210728, 제안일자 2025. 6. 11.) 제3조인데, 그 문언상 "공소청 소속 공무원은 직무를 수행할 때 헌법과 법률에 따라 국민의 자유와 권리 및 모든 개인이 가지는 불가침의 기본적 인권을 보호하고, 국민 전체에 대한 봉사자로서 공정·중립을 지켜야 하며, 주어진 권한을 남용하여서는 아니 된다"고만 하여 적법절차준수의무를 빠뜨리고 있다. 물론 나머지 문언들에서 적법절차준수의무를 도출해내기가 불가능하지는 않겠으나, 소추기관의 권한행사에 관해 적법절차요청을 직접 선언하지 않은 것은 입법기술적 아마추어리즘이다.

한편, 주지하듯 수사권은 공소권의 불가결한 논리적 전제인바, 쟁점판단에 필요·적절한 수사는 오직 공소권자만 할 수 있기에, 근대 이후 대다수 선진국들은 검사에게 수사권 및 경찰수사지휘권을 부여해 왔고 최근 전세계적으로 이를 강화하는 추세이며, 검사가 기소만 전담하는 식으로 형사사법체계를 운영하는 나라는 존재하지 않는다.[1] 이미 최근의 형사소송법 개정을 통해 검사의 수사권을 축소하고 수사지휘권을 폐지한 것만으로도 사정 역량은 급전직하했다. 위와 같은 법안은 이러한 기능마비에 만족하지 않고 더 나아가 형사사법제도의 구조적 파괴와 전복을 꾀하는 입법테러리즘(legislative terrorism)에 해당한다.

헌법이나 대법원규칙의 규정을 위반한 공소제기는 경우에 따라 위 조항에 위반해 무효로 될 수 있다. 현재 대법원은 범의유발형 함정수사에 터잡은 기소,[2] 공소장일본주의 위반[§14/16-18 참조],[3] 면책특권에 해당하는 행위에 대한 기소,[4] 이시추가기소[5] 등의 경우에 "공소제기의 절차가 법률의 규정을 위반하여 무효일 때"에 해당하므로 제327조 제2호에 따른 공소기각판결을 해야 한다고 설시하면서도 정작 그 위반된 '법률의 규정'이 무엇인지에 대해서는 일언반구도 언급하지 않는바, 위 사례들 모두 검찰청법 제4조 제3항 위반으로 포섭할 수 있다고 본다. 요컨대 제327조 제2호는 검찰청법 제4조 제3항과 결합함으로써 형식재판에 관한 일반조항적 법규칙[6]으로 기능하며[§6/8-9 참조], 이로써 기소절차상 적법절차준수와 권한남용금지는 비유형적 소송조건이 된다. 36

다만, 이처럼 검찰청법 제4조 제3항을 경유하더라도, 실무와 같이 이미 사망한 자를 기소한 것을 제327조 제2호의 공소기각사유로 취급[7]함은 적절치 않다. 대상자의 사망을 모르고 기소한 것이 적법절차원칙 위반이나 공소권남용이라고는 할 수 없다. 이는 제328조 제1항 제2호의 공소기각사유로 보아야 한다. 37

규칙 제118조 제1항은 "공소장에는 공소제기 전에 변호인이 선임되거나 보조인의 신고가 있는 경우 그 변호인선임서 또는 보조인신고서를, 공소제기 38

1 변종필/나기업 301쪽.

2 대법원 2005. 10. 28. 선고 2005도1247 판결; 2007. 5. 31. 선고 2007도1903 판결; 2007. 7. 13. 선고 2007도3672 판결; 2008. 10. 23. 선고 2008도7362 판결.

3 대법원 2009. 10. 22. 선고 2009도7436 (全)판결.

4 대법원 1992. 9. 22. 선고 91도3317 판결.

5 대법원 2001. 9. 7. 선고 2001도3026 판결.

6 안준홍, "법규칙과 법원리를 질적으로 구별할 가능성에 대한 비판적 고찰", 법철학연구 제11권 제2호(2008), 432쪽.

7 부산지방법원 2016. 10. 20. 선고 2016고단3492 판결; 수원지방법원 2017. 4. 18. 선고 2017고단141 판결; 인천지방법원 2020. 4. 13. 선고 2019고단6400 판결; 서울서부지방법원 2020. 9. 23. 선고 2020고단3141 판결; 창원지방법원 2021. 10. 21. 선고 2021고단2292 판결; 울산지방법원 2022. 6. 9. 선고 2022고단1124 판결; 광주지방법원 2022. 6. 15. 선고 2022고단1259 판결 등.

전에 특별대리인의 선임이 있는 경우 그 특별대리인선임결정 등본을, 공소제기 당시 피고인이 구속되어 있거나, 체포 또는 구속된 후 석방된 경우 체포영장, 구속영장 기타 구속에 관한 서류를 각 첨부하여야 한다"고 규정하고 있다(일본에서는 인신구속 관련서류를 기소장에 첨부할 수 없고, 기소장을 접수한 재판소의 (본안재판부 아닌) 재판관에게 따로 제출해야 하며, 이는 제1회 기일 후 수소재판소에 송부된다(일본형사소송규칙 제167조)). 하급심에서는 이를 위반해 공소장에 긴급체포서, 구속영장, 국선변호인선정결정서 등 서류를 누락한 경우 공소제기는 무효로 되지만 추후 검사가 그 서류를 제출하면 하자가 치유된다고 본 예가 있다.[1] 그러나 대법원규칙의 위반 그 자체는 무효사유가 아니고, 이러한 누락을 적법절차원칙 위반이나 공소권남용으로 취급하기도 어렵다고 본다. 이는 검찰청법 제4조 제3항 위반이라 할 수 없으므로 공소제기는 처음부터 무효가 아니라고 함이 타당하다.

2. 재판의 무효

39 (1) 결정·명령 효력규정을 위반한 결정이나 명령은 효력이 없다. 가령 공소장변경의 요건과 절차를 정한 제298조는 불고불리원칙을 실현하고 피고인의 방어권을 보장하기 위한 효력규정이므로, 이를 위반한 공소장변경허가신청(가령 사건의 동일성이 인정되지 않는 범죄사실로의 변경을 구하는 신청)을 인용하는 결정은 무효이며, 법원은 그러한 결정이 없었던 것으로 취급하고 변경 전 공소사실에 대해 판단해야 한다. 실무상 공소장변경허가취소결정을 한 후 불허가결정을 하고 있으나[2] 앞서도 언급했듯 형사재판에서 소송행위의 취소는 인정할 수 없고 단지 '철회'만 가능하므로(법문상 '취소'나 '취하'라고 표현되어 있는 소송행위들(공소취소, 고소취소, 재정신청취소, 상소취하 등)도 엄밀히는 취소가 아니라 철회에 해당한다)[§2/3 참조], 이 경우 불허가결정만 하면 족하고 취소결정에 소송법적 의미는 없다. 간혹 공소장변경허가결정이 무효인 경우 변경 후 공소사실에 대해 제327조 제2호를 근거로 공소기각판결을 하는 경우가 있으나[§14/25 참조] 타당한 처리라고 할 수 없다[§14/29-30 참조].

40 효력규정에 위반했다는 것은 결정·명령의 절차 자체에 효력규정위반이 있거나 효력규정에서 정하는 요건이 불비됐음을 말한다. 가령 위법수집증거를 채택해 조사했다고 해서 그에 대한 채택결정 자체가 무효가 되는 것은 아니고 단지 제308조의2에 의해 그 증거결과의 증거능력이 부인될 뿐이다.

---

1 수원지방법원 안산지원 2020. 6. 4. 선고 2020고단1421 판결.

2 대법원 1989. 1. 24. 선고 87도1978 판결; 2022. 7. 14. 선고 2022도2799 판결 등.

(2) 판 결

(가) 중대한 효력규정위반 판결이 효력규정을 위반하여 무효로 될 수 있는지가 문제된다. 개론서에서는 통상 이 주제를 '당연무효판결'이라는 표제하에 간략히 언급하면서, 무효판결을 '상소 기타 불복신청을 하지 않아도 그 본래의 효력이 발생하지 않는 재판'이라 정의하고 있다.[1] 그러나 그 기준에 대한 구체적 기술은 찾아보기 어렵다. 41

판결은 성립과정에서 효력규정위반이 있다는 사실만으로 무효가 되지는 않는다. 상소이유에 관한 제361조의5 제1호 및 제383조 제1호는, 그러한 사유가 있는 재판은 판결이라는 소송행위로서 효력이 있으며 적법한 상소대상임을 전제하는바, 이는 판결 자체를 무효로 돌려 불복 없이 그 효력을 부인할 수 있게 함은 그 자체 소송절차를 혼란에 빠뜨리기 때문이다. 이에 형사소송에서 무효판결이라는 개념을 인정함이 과연 타당한지 의문을 표하기도 하나,[2] 형식구속성을 현저히 벗어난 판결에 무조건 효력을 부여함도 법치국가원리에 부합하지 않는다. 결국 판결은 해석상 상소를 인정하는 것 자체가 부당하거나 상소를 통한 시정이 불가할 만큼 중대한 하자가 있어야 무효로 된다고 할 수밖에 없다. 가령 요건을 불비한 궐석재판으로 선고한 판결은 무효라는 서술이 있으나,[3] 이는 상소이유일 뿐 판결무효사유는 아니다. 42

무효판결에는 상소나 비상상고로 불복할 여지가 없다. 개론서들은 통상 무효인 판결은 불복신청이 없더라도 효력이 발생하지 않는다고 하면서도 판결의 외관을 제거할 필요를 이유로 비상상고는 허용된다고 기술하며,[4] 문헌에 따라서는 상소까지 허용된다고 설명하기도 한다.[5] 그러나 효력 없는 재판에 대해 단지 외관제거를 이유로 불복을 인정함은 논리적으로 모순일 뿐 아니라 상소·비상상고 제도의 본래 취지와도 맞지 않는다. 더욱이 그러한 외관제거는 상소기각결정이나 집행이의신청에 대한 결정 등에서 해당 판결이 43

---

1 배종대/이상돈 755쪽; 배종대/홍영기 435쪽; 신양균/조기영 1026쪽; 이은모/김정환 786쪽; 이재상/조균석/이창온 807쪽; 임동규 735쪽.

2 H. Kudlich, *Nichtige Urteile im Zivil– und Strafprozessrecht*, 16 HUKUK FAKÜLTESI DERGISI 211–216 (2014).

3 노태악 編, 주석 형사소송법 Ⅳ, 한국사법행정학회(2022), 221쪽(성충용 집필부분).

4 배종대/홍영기 490쪽; 신현주 708쪽; 이은모/김정환 901쪽; 임동규 736쪽 등.

5 신동운 1504쪽.

무효라는 점을 밝혀주는 방법으로도 달성될 수 있으므로 굳이 본안재판을 동원할 실익도 없다. 일본 최고재판소는 무효판결에 대한 비상상고는 부적법하다고 한 바 있으며,[1] 우리 판례도 비록 민사소송에 관한 것이기는 하지만 당연무효판결에 대한 상소는 부적법하다는 입장을 견지해오고 있다.[2]

44 대체적 견해는 무효인 판결이 기판력을 지닌다고 한다.[3] 그러나 기판력은 확정판결의 본질적 효력 중 하나이고, 기판력을 인정함은 곧 그 판결이 당연무효가 아니라고 말하는 것과 별반 차이가 없다. 더욱이 다수설과 같이 법률상 인정되지 않는 종류의 형(압슬형, 태형 등)을 선고한 확정판결을 당연무효라고 하면서 그 판결이 기판력을 지니므로 재차 판결할 수 없다고 하는 것은 이치에 맞지 않는다. 무효인 판결은 글자 그대로 아무 효력이(效) 없다(無).[4]

45 (나) 구체적 유형 개론서들은 통상 종국재판을 설명하는 부분에서 무효판결의 예로 i) 동일사건에 대해 이중으로 실체판결이 선고된 사안에서의 후행판결, ii) 죽은 사람에게 형을 과하는 판결, iii) 법률상 인정되지 않는 종류의 형을 선고한 판결을 든다.[5] 그리고 소송행위 일반론을 다루는 부분에서 iv) 처단형을 초과하는 형을 선고한 재판도 무효판결이라고 기술한다.[6]

46 (a) 법률에 없는 종류의 형이나 사망자에 대한 형의 선고 이를테면 태형, 장형, 압슬형 등 법률상 인정되지 않는 종류의 형을 과하는 판결이나 이미 사망한 자에게 형을 과하는 판결이 당연무효가 된다는 데는 저자도 이의가 없다. 민사소송에서는 사망자를 상대로 소가 제기됐거나 소장부본송달 전 피고가 사망한 경우 그 판결을 당연무효로 취급하고, 소송계속 중 피고가 사망한 경우 판결은 유효하되 다만 상소·재심사유가 있는 것으로 보는바, 이는 소송수계제도를 두고 있기 때문이다(민사소송법 제1편 제4장 제7절). 반면 소송수계제도가 없는 형사소송에서는, 사망한 피고인에 대한 형선고는 존재하지 않는 사람에 대한

---

1 일본 최고재판소 1952. 11. 19. 선고[昭和26(さ)1], 형집 제6권 제10호, 1217쪽.

2 대법원 2017. 11. 14. 선고 2017다24281 판결.

3 김인회 620쪽; 배종대/홍영기 §67/21; 신양균/조기영 1027쪽; 신현주 709쪽; 이재상/조균석/이창온 §54/25; 임동규 735－736쪽; 정웅석/최창호/김한균 789쪽.

4 같은 생각으로 백형구 766쪽.

5 배종대/이상돈 §155/17; 신동운 1504쪽; 신양균/조기영 1027쪽; 이은모/김정환 786쪽; 이재상/조균석/이창온 807쪽; 임동규 735쪽; 정웅석/최창호/김한균 789쪽 등.

6 김인회 287쪽; 배종대/이상돈 §30/12; 손동권/신이철 140쪽; 신동운 708쪽; 이은모/김정환 138쪽; 이재상/조균석/이창온 §33/8; 임동규 120쪽; 정웅석/최창호/김한균 445쪽.

판결일 뿐 아니라 애당초 법률상 불능인 것을 내용으로 하므로, 무효로 봄이 타당하다. 그러나 처단형을 넘는 형을 과하는 판결이나 이중판결사안의 후행판결이 무효라는 설명에는 다음에서 보는 바와 같이 의문이 있다.

(b) 이중판결사안의 후행판결 이중의 실체판결이 나올 수 있는 상황은 47
크게 셋으로 나뉜다. i) 실체판결이 확정된 사건에 대해 검사가 다시금 공소를 제기한 경우(판결확정 후의 기소), ii) 공소유지중인 피고인에 대해 동일법원에 동일사건으로 기소한 경우(이중 기소), iii) 두 개의 관할법원에 동일사건으로 공소가 접수된 경우(관할 경합)가 그것이다. 각 사안의 해결책은 다음과 같다. i)의 경우, 법원은 면소판결을 선고해야 한다. ii)의 경우, 법원은 선행사건의 판결이 확정되기 전이라면 제327조 제3호에 따라 공소기각판결을, 판결이 확정된 후라면 제326조 제1호에 따라 면소판결을 선고해야 한다. iii)의 경우, 두 재판부의 사물관할이 다르다면 합의부가, 사물관할이 동일하다면 먼저 공소를 접수한 법원 또는 직근상급법원이 지정한 법원이 우선권을 갖는다(A 법원). 우선권 없는 다른 법원(B 법원)은 공소기각결정을 해야 하나, 만약 B법원이 먼저 판결을 선고해 확정됐다면 A법원은 제326조 제1호의 면소판결을 해야 한다.

> 민사소송에서도, 중복제소사안에서 두번째 소에 대한 판결이 먼저 확정된 경우에 그 판결이 당연무효가 된다고는 할 수 없으며 오히려 그 후소에 대한 확정판결의 기판력이 소송계속 중인 전소에 미친다.[1]

통상 이처럼 공소기각으로 절차를 종결해야 함에도 법원이 이를 간과하 48
여 실체판결을 선고해 확정됐다면 그 판결이 당연무효가 된다고 설명한다. 특히 다수설은 관할경합사안에서 B법원이 공소기각결정을 하지 않고 그대로 실체재판을 선고해 판결이 확정된 경우, 그 확정시점이 A법원의 판결이 확정된 후라면 B법원의 판결은 무효이고, A법원의 판결이 확정되기 전이라면 A법원의 판결이 무효로 된다고 한다.[2] 그러나 저자는 이에 동의할 수 없다.

형식재판사유가 있음에도 실체재판을 한 것은 법령위반으로서 상소이유 49
라는 데 이견이 없다. 이는 제326조 제1호의 사유라고 다르지 않다. 즉, 이미 확정판결이 존재하는 사건의 공소에 대해 법원이 유죄판결을 한 경우, 피고

1 대법원 1995. 12. 5. 선고 94다59028 판결; 서울중앙지방법원 2016. 6. 16. 선고 2015나48909 판결; 2023. 6. 22. 선고 2022가단5321040 판결 등.

2 신동운 774–775쪽; 이은모/김정환 48쪽; 이재상/조균석/이창온 402쪽; 임동규 36쪽 등.

인은 이를 판결에 영향을 미친 위법으로 주장해 상소할 수 있다. 이처럼 어떠한 위법이 상소이유가 된다는 것은 판결 자체는 유효하되 단지 파기사유가 존재함을 뜻하는바, 여기에는 그 판결이 무효가 아니라는 전제가 깔려 있다. 그렇다면 통설은 형식재판사유를 간과한 위법은 상소기간 중에는 판결의 효력에 영향이 없고 단지 상소심의 시정대상이 되지만 상소기간도과 후에는 판결의 무효사유가 된다는 견해라 할 수 있는데, 이처럼 판결의 효력이 확정여부에 따라 달라진다는 것은 이치에 맞지 않는 견해다.

50 생각건대 뒤의 판결을 무효재판으로 볼 이유가 없다. 공소기각사유나 여타 면소사유(공소시효도과, 일반사면 등)를 간과한 확정판결은 당연무효가 아닌데 유독 선행판결의 존재를 간과한 확정판결에 더 중대한 위법이 있다고 보아 소송행위로서의 효력 자체를 부인할 까닭은 찾아볼 수 없다. 이 경우 두 확정판결은 모두 유효하고 서로 저촉되는 상태 그대로 기판력을 지니되 뒤의 판결이 비상상고의 대상이 된다고 하면 족하다. 그리하여 비상상고심에서 앞의 판결이 유죄판결이고 뒤의 판결이 무죄판결이라면 단순파기하고, 앞의 판결이 무죄판결이고 뒤의 판결이 유죄판결이라면 파기자판으로 면소를 선고하면 타첩된다.

51 대법원은 2개의 민사판결이 확정된 사안에 관해 뒤의 판결을 당연무효로 보지 않고 두 판결이 모두 기판력을 지니되 다만 뒤의 판결은 재심의 소에 의해 취소되어야 할 것이라고 한다.[1] 또한, 일본 최고재판소는 동일사건에 대해 2개의 약식명령이 확정된 경우 뒤의 약식명령이 비상상고의 대상이 된다고 한다.[2] 둘 다 적절하고 명료한 해결책이라고 생각된다.

52 ⒞ 처단형 상한을 초과하는 형의 선고 처단형의 상한을 넘는 형의 선고는 단지 실체형법규정 위반으로서 판결에 영향을 미친 위법에 불과할 뿐, 판결을 무효로 돌릴 만큼의 하자라고는 할 수 없다. 판례도 같은 입장이다.[3]

---

1 대법원 1997. 1. 24. 선고 96다32706 판결: "기판력 있는 전소판결과 저촉되는 후소판결이 그대로 확정된 경우에도 전소판결의 기판력이 실효되는 것이 아니고 재심의 소에 의하여 후소판결이 취소될 때까지 전소판결과 후소판결은 저촉되는 상태대로 그냥 기판력을 갖는 것이고, 후소판결의 기판력이 전소판결의 기판력을 복멸시킬 수 있는 것도 아니므로 기판력 있는 전소판결의 변론종결 후에 이와 저촉되는 후소판결이 확정되었다는 사정은 변론종결 후에 발생한 새로운 사유에 해당한다고 할 수 없다."

2 일본 최고재판소 1956. 11. 30. 선고[昭和31(さ)5], 형집 제10권 제11호, 1577쪽; 일본 최고재판소 1964. 5. 29. 선고[昭和39(さ)2], 형집 제151호, 279쪽.

3 대법원 2022. 3. 31. 선고 2021오13 판결; 2022. 12. 15. 선고 2021오7 판결.

(d) 상소취하 후의 상소심판결 상소가 취하되면 상소권이 소멸하고 원 53
심판결이 확정된다. 따라서 그 후 상소법원이 판결을 선고하는 경우 이는 존재하지 않는 항소사건 및 심판대상에 대한 판결로서 당연무효이다.[1]

상소취하서 접수 후 재판부가 이를 인지하기 전 궐석재판으로 상소심판 54
결이 선고되는 경우도 있을 수 있다. 이 경우에도 그 상소심판결은 무효이다. 피고인만이 상소한 사건에서 그 상소심판결의 형이 원심의 형보다 낮다 해도 형집행은 원심판결이 선고한 형에 따라서 해야 한다.

3. 공판기일 소송행위 전체의 무효

특정 소송행위의 존재나 절차적 요건의 구비가 공판기일에서 개개 소송 55
행위의 효력요건임에도 수소법원이 이를 불비한 채 심리하여 판결했다면, 공판정에서 이루어진 소송행위(증거조사, 구술에 의한 공소장변경허가 신청 및 그에 대한 결정, 최후변론 등) 전체가 무효로 된다. 다만 이 경우에도 전술한 이유에서[§3/42 참조] 판결만큼은 무효로 되지 않는다. 몇 가지 사안유형을 살펴본다.

(1) 필요적변호사건에서 변호인 없는 공판진행[2] 제282조와 제283조는 56
헌법상 기본권인 변호인의 조력을 받을 권리를 보장하고 공정한 재판을 실현하기 위한 효력규정이다. 필요적변호사건에서 변호인 없이 진행된 공판기일의 소송행위는 제282조에서 정한 개정요건이 불비된 상태하의 것으로서 실체형성행위이든 절차형성행위이든, 또 피고인의 소송행위이든 검사나 법원의 소송행위이든 가릴 것 없이 무효이다.[3] 나아가 필요적변호사건 아닌 사

---

1 배종대/이상돈 §30/5; 신양균/조기영 1027쪽; 임동규 118, 735쪽.
일본 최고재판소 1952. 11. 19. 선고[昭和26(さ)1], 형집 제6권 제10호, 1217쪽: "나고야고등재판소는 그 항소사건을 심리해 … 판결을 선고했다. 그러나 그에 앞서 같은 달 27. 타나베 구치지소에 구금되어 있던 피고인이 … 항소취하서를 제출한 사실이 인정된다. 그러므로 형사소송법 제367조, 제366조 제1항의 규정에 따라 이 항소취하는 법원이 그것을 인지했는지와 상관없이 즉시 취하의 효력을 발생시키고 항소심은 종료되어, 앞서 본 제1심판결의 확정으로 사건이 완결된다. 따라서 이후 나고야고등재판소가 제2심판결을 선고한 시점에서는 객관적으로 해당 피고사건은 동 고등재판소에 속하지 않았으며, 동 재판소로서는 그 재판권을 행사할 여지가 전혀 없었다고 볼 수밖에 없다. 그렇다면 원판결은 당연무효판결로서 그 내용에 따른 효력을 발생시키지 않는다. … 제2심판결이 당연무효이며 확정판결로 인정되지 않는 이상, … 항소취하 이후의 심판은 법률에 위반된 것이기는 하나 이를 사유로 하는 비상상고는 부적법하므로 기각함이 상당하다."

2 상세히는 나기업, "제1심의 소송행위가 모두 무효인 경우 항소법원의 조치", 저스티스 제204호 (2024), 180－182쪽.

3 대법원 1995. 4. 25. 선고 94도2347 판결; 2011. 9. 8. 선고 2011도6325 판결.

건이 필요적변호사건과 병합심리된 경우, 필요적변호사건에 관해 변호인 없이 공판절차를 진행한 위법은 필요적변호사건 아닌 사건 부분에도 미친다.[1]

57 판례는, 피고인이 재판장의 허가 없이 임의로 퇴정하고 뒤이어 변호인까지 퇴정한 경우 "신속한 재판 및 사법권의 옹호라는 측면을 중시하여 제330조의 규정을 유추적용하여 예외적으로 변호인 없이 개정, 심리할 수 있다"고 하며,[2] 그러한 퇴정이 "변호권의 포기" 또는 "변호인의 재정의 이익의 포기"라 한다.[3] 이는 증거동의간주(제318조 제2항)의 효력이 인정된다거나, 위와 같은 소송진행이 판결에 영향을 미친 위법이 아니라는 취지의 판시이기는 하지만, 그처럼 변호인 없이 진행된 소송행위가 유효함을 당연히 전제하는 것이다.

58 그러나 위와 같은 처리는 피고인에게 불이익한 유추적 법형성으로서 심히 부적절하다[§7/62 참조]. 피고인과 변호인이 퇴정했다면 법원은 속행예고 후 차회기일을 지정해야지(일단 출석했다가 퇴정한 것이므로 제283조의 요건도 구비되지 않는다) 당해 기일을 진행해서는 안 된다. 차회기일에 피고인과 변호인이 출정하지 않으면 제283조에 따라 국선변호인 선정 후 공판절차를 진행해야 하고, 변호인 없이 그대로 공판절차를 진행하면 해당 기일의 소송행위는 모두 무효라고 봄이 타당하다.

대법원은 피고인이 재판에 항의하며 퇴정한 경우 제318조 제2항에서 말하는 '피고인의 출정 없이 증거조사를 할 수 있는 경우'에 해당한다고 한다.[4] 그러나 제318조

---

1 대법원 2011. 4. 28. 선고 2011도2279 판결.

2 대법원 1990. 6. 8. 선고 90도646 판결: "필요적변호사건에 있어서는 … 변호인이 피고인의 명시적 또는 묵시적인 동의 아래 그 방어권행사의 한 방법으로 재판장의 허가 없이 임의로 퇴정하여 버리거나 피고인과 합세하여 법정의 질서를 문란케 하여 재판의 진행을 방해하는 등의 행위를 하여 재판장으로부터 질서유지를 위한 퇴정을 명받는 경우와 같이, 변호인의 재정의무 위반이 피고인 자신의 귀책사유에 기인할 뿐만 아니라 피고인측의 방어권의 남용 내지 변호권의 포기로 보여지는 경우에는, 신속한 재판 및 사법권의 옹호라는 측면을 중시하여 제330조의 규정을 유추적용하여 예외적으로 변호인 없이 개정, 심리할 수 있다."

3 대법원 1990. 6. 12. 선고 90도672 판결: "피고인 및 변호인의 의견진술을 듣는 것 이외의 모든 절차가 종료된 상태에서 피고인이 재판절차의 진행을 저해할 의도로 허가 없이 퇴정하고 변호인들이 이에 동조하는 취지에서 재판장의 여러 차례에 걸친 의견진술촉구에도 불구하고 의견을 진술하지 아니한 채 퇴정한 이 사건의 경우에는 변호인이 그 소송절차상 갖고 있는 재정의 이익이 포기 또는 상실되었다고 볼 수밖에 없는 것으로서 제330조의 규정에 의하여 피고인의 진술 없이 판결할 수 있는 것과 마찬가지로 변호인의 진술 없이 소송절차를 진행하여 판결을 선고한 것이 위법하다 할 수 없다."
대법원 1991. 6. 28. 선고 91도865 판결: "피고인이 재판거부의 의사를 표시하고 재판장의 허가 없이 퇴정하고 변호인마저 이에 동조하여 퇴정해 버린 것은 모두 피고인측의 방어권의 남용 내지 변호권의 포기로 볼 수밖에 없는 것이어서 수소법원으로서는 제330조에 의하여 피고인이나 변호인의 재정 없이도 심리·판결할 수 있[다]."

4 대법원 1991. 6. 28. 선고 91도865 판결.

제2항은 피고인이 애초에 출정하지 않은 때에 적용되는 규정이므로, 일단 출정한 피고인이 퇴정했거나 진술을 거부한 때에는 적용될 수 없다. 이 경우 피고인은 묵시적으로 모든 증거에 부동의의 의사를 표했다고 보아야 한다.[1]

(2) 위법한 궐석재판과 공소장부본송달 누락 피고인이 불출석한 때에는 59
개정할 수 없으며 재판장은 공판기일을 다시 정해야 한다. 공판기일에 피고인이 출석해야 한다는 것은 법적 청문 원칙[§6/2 참조]에 따른 당연한 요청이자 공정한 재판의 기본적 전제이다. 따라서 피고인의 출석을 공판개정요건으로 설정하고 있는 제276조는 효력규정이다.

형사절차법은 진실규명을 위해 부득이 피고인의 출정 없이도 심리·판결 60
할 수 있는 예외적인 경우를 규정하고 있다(제277조, 제277조의2, 제306조 제4항, 제330조, 제365조, 제458조 제2항, 소촉법 제23조 등). 이러한 궐석재판은 법률이 정한 때에만 할 수 있으며(제276조 본문), 그 대상사건 및 요건에 관한 규정은 피고인의 이익을 위해 가급적 엄격히 해석해야 한다.

따라서 궐석재판의 요건이 불비됐음에도 피고인 불출석 상태로 기일을 61
진행했다면, 해당 소송절차는 효력규정인 제276조에 위반해 무효이다. 가령 i) 정식재판청구사건·항소사건에서 제1회 기일에 불출석하고 제2회 기일에 출석한 피고인이 제3회 기일에 불출석하자 그 제3회 기일에 개정한 경우,[2] ii) 구속피고인의 출석거부에 정당한 사유가 존재함에도 궐석 심리한 경우,[3] iii) 소재파악을 위한 최선의 노력을 다하지 않고 한 공시송달[4] 또는 수감중 공시송달[5]로 소환을 받은 피고인이 2회 불출석했음을 이유로 궐석 개정한 경우, 그 공판기일의 소송행위는 효력이 없다. 여기서 판례는 통상 '소송절차가 위법하다'고 하나,[6] '소송행위가 효력이 없다'고 분명히 밝히기도 한다.[7]

---

1 김정한, "궐석재판과 증거동의 의제에 관한 소고", 법학논고 제54집, 경북대학교 법학연구원 (2016), 95쪽; 신동운 1297쪽.

2 대법원 2016. 4. 29. 선고 2016도2210 판결.

3 대법원 2001. 6. 12. 선고 2001도114 판결; 서울북부지방법원 2015. 12. 23. 선고 2015노1426 판결.

4 대법원 2019. 12. 13. 선고 2019도14910 판결.

5 대법원 2013. 6. 27. 선고 2013도2714 판결.

6 대법원 2004. 2. 27. 선고 2002도5800 판결; 2011. 2. 24. 선고 2010도16538 판결; 2012. 4. 26. 선고 2012도986 판결; 2012. 8. 23. 선고 2012도6689 판결; 2014. 6. 12. 선고 2012도2936 판결; 2014. 10. 27. 선고 2014도11273 판결; 2016. 3. 24. 선고 2016도1026 판결; 2022. 11. 30. 선고 2022도11786 판결.

7 대법원 2017. 1. 12. 선고 2016도17929 판결: "제1심이 공시송달로 피고인을 소환한 최초 공판

한편, 공소장부본이 송달되지 않은 채 공시송달에 의한 궐석재판으로 제1심 판결이 선고된 경우에도 그 공판절차의 소송행위는 모두 무효이다.[1]

62 (3) 소송무능력자에 대한 공판절차진행 피고인이 유효한 소송행위를 하거나 법원·검사가 행한 소송행위의 효력을 받으려면 의사능력, 즉 소송능력이 필요하다. 소송주체능력[§7/56 참조]이 피고인이 될 수 있는 능력이라면, 소송능력은 스스로(대리 없이) 소송행위를 할 수 있는 능력이다.[2]

63 제306조는 피고인이 사물변별·의사결정능력이 없어 소송무능력자인 상태라면 그 기간 동안 공판절차를 정지해야 하며(제306조 제1항), 예외적으로 형식재판이나 무죄판결, 형면제판결을 하는 경우에 공판기일의 절차를 진행할 수 있다고 규정하고 있다(같은 조 제4항).

책임조각에 관한 형법 제10조 제1항은 사물변별·의사결정 능력의 부존재가 심신장애로 발생했을 것을 요구하는 반면, 형사소송법은 그러한 제한을 두고 있지 않다. 그러나 애초 사물변별·의사결정 능력의 부존재는 정신병질로 발생하고, 제306조 제3항이 의사능력의 흠결을 이유로 공판절차를 정지할 때 의사의 의견을 들어야 한다고 규정하는 것 또한 이를 전제한 것이므로, 책임능력과 소송능력에 각 요구되는 지적 능력의 정도에 실질적 차이는 없다.

책임능력은 불법인식능력과 그러한 인식에 따라 자신의 행동을 조종할 능력의 문제인 반면, 소송능력은 형사절차에서 자신의 이해관계를 변별하고 필요한 방어를 할 수 있는 능력이라는 점에서 둘은 구별된다고 보기도 한다.[3] 그러나 이는 사물변별·의사결정 능력의 부존재라는 동일한 실질이 실체법상 범죄와 절차법상 공판이라는 각 영역에서 어떻게 구체화되는지를 풀어 설명한 것에 가깝다. 법문상 '변별'의 대상은 엄연히 '사물'인바, 이는 일반적 인지능력을 요구하는 표현이고 형사법령에서 동일한 표현은 동일하게 해석되어야 하므로, 책임능력에 관한 논의 중 사물변별·의사결정 능력에 관한 부분은 소송능력에도 적용될 수 있다. 물론 책임능력은 행위 당시 존재해야 하고, 소송능력은 당해 소송절차에서 존재해야 하는 만큼, 양자는 시간적으로 불일치할 수 있다.

기일에 피고인 불출석 상태에서 재판절차를 진행하였다면 그 소송절차는 법령을 위반한 것으로서, 이와 같은 위법한 공판절차에서 이루어진 소송행위는 효력이 없으므로, 이러한 경우 항소심은 피고인에게 공소장부본을 다시 송달하고 적법한 절차에 의하여 소송행위를 새로이 한 후 항소심에서의 진술과 증거조사 등 심리결과에 기초하여 다시 판결하여야 한다."

1 대법원 2014. 4. 24. 선고 2013도9498 판결; 2015. 4. 23. 선고 2015도2923 판결.

2 대법원 2009. 11. 19. 선고 2009도6058 (全)판결.

3 신양균, "형사소송법상 소송능력에 대한 재검토", 동북아법연구 제14권 제1호(2020), 304-305쪽.

여타 소송중지사유(공소장변경, 기피신청, 병합심리신청, 위헌법률심판제청)의 경우에는 정지결정이 임의적 64
사항으로 되어 있거나(제298조 제4항), 급속을 요할 시 예외적으로 공판기일의 절차를 진행할 수 있게 되어 있다(제22조, 규칙 제7조, 헌법재판소법 제42조 제1항). 반면, 피고인의 소송무능력으로 인한 공판절차정지는 필요적 사항일 뿐 아니라 예외도 인정되지 않는다. 이는 i) 의사능력 없는 자의 의사표시는 진실규명을 위한 합리적 의사소통의 기초가 될 여지가 없을뿐더러, ii) 그에 기반해 피고인에게 실체판결을 함은 적법절차요청과도 배치되기 때문이다(ⓐ 요건). 나아가 법원이 의사무능력자의 소송행위를 유효한 것으로 평가해 절차를 진행한 때에는 이를 판결에 영향을 미친 위법으로 평가할 수 있다(ⓑ 요건)[§3/6 참조]. 따라서 제306조 제1항은 효력규정이며, 이에 위반하여 소송무능력자에 대해 공판기일의 절차를 진행해 형을 선고한 경우, 해당 기일의 소송행위는 모두 무효이다.

⑷ 공개주의 관련규정 위반 공개주의는 법치국가원리에 근거한 절차의 65
불가결한 구조원칙으로서 공판제도의 근간이다(ⓐ 요건).[1] 재판을 공개해야 한다는 규범적 요청은 개인의 주관적 공권(헌법 제27조 제3항)이자 법원이 준수해야 할 객관적 절차규범(헌법 제109조)으로, 절차 내적으로는 재판의 투명성 등 공정한 절차를 보장하는 데 봉사하고, 절차 외적으로는 형사사법에 대한 일반인의 신뢰를 형성하며 재판에 대한 외부세력과 외부상황의 영향을 차단하는 데 이바지한다.[2] 이는 일반시민의 정보이익을 보장함과 동시에[3] 그들을 사안확정과 법실현 과정에 참여시키려는 시도의 표현이다.[4] 이에 공개주의 관련규정을 위반한 경우 상소이유(제361조의5 제9호, 제383조 제1호)가 된다(ⓑ 요건).

공개주의 관련규정 위반은 절대적 항소이유로만 규정돼있다(제361조의5 제9호). 그러나 절대적 항소이유에 관한 제361조의5 제3호 내지 제11호의 규정은, 거기서 열거된 사유가 있는 경우 판결에 영향을 미쳤는지 여부를 불문하고 파기해야 한다는 취지가 아니라, 그러한 사유는 중대한 법률위반으로서 언제나 '판결에 영향을 미친 위법(제361조의5 제1호)'에 해당한다는 취지라고 보아야 한다. 따라서 절대적 항소이유로 규정된 사유들은 모두 '판결에 영향을 미친 법령위반'의 예시에 해당한다. 이에 제1심이 재판의 공개에 관한 효력규정을 위반했다면 제361조의5 제9호의 항소이유가, 항소심

1 변종필, "공개주의와 공판의 의사소통구조", 형사정책연구 제9권 제4호(1998), 109쪽.

2 변종필, 위의 논문, 109쪽.

3 W. Beulke, Strafprozessrecht 161 (1996).

4 H. Kühne, Strafprozesslehre 239 (1993).

이 그러한 위법을 범했거나 간과했다면 제383조 제1호의 상고이유가 된다. 제361조 제3호 내지 제11호의 사유들과 제1호의 사유는 특별/일반관계에 있으나, 전자를 제1호 사유로 주장하더라도 잘못이 아니다.

66 따라서, 재판의 공개에 관한 헌법과 형사소송법 규정은 모두 효력규정이며, 이를 위반했다면 그 비공개상태에서 행한 소송행위 전체가 무효로 된다. i) 비공개사유가 없음에도 비공개결정을 했거나(헌법 제109조 단서 위반), ii) 비공개심리하는데도 결정을 하지 않았거나(법원조직법 제57조 제1항 단서 위반), iii) 국가안전보장 등을 이유로 하는 비공개결정을 선고 없이 고지만 한 경우(같은 조 제2항 위반)가 이에 해당한다. 대법원은 공개주의를 위반한 기일에 이루어진 증언의 증거능력을 부정한 예는 있으나,[1] 해당 기일의 소송행위 전체가 무효라고 본 예는 아직 없다.

헌법 제109조 단서는 "심리는 국가의 안전보장 또는 안녕질서를 방해하거나 선량한 풍속을 해할 염려가 있을 때에는 법원의 결정으로 공개하지 아니할 수 있다"고 규정하고 있다. 이는 헌법상의 피고인의 기본권인 공개재판을 받을 권리에 대한 제한이므로, 비공개사유는 엄격히 제한적·보충적으로 해석해야 한다.[2]

67 (5) **법원구성의 위법** 대법원은 제척사유 있는 법관이 재판에 관여한 경우(제17조 위반) 그 법관의 관여 자체가 판결에 영향을 미친 위법이라고 할 뿐[3] 해당 법관의 관여중 행해진 소송행위가 모두 무효라고 한 바는 없다. 그러나 법원구성의 적법은 그 법원이 주재하는 소송절차에서 이루어지는 개개 소송행위의 유효요건이라 할 수 있으므로, 법률상 해당 사건에 관여하지 못할 법관의 관여하에 진행된 공판기일의 소송행위는 모두 무효임이 당연하다.

---

1 대법원 2015. 10. 29. 선고 2014도5939 판결: "헌법 제109조, 법원조직법 제57조 제1항이 정한 공개금지사유가 없음에도 불구하고 재판의 심리에 관한 공개를 금지하기로 결정하였다면 그러한 공개금지결정은 피고인의 공개재판을 받을 권리를 침해한 것으로서 그 절차에 의하여 이루어진 증인의 증언은 증거능력이 없다고 할 것이고, 변호인의 반대신문권이 보장되었더라도 달리 볼 수 없으며, 이러한 법리는 공개금지결정의 선고가 없는 등으로 공개금지결정의 사유를 알 수 없는 경우에도 마찬가지라 할 것이다."

2 차용석/최용성 341쪽.

3 대법원 2011. 4. 28. 선고 2011도17 판결.

⑹ 국민참여재판 관련규정 위반[1] i) 국민참여재판 희망의사 확인절차를 규정한 국참법 제8조, ii) 피고인의 희망의사가 확인된 사안에서 법원의 결정의무를 규정한 국참법 제9조 및 제10조는 모두 효력규정이다. 따라서 제1심법원이 이를 위반해 통상절차로 재판을 진행한 때에는 소송행위 전체가 무효로 된다. 68

㈎ 의사확인절차 누락 제1심법원이 피고인의 국민참여재판 희망의사 여부를 확인하지 않고 통상공판절차로 재판을 진행해 판결한 경우에 관해, 대법원 2012. 4. 26. 선고 2012도1225 판결은 "국민참여재판 대상사건의 공소제기가 있으면 법원은 피고인에 대하여 국민참여재판을 원하는지 여부에 관한 의사를 서면 등의 방법으로 반드시 확인하여야 하고(국참법 제8조 제1항), 이를 위해 공소장부본과 함께 피고인 또는 변호인에게 국민참여재판의 절차, 국참법 제8조 제2항에 따른 서면의 제출, 제8조 제4항에 따른 의사번복의 제한, 그 밖의 주의사항이 기재된 국민참여재판에 관한 안내서를 송달하여야 한다(국참규칙 제3조 제1항). 만일 이러한 규정에도 불구하고 법원에서 피고인이 국민참여재판을 원하는지에 관한 의사의 확인절차를 거치지 아니한 채 통상의 공판절차로 재판을 진행하였다면, 이는 피고인의 국민참여재판을 받을 권리에 대한 중대한 침해로서 그 절차는 위법하고 이러한 위법한 공판절차에서 이루어진 소송행위도 무효라고 보아야 한다."라고 한다. 69

위 판결은 피고인으로부터 국민참여재판을 원하지 않는다는 취지의 의견을 청취하는 것만으로는 부족하고, 그에 앞서 국참규칙 제3조 제1항에 따른 안내서 송달이나 그에 준하는 절차안내 및 상당한 시간의 부여까지 필요하다는 취지라 할 수 있다. 하급심에서도, 공판기일에 피고인으로부터 국민참여재판 불희망의사를 확인했더라도 사전에 안내서 등이 송달된 바가 없다면 의사확인절차를 적법하게 거친 것이 아니라고 보고 있다.[2] 70

---

1 상세히는 나기업, "제1심의 소송행위가 모두 무효인 경우 항소법원의 조치", 저스티스 제204호(2024), 190－199쪽.

2 서울고등법원 2020. 7. 23. 선고 2020노287 판결: "공판기일에서 피고인으로부터 국민참여재판 불희망의사를 확인하였다 하더라도 국민참여재판안내서 등을 피고인에게 사전에 송달하는 등 국민참여재판절차를 충분히 안내하거나 희망 여부를 숙고할 상당한 시간을 부여하지 않았다면 피고인에게 국민참여재판을 원하는 의사가 있는지 확인하는 절차를 적법하게 거쳤다고 볼 수 없다."
서울고등법원 2020. 11. 12. 선고 2020노1161 판결: "공판기일에서 국민참여재판의사확인서와 안내서를 교부하는 경우에도 법 취지에 맞게 피고인에게 상당한 숙고시간을 부여해야 한다."

대법원은 여기서의 '상당한 시간'이 무엇을 뜻하는지는 언급하지 않는다. 하급심에서는 항소법원이 피고인에게 국민참여재판 의사확인서 및 안내서를 송달하여 피고인이 이를 수령한 날로부터 7일이라고 본 예가 있다.[1]

71 판례상 2012도1225 판결 이후 제1심의 소송행위를 모두 무효로 본 예로는 i) 제1심법원이 사전에 피고인에게 의사확인서 및 안내서를 발송하지 않았거나 송달에 실패한 후 공판기일에 이르러 비로소 국민참여재판 희망 여부를 발문하고 이에 피고인이 불희망의사를 밝히자 통상공판절차로 재판을 진행한 경우,[2] ii) 피고인이 외국어를 사용하는 자임에도 제1심법원이 송달한 안내서 등이 해당 외국어로 번역된 것이 아닌 경우,[3] iii) 피고인이 제출한 의사확인서상 희망란과 불희망란 모두에 체크가 되어 있어 피고인의 정확한 의사가 확인되지 않음에도 통상공판절차로 심리를 진행해 판결한 경우,[4] iv) A사건에 관해 국민참여재판 불희망의사가 표시됐으나 이후 병합된 B사건에 대해서는 국민참여재판 의사확인절차가 누락된 경우[5] 등이 있다.

72 (나) 국민참여재판 회부·배제결정 누락 대법원 2011. 9. 8. 선고 2011도7106 판결은 국민참여재판 대상사건의 피고인이 국민참여재판을 신청했음에도 제1심법원이 아무런 결정 없이 심리·판결한 사안에서, "피고인이 법원에 국민참여재판을 신청하였음에도 불구하고 법원이 이에 대한 배제결정도 하지 않은 채 통상의 공판절차로 재판을 진행하는 것은 피고인의 국민참여재판을 받을 권리 및 법원의 배제결정에 대한 항고권 등의 중대한 절차적 권리를 침해한 것으로서 위법하다 할 것이고, … 이와 같이 위법한 공판절차에서 이루어진 소송행위는 무효 … 이므로, 결국 제1심판결은 소송절차가 법령에 위반하여 판결에 영향

1 서울고등법원(춘천) 2019. 5. 8. 선고 2019노61, 2019전노6 판결.

2 서울고등법원 2020. 7. 23. 선고 2020노287 판결; 수원고등법원 2020. 8. 27. 선고 2020노332 판결; 2020. 10. 6. 선고 2020노203 판결; 2021. 1. 21. 선고 2020노657 판결; 부산고등법원 2023. 2. 8. 선고 2022노462 판결.

3 서울고등법원 2014. 4. 8. 선고 2014노478 판결; 2020. 1. 16. 선고 2019노2383 판결; 2020. 8. 25. 선고 2020노1062 판결; 2020. 12. 10. 선고 2020노1742 판결.

4 대전고등법원 2022. 6. 28. 선고 2022노27 판결.

5 대구고등법원 2013. 10. 17. 선고 2013노343 판결: "별개의 사건이 추가로 공소제기된 경우 피고인으로서는 그때 비로소 국민참여재판을 받는 것이 자신에게 유리하다고 판단하여 국민참여재판을 원할 수도 있으므로, 피고인이 처음 공소제기된 사건에 관하여 국민참여재판을 원하지 않았다고 하여 추가로 공소제기된 사건에 대한 별도의 안내절차나 피고인의 의사확인이 필요하지 않다고 볼 수는 없다."

을 미친 위법을 범한 것으로서 파기를 면할 수 없다."라고 하여 역시 제1심 소송행위 전체를 무효로 보았다.[1]

73 이 판결은 어느 시점에 어떤 규정이 위반됐는지를 적시하고 있지 않다. i) '통상절차가 진행됐다는 사실'에 방점을 두면, 무효원인은 배제결정 누락, 즉 '국민참여재판 신청에 대해 응답하지 않았다는 점'에 있다고 하게 된다. ii) '참여재판 신청에 대해 배제결정이 없었다는 사실'을 강조한다면, 하자의 본질을 '배제결정이 없음에도 회부결정을 하지 않은 점'에서 찾게 될 것이다. 생각건대, 국참법 제10조 제1항은 피고인의 국민참여재판 신청에 대해 공판준비기일 종결 다음날까지 배제결정이 없으면 반드시 국민참여재판 회부결정을 하도록 규정하므로, 무효원인은 '배제결정 누락'이 아니라 '배제결정이 없음에도 불구하고 회부결정을 하지 않은 부작위'에 있다고 봄이 타당하다.

제2관 의사표시의 하자[2]

Ⅰ. 무효원인으로서 착오·강박

74 착오·강박 등으로 인한 (특히 피고인의) 소송행위를 어떻게 취급해야 하고 또 그에 대해 법원이 어떤 조치를 취해야 하는지는, 민사소송법학계에서는 대체로 민법상 비정상적 의사표시를 원인으로 하는 취소권 규정(민법 제109조 및 제110조)이 민사재판에서 유추적용되는지의 문제로 논의돼온 반면, 형사소송법학계에서는 주로 그러한 하자가 소송행위의 무효원인이 되는지의 문제로 다뤄져 왔다. 대법원도 형사재판에서 의사표시의 하자로 인한 취소권은 인정되지 않고 단지 경우에 따라 무효사유가 될 뿐이라고 한다.[3] 이는 형사재판상 의사표시의 하자에 기한 취소권을 인정해 피고인에게 자신이 한 소송행위의 효력을 소급적으로 소멸시키는 권능을 부여함은 (피고인에게 불리한 유추는 아니지만) 공형벌 실현절차로서의 형식적 확실성을 해치는 결과를 낳는다는 우려에 기인한다. 한편, 과거 착오·

1 대법원 2011. 9. 8. 선고 2011도7106 판결.

2 이하는 나기업, "형사소송에서 의사표시의 하자", 법조 제74권 제1호(2025), 362-386쪽의 서술에 기초하고 있다.

3 대법원 1992. 3. 13.자 92모1 결정.

강박 등은 언제나 무효원인이 아니라는 견해도 있었으나[1] 현재에는 그러한 하자로 소송행위가 무효로 될 수 있다는 데 대체로 의견이 일치한다.

민사소송에서 의사표시의 하자가 취소사유가 되는지에 관해서는, i) 구속적 소송행위(그 주체인 당사자에게 불리하거나, 상대방의 일정한 법률상 지위를 형성하는 소송행위)의 경우 소송절차의 명확성·안정성을 위해 표시주의·외관주의를 관철할 필요가 있으므로 사기·강박·착오 등 흠결이 있더라도 민법 제109조나 제110조에 의한 취소를 주장할 수 없다는 견해[2]와, ii) 구체적 사안에 따라 그 효력을 결정해야 하며 특히 소취하, 상소취하, 청구포기, 청구인낙, 화해 등은 소송절차의 안정과 무관하므로 의사의 흠에 관한 민법상 규정을 유추적용할 수 있다는 견해[3]가 있다. 대법원은 의사표시의 하자가 있는 경우 민법규정에 따른 취소권 행사는 불가하고 다만 표시행위에 대응하는 내심의 의사가 없는 때에 한해 무효로 볼 수 있다고 새기고 있다.[4]

75 형사소송법에는 의사표시의 하자로 인해 소송행위가 무효로 될 수 있음을 직접 표현하는 규정이 없다. 다만 대법원규칙에서는 찾아볼 수 있는데, “상소의 포기 또는 취하가 부존재 또는 무효임을 주장하는 자는 그 포기 또는 취하 당시 소송기록이 있었던 법원에 절차속행의 신청을 할 수 있다”고 규정하는 규칙 제154조 제1항이 그것이다. 상소포기·취하에 관해서는 원칙상 서면으로 하되 공판정에서는 구술로도 가능하다는 것(제352조) 외에는 절차·방식에 관한 규정이 없어 특별히 효력규정위반을 상정할 수 없으므로, 여기서 ‘무효’란 의사표시의 하자를 의미한다.

굳이 찾자면 제출처에 관한 제353조의 규정이 있다. 그러나 기록이 상소심으로 송부된 후 원심법원에 취하서를 낸 경우 실무상 원심에서 상소법원으로 취하서를 송부해주고 있고, 이는 소송주체의 사자(使者)로서 행위하는 것이기에 그에 따른 상소포기·취하의 효력을 인정함에 이론적 문제도 없다.

---

1 정영석/이형국 131쪽.

2 김홍엽 502쪽; 이시윤 399쪽.

3 정동윤/유병현/김경욱 498쪽; 호문혁 448–449쪽.

4 대법원 1984. 5. 29. 선고 82다카963 판결; 2001. 10. 26. 선고 2001다37514 판결.

Ⅱ. 무효인정기준

무효원인으로서 의사표시의 하자는 효력규정위반에 비해 이론적·실천 76
적 중요성이 떨어진다는 점을 부인할 수 없다. 그리고 효력규정위반의 경우와는 달리 이를 이유로 하는 소송행위의 무효를 넓게 인정함은 필연적으로 절차조항의 규범력을 약화시킨다. 그러나 의사표시의 하자를 소송행위의 가치판단에 전연 고려하지 않는 것도 합당하지 않고, 현실에서 피고인이 착오 등을 이유로 소송행위의 효력을 다투는 예가 적잖이 있는 만큼, 소송행위가 의사표시의 하자로 인해 무효로 되는 합리적 기준을 제시해 형식구속성과 구체적 타당성 간 적절한 경계를 설정할 필요가 있다.

1. 학 설

이에 관해, i) 의사표시의 하자는 소송행위에 영향이 없다는 무영향 77
설,[1] ii) 의사표시의 하자 자체는 무효사유가 아니나, 절차형성행위의 경우 그 하자가 적법절차원칙 위반으로 발생했다면 무효가 된다는 적법절차설(한정적 무효설),[2] iii) 의사표시의 하자에 대해 행위자의 귀책사유가 없고, 그 행위를 유효로 한다면 정의(또는 적법절차이념)에 반하는 경우에 무효원인이 된다는 예외적무효설,[3] iv) 행위자에게 귀책사유만 없어도 무효사유가 된다는 귀책사유설[4]이 있다. 무영향설은 현재 학설사적 의미만 있고, 교과서들은 대체로 적법절차설과 예외적무효설 중 하나를 취한다.

> 적법절차설에 입각한 설명은 문헌마다 차이가 있다. 비교적 강한 어조로 법원이나 검사의 사기·강박에 의한 경우 이외에는 무효원인이 될 수 없다고 하는 예가 있는가 하면,[5] 무효원인을 보다 넓게 인정하는 견지에서 법원이 피고인의 명백한 착오를 알고도 석명하지 않은 경우도 무효가 된다고 하는 예도 있다.[6]

---

1 정영석/이형국 131쪽.

2 배종대/홍영기 §6/5; 신양균/조기영 510쪽; 이재상/조균석/이창온 §33/7.

3 강구진 52쪽; 김인회 286쪽; 백형구 178쪽; 손동권/신이철 139쪽; 신동운 707－708쪽; 신현주 180－181쪽; 이은모/김정환 138쪽; 이창현 185; 정웅석/최창호/김한균 444쪽.

4 團藤重光 162쪽; 권오병 130－131쪽; 김기두 105쪽; 서일교 113쪽.
일본 최고재판소 1968. 10. 24. 선고[昭和43(あ)799], 형집 제169호, 181쪽; 1980. 3. 31. 선고[昭和55(し)26], 형집 제217호, 367쪽; 1969. 5. 31. 선고[昭和44(あ)314], 형집 제23권 제6호, 931쪽.

5 이재상/조균석/이창온 §33/7.

6 신양균/조기영 510쪽.

2. 판 례

78 대법원은 기본적으로 예외적무효설을 따르면서도, 증거동의나 진정성립 인정진술의 경우 의사표시에 중대한 하자가 있고 그에 대해 피고인의 귀책사유가 없는 때에는 '취소사유'가 된다는 입장을 취하고 있다.

79 ⑴ 불복신청의 취하 피고인이 의사표시의 하자를 이유로 소송행위가 무효임을 주장한 사안에 관한 판례는 대체로 절차속행신청이나 상소를 기각하는 재판이다. 최초 판례인 대법원 1992. 3. 13.자 92모1 결정은 "절차형성적 소송행위가 착오로 인하여 행하여진 경우, 절차의 형식적 확실성을 강조하면서도 피고인의 이익과 정의의 희생이 커서는 안 된다는 측면에서 그 소송행위의 효력을 고려할 필요가 있으므로 착오에 의한 소송행위가 무효로 되기 위하여서는 첫째 ⓐ 통상인의 판단을 기준으로 하여, 만일 착오가 없었다면 그러한 소송행위를 하지 않았으리라고 인정되는 중요한 점에 관하여 착오가 있고, 둘째 ⓑ 착오가 행위자 또는 대리인이 책임질 수 없는 사유로 인하여 발생하였으며, 셋째 ⓒ 그 행위를 유효로 하는 것이 현저히 정의에 반한다고 인정될 것 등 세 가지 요건을 필요로 한다"고 하여 무효인정기준을 제시한 바 있다. 이는 예외적무효설의 입장(ⓐ,ⓑ 요건)에 민법 제109조의 해석·적용에 관한 기존 판례법리(ⓒ 요건)[1]를 합친 것이다. 다만 착오가 소송행위의 중요부분에 관한 것이어야 함은 성질상 당연하고, 하자원인이 착오가 아니라 사기·강박이라면 ⓐ요건은 문제될 여지가 없으므로, 위 판례는 기본적으로 예외적무효설과 동일한 입장이라 할 수 있다.

> 사실관계는 다음과 같다. i) 甲은 제1심에서 징역 7년과 보호감호명령을 선고받은 후 항소했다. ii) 항소법원은 피고사건 부분을 파기하고 징역 5년을 선고하면서 보호감호청구사건 부분에 대한 항소는 기각했다. iii) 선고기일을 참관한 교도관은 '보호감호부분에 대한 항소기각'을 '보호감호청구기각'으로 잘못 듣고 판결선고결과보고서에 '보호감호청구기각'이라고 기재했고, 이를 신뢰한 甲은 피고사건 부분만을 불복범위로 특정하여 상고했다가 얼마 뒤 상고취하서를 제출했다. iv) 이후 징역형

---

1 대법원 2020. 3. 26. 선고 2019다288232 판결: "의사표시는 법률행위 내용의 중요부분에 착오가 있는 때에는 취소할 수 있다. 법률행위 중요부분의 착오란 표의자가 그러한 착오가 없었더라면 그 의사표시를 하지 않았으리라고 생각될 정도로 중요한 것이어야 하고 보통 일반인도 표의자의 처지에 있었더라면 그러한 의사표시를 하지 않았으리라고 생각될 정도로 중요한 것이어야 한다."

과 보호감호명령이 확정되었다는 통보를 받게 된 甲은 부산고등법원에 상소심절차속행신청을 하면서, 자신은 보호감호청구가 기각됐다는 교도관의 말을 신뢰해 피고사건 부분에 대해서만 승복하려는 취지로 상고취하서를 제출한 것이므로 위 상소취하는 무효라고 주장했다. 신청이 기각되자 甲이 재항고했다. 대법원은 본문과 같이 일반론을 설시한 후, "보호감호가 선고된 것으로 알고 일단 상고를 제기한 재항고인으로서 교도관의 말과 판결선고결과보고서의 기재를 믿은 나머지 판결등본송달을 기다리지 않고 상고취하를 하였다는 점에 있어서는 재항고인에게 과실이 없었다고 단정하기 어렵다. … 결국 이 사건의 경우 재항고인이 책임질 수 없는 사유로 인하여 상고취하를 하였다고 보기는 어려운 것이다."라고 하여 재항고를 기각했다.

이후 대법원 2006. 5. 29.자 2005모134 결정은, 피고인이 약식명령에 대해 정식재판을 청구했다가 공판기일에 재판부가 구속영장을 발부하자 구금을 면하기 위해 부득이 정식재판청구를 취하한 사안에서 "이 사건 구속영장은 제70조 제1항 소정의 구속의 요건을 갖추었다고 보기 어렵고, 법원이 발부한 구속영장의 효력을 다툴 수 있는 적절한 법률적 수단이 없었던 이상 피고인이 위와 같은 구속영장의 집행을 피하기 위하여 부득이 정식재판청구를 취하한 데에 어떠한 과실이 있다고 보기도 어려우며, 피고인의 정식재판청구의 취하를 유효로 인정하는 것은 현저히 정의에 반한다고 보여지므로, 피고인의 이 사건 정식재판청구의 취하는 무효라고 보지 않을 수 없다"고 하여, 피고인의 공판절차속행신청(정식재판청구의 취하가 무효인 경우 실무상 규칙 제154조를 유추적용한다)이 이유 있다고 판단한 바 있다.[1] 강박을 이유로 소송행위를 무효로 판정한 최초의 사례다. 80

대법원이 강박이라는 표현을 사용한 것은 아니나, 위법한 영장발부를 통해 자포자기로 정식재판청구취하에 이르게 한 것이니 그 실질은 강박이다. 강박주체가 법원이니 적법절차설에 의하더라도 정식재판청구취하의 무효를 인정할 수 있다.

한편, 대법원 1995. 8. 17.자 95모49 결정, 대법원 2011. 5. 26. 선고 2011도3956 판결, 대법원 2023. 6. 1. 선고 2023도4109 판결 등은 "항소포기와 같은 절차형성적 소송행위가 착오로 인하여 행하여진 경우 그 행위가 무효로 되기 위하여는 그 착오가 행위자 또는 대리인이 책임질 수 없는 사유로 발생하였을 것이 요구되는 것"이라고만 설시했을 뿐, '그 행위를 유효로 함이 현저히 정의에 81

1 대법원 2006. 5. 29.자 2005모134 결정.

반할 것'은 요구하지 않았다. 그러나 그 사실관계를 살펴보면 모두 ⓑ요건이 충족되지 않아 ⓒ요건에 관해 나아가 판단할 필요조차 없는 사안들이기에 대법원이 더 이상 ⓒ요건을 요구하지 않는다고 보기는 어렵다. 하급심에서도 95모49 결정 등보다는 92모1 결정을 원용하여 ⓒ요건을 요구함이 대체적이다.[1]

82 (2) 증거의견 대법원은, 증거조사절차 완료 후에는 진정성립인정진술을 철회할 수 없으나(=철회한다고 진술하더라도 증거능력에 영향이 없으나) 그 의사표시에 효력을 유지하기 어려운 중대한 하자가 있고 거기에 피고인의 귀책사유가 없었다면 예외적으로 '취소'가 가능하며, 이를 이유로 피고인·변호인이 이의신청(제296조 제1항)을 하는 경우 법원은 해당 전문서류에 대해 증거배제결정(규칙 제139조 제4항)을 해야 한다고 한다.[2] 이러한 법리는 하급심에 의해 증거동의의 진술에 하자가 있는 사안에서도 그대로 적용되고 있고,[3] 대법원 또한 이를 문제삼지 않고 있다.[4]

증거의견의 효력을 부인하기 위한 조건으로서 귀책사유가 없을 것 및 그 효력을 인정해선 안 될 중대한 하자가 있을 것을 요구하면서도 당연무효로 보지 않고 취소권을 인정하는 태도에 대해서는 i) 찬성하는 시각(취소가 가능하다는 견해)[5]과 ii) 반대하는 시각(취소를 인정할 수 없다는 견해)[6]이 모두 존재한다. i)의 입장을 취하면서도 소송절차론 부분에서 소송행위의 취소는 허용되지 않는다고 설명해 혼선을 빚는 예가 있는가 하면,[7] 소송절차론 부분에서 소송행위의 취소는 인정할 수 없다고 하고 이를 증거동의에도 그대로 관철시켜 설명의 일관성을 유지하는 예도 있다.[8]

---

1 대전지방법원 2019. 7. 3. 선고 2018노3385 판결; 인천지방법원 2021. 7. 16. 선고 2021노1643 판결; 부산지방법원 2022. 5. 27.자 2022초기1368 결정 등 다수.

2 대법원 2008. 7. 10. 선고 2007도7760 판결: "적법절차보장의 정신에 비추어 성립의 진정함을 인정한 최초의 진술에 그 효력을 그대로 유지하기 어려운 중대한 하자가 있고 그에 관하여 진술인에게 귀책사유가 없는 경우에 한하여 예외적으로 증거조사절차가 완료된 뒤에도 그 진술을 취소할 수 있고, 그 취소주장이 이유 있는 것으로 받아들여지게 되면 법원은 증거배제결정을 통하여 그 조서를 유죄인정의 자료에서 제외해야 할 것이다."

3 대구고등법원 2014. 4. 9. 선고 2013노649 판결; 서울남부지방법원 2016. 5. 9. 선고 2015노1472 판결; 서울고등법원 2022. 2. 18. 선고 2019노2473 판결; 인천지방법원 2022. 4. 29. 선고 2021노2378 판결; 2022. 9. 30. 선고 2021노4659 판결; 수원지방법원 2023. 4. 28. 선고 2022노104 판결; 광주고등법원 2023. 6. 1. 선고 2022노409 판결; 의정부지방법원 2023. 8. 25. 선고 2022노1311, 2023초기961 판결; 대전지방법원 2023. 11. 15. 선고 2022노1113 판결 등.

4 대법원 2023. 1. 2. 선고 2022도3743 판결.

5 강동욱 781쪽; 배종대/이상돈 672쪽; 배종대/홍영기 396쪽; 손동권/신이철 693쪽; 신동운 698, 1294쪽; 이창현 1003쪽.

6 이재상/조균석/이창온 741쪽; 임동규 593쪽.

7 손동권/신이철 144쪽; 이창현 192쪽.

8 신현주 183-184, 661-662쪽; 이은모/김정환 142, 730쪽.

3. 검 토

(1) 불복신청 취하의 경우

(가) 적법절차설에 대한 비판　　적법절차원칙으로 인해 법원이나 검사가 83
행한 소송행위의 효력이 부인되거나(효력규정위반에 따른 무효) 증거의 증거능력이 부인되는 경우(위법수집증거배제법칙의 적용)는 얼마든지 생각할 수 있지만, 더 나아가 이를 피고인이 행한 소송행위 그 자체의 효력 유무를 논의하는 기준으로 삼음은 적절하다고 보기 어렵다. 예컨대 i) 수사기관이 피의자를 기망해서 임의제출물압수를 한 경우, 적법절차원칙에 반하는 것은 피의자의 임의제출행위가 아니라 수사기관의 기망행위 및 압수이고, ii) 수사기관이 신문과정에서 피의자를 기망해 자백을 받아낸 경우에도 적법절차원칙에 반하는 것은 자백진술행위 그 자체가 아니라 수사기관의 신문이다. 또 iii) 변호인이 없는 사건에서 법관이 피고인에게 '증거동의를 하더라도 증거조사를 하지 않겠다'고 거짓말하고 이에 속은 피고인이 모든 증거에 동의의견을 표한 경우에도, 적법절차원칙의 견지에서 문제가 되는 것은 피고인이 진술한 의견 그 자체가 아니라 그에 따른 증거조사의 효력 또는 그렇게 채택하여 조사된 증거의 증거능력(제308조의2)이다. 이처럼 국가가 의사표시의 하자를 유발해 사인이 일정한 소송행위를 하게 만든 경우 적법절차원칙의 관심사는 그러한 하자유발행위 또는 그 소송행위에 기초한 국가의 행위를 규제하는 데 있지, 그에 기초한 사인의 거동 자체를 겨냥해 소송행위로서의 효력을 부인하는 데 있지는 않다.

다음으로, 소송절차에서 형식적 확실성이 갖는 중요성을 고려하더라도 84
적법절차설이 제시하는 기준은 지나치게 한정적이고 엄격하여 피고인의 의사표시에 중대한 하자가 있는 다양한 경우를 포섭하기에는 무리가 있다. 적법절차원칙의 규율영역 밖에 놓인 사유로 소송행위의 무효를 인정해야 하는 경우도 현실에서 얼마든지 발생할 수 있다. 가령 일반적 법률관계에서 강박이 표의자가 공포심을 가졌으되 자유를 전적으로 상실하지는 않은 상태, 이른바 심리적 강제상태(vis compulsiva)를 일으키는 데 그친 때에는 민법 제110조에 의한 취소사유가 되는 반면, 그 정도가 극심하여 표의자의 의사결정의 자유를 완전히 박탈하는 항거불능의 강제(vis absoluta)에 이른 때에는 애당초 효과의사에 대응하는 내심의 의사 자체가 없으므로 무효사유가 되는바,[1] 이 가운데 전자는 형사소송에 민법 제109조나 제110조를 유추적용할 수 없는 이상 공판절차에 적용할 수 없겠으나, 후자의 적용은 가능하고 또한 필요하다(가령 제1심에서 억울한 유죄판결을 받고 항소한 후 진범의 존재를 밝힐 수 있는 증거를 확보했는데, 그 진범이 항소를 취하하지 않으면 가족을 살해하겠다고 협박한 경우).[1] 그런데 귀책사유설이나 예외적무효설의 입장에서는 후자의 경우 소송행위를 무효로 돌리는 데 지장이 없는 반면 적법절차설의 입장에서도 그럴지는 불투명하다. 적법절차원칙이 의미론적 개방성[2]을 지닌다고는 해도 그 본질은 공권력에 대한 규제원리인바, 그러한 강박을 법원이나 검사가 행하지 않은 한 이는 적법절차설의 직접적 관심사는 아니기 때문이다.[3]

85 요컨대, 적법절차원칙은 법원이나 검사가 행한 소송행위에 대한 가치판단에서는 유용하게 기능할 수 있으나, 이를 피고인이나 변호인이 행한 소송행위의 가치판단을 위한 일반적 기준으로 활용함은 적절치 않다고 본다.

86 (나) 예외적무효설과 판례에 대한 비판 상소취하에 관한 판례들과 예외적무효설에서 공통적으로 제시하는 조건인, '의사표시의 하자에 피고인의 귀책사유가 없을 것(ⓑ요건)'은 이론적으로 보나 실무현실에 비추어 보나 크게 무리가 없는 기준이다. 그러나 이에 더해 92모1 결정에서 제시하는 ⓒ요건, '그 소송행위의 효력을 유지함이 현저히 정의에 반한다고 인정될 것'까지 요구함은 적절하다고 할 수 없다. 소송행위 내용의 중요부분에 착오가 있고 그 착오가 형성된 데 피고인에게 귀책사유가 없다면, 그러한 소송행위의 효력을 유지하는 것 자체가 이미 현저히 정의에 반하기 때문이다.[4]

87 종국판결은 다수 소송행위의 연속체인 소송절차의 결과물이고, 소송절차의 적법성은 개개 소송행위의 유효함으로 담보되며, 개개 소송행위의 효력은 해당 주체가 자신의 자유로운 의사에 기해 적법하게 이를 행한 경우에 인정된다. 의사표시에 하자가 있더라도 그것이 피고인의 귀책사유로 발생했다면, 그 소송행위는 자유로운 의사에 기한 의사표시로 행한 소송행위와 동가치적인 반면, 피고인의 귀책사유가 전혀 없는 하자에 따른 소송행위는 자유로운 의사에 기한 소송행위와 동가치적이라고 보기 어렵다. 그런데 대법원과

---

1 곽윤직 350쪽. 양자 간 차이에 관해서는 심헌섭, "법과 힘", 서울대학교 법학 제22권 제3호(1981), 179－180쪽.

1 대법원 2001. 10. 26. 선고 2001다37514 판결 참조.

2 배종대/이상돈 18쪽; 변종필/나기업 17쪽.

3 같은 지적으로 신현주 181쪽.

4 서일교 112－113쪽; 김기두 105쪽.

같이 '피고인의 귀책사유가 없을 것'과 '소송행위의 효력을 유지함이 현저히 정의에 반할 것'을 별개의 독립된 요건으로 분리시키면, 개별사안에서 법원은 착오 형성에 피고인의 귀책사유가 없는 사안에서도 그 효력을 유지함이 현저히 정의에 반한다고까지는 볼 수 없다는 이유로 그 소송행위가 무효가 아니라고 할 수 있게 된다. 이로써 ⓒ요건은, 외관상으로는 '소송행위의 효력을 유지시키는 것이 현저히 정의에 반하는 경우 절차의 확실성을 포기시키는' 기능[1]을 수행할 것처럼 보이지만, 실제로는 '의사표시의 하자에 피고인의 귀책사유가 없음에도 그 소송행위의 효력을 인정함이 현저히 정의에 반하지 않는다는 이유로 피고인에게 이를 감수하라고 하는' 기능을 수행하게 된다. 정의의 요청을 피고인의 과책과 독립적으로 언급할 것이었다면 '소송행위를 유효로 하는 것이 현저히 정의에 반할 것'이라는 적극적·가중적 요건이 아니라 '소송행위를 무효로 돌리더라도 현저히 정의에 반하지 않을 것'이라는 소극적 요건으로 설정함이 낫겠으나, 그 또한 굳이 필요하지 않다고 본다.

(다) 귀책사유설의 타당성　요컨대, ⓒ요건은 하자 있는 의사표시에 터잡 88
은 소송행위의 무효 여부를 판단하는 기준으로 적합하지 않다. '그 의사표시의 하자가 피고인의 귀책사유로 발생한 것인지'라는 단일기준으로 판단하는 것이 가장 간명하고도 예측가능성을 확보할 수 있는 방법론이다. 민사소송에서 강박에 의한 소취하사안에 관해 판례는 "소취하가 강박에 의한 것이라고 하여 그 효력을 부정하기 위하여는 적어도 … 소취하서가 형사책임이 수반되는 타인의 강요와 폭행에 의하여 작성된 것이라는 사실이 입증되어야 할 것"[2]이라고만 하는데, 해당 소송행위의 효력을 유지함이 정의에 반해야 한다는 제한을 달지 않는다는 점에서 좋은 참조가 된다. 민사절차의 당사자와 달리 형사절차에서의 피고인은 기본적으로 약자로서 방어하는 입장에 처해있음을 고려할 때, 의사표시의 하자로 인한 소송행위의 무효를 원·피고보다 피고인에게 더욱 엄격히 인정함은 균형이 맞지 않는다. 물론, 귀책사유설은 다른 학설들보다 무효인정범위를 넓게 설정하기에(예외적무효설에 의하면 무효인데 귀책사유설에 의하면 무효가 아닌 소송행위는 상정할 수 없다), 동적·발전적 성격이 강한 형사소송에서 절차의 형식적 안정성을 훼손시킬 위험이 있다는 우려가 제기될 수도 있으나, 실천적으로 ⓒ요건을 요구하지 않을 때

1 신현주 181쪽.

2 대법원 2001. 10. 26. 선고 2001다37514 판결.

의 무효인정범위는 이를 요구할 때의 그것과 큰 차이가 없다. 귀책사유 부존재를 이유로 소송행위를 무효로 돌리려면, 피고인이 소송주체에게 일반적으로 요구되는 충분한 주의의무를 다했음에도 불구하고 착오를 일으켰거나, 피고인이 그 소송행위를 하지 않고는 감당하기 어려운 해악의 고지가 존재해야 하기 때문이다.

> 형식적 확실성 요청상 피고인의 과실유무는 엄격하게 판단해야 하며, 과실이 회피가능한 것이었다면 다른 요인이 개입했더라도 피고인의 귀책사유를 인정해야 한다. 그런데 무효주장은 으레 상소포기나 정식재판청구취하 등 불복신청철회의 효력을 다투고자 행해지는바, 대부분의 경우 피고인이나 변호인의 귀책사유가 인정될 수밖에 없다. 불출정피고인에게 판결내용을 알리는 정식절차로서 제45조의 등초본청구제도 및 규칙 제148조의 판결등본송달제도가 존재하므로 피고인은 이를 통해 재판의 내용을 인지할 수 있다는 점, 재판서를 아직 받지 못해 상소해야 할 범위가 불분명하더라도 피고인으로서는 우선 상소장을 제출한 뒤 나중에 상소이유서나 상소취하서를 제출할 수 있다는 점에서, 피고인에게는 재판내용을 정확히 확인하고 상소범위를 적절히 특정할 수 있는 기회와 시간이 충분히 보장된다고 할 수 있기 때문이다. 많은 피고인들이 상소포기·취하가 착오에 기한 것으로서 무효임을 주장하나, 대부분 사안에서는 의사표시의 하자에 피고인의 귀책사유가 존재하여 ⓑ요건을 충족하지 못한다.[1]

89 판례상 ⓑ요건이 충족되는데 ⓒ요건이 불비된 사안도 찾아볼 수 없다. 가령 앞서 본 2005모134 사안의 경우[§3/80 참조], 약식명령에 대한 정식재판사건에서는 구속의 비례성이 인정될 여지가 없고(따라서 구약식처분시 구속취소 후 피의자를 석방한다(검찰사건사무규칙 제109조 제4항)), 심급별 구속기간은 최장 6개월로서 피고인으로서는 당장 장기간의 구금을 면하려는 동기가 강력하게 작용할 수밖에 없는데 이를 위해서는 정식재판청구취하 외 다른 수가 없다는 점에서(번의해 자백하는 방법도 있으나, 이는 불확실성에 기대는 것이다) 피고인의 귀책사유를 인정할 수 없는바, 이 경우 정식재판청구취하의 효력을 인정함은 또한 그

1 울산지방법원 2016. 10. 27. 선고 2016노1061 판결; 수원지방법원 2016. 3. 31. 선고 2016노31 판결; 2017. 8. 17. 선고 2017노4186 판결; 대구지방법원 2015. 7. 24. 선고 2015노1817 판결; 서울북부지방법원 2018. 2. 8. 선고 2017노2338 판결; 광주고등법원(제주) 2020. 8. 12. 선고 2020노49 판결; 서울고등법원 2020. 6. 4. 선고 2020노649 판결; 대전지방법원 2019. 7. 3. 선고 2018노3385 판결; 창원지방법원 2021. 12. 17. 선고 2021노2009 판결; 2021. 9. 9. 선고 2021노1390 판결; 인천지방법원 2021. 7. 16. 선고 2021노1643 판결; 대구고등법원 2021. 7. 15. 선고 2021노135 판결 등.

자체 정의에 반한다는 점에 의문이 없기도 하다.

90 이처럼 ⓒ요건을 요구하는 경우와 요구하지 않는 경우의 결론차가 그리 크지 않지만, 의사표시의 하자에 피고인의 귀책사유가 없다면 그로써 이미 해당 소송행위의 효력을 인정함이 현저히 부당하고, 재삼 '그 효력의 유지가 정의에 반하는지'의 문제를 따로 떼어 논의함은 굳이 그 소송행위의 효력을 예외적으로 인정해 주어야 할 필요성을 의식하지 않는 다음에야 무의미하고 부적절하다는 생각에서 저자는 귀책사유 유무를 단일기준으로 삼는 것이 방법론상 타당하다고 본다. 판례상 상소이유서제출기간 도과를 이유로 한 상소기각결정[1]이나 불출정으로 인한 궐석재판[2]의 가부를 판단함에도, 귀책사유 유무가 기준이 될 뿐 상소기각결정이나 궐석재판을 함이 현저히 정의에 반하는지 여부는 불문한다.

91 (2) 증거의견의 경우 　증거의견에 의사표시의 하자가 있는 경우 취소를 인정하는 판례의 태도는 타당하지 않다. 책의 서두에서도 언급했듯[§1/5 참조], 형사소송에서는 소송행위가 일단 성립조건을 갖춘 이상 취소는 불가하고 유효 또는 무효의 판정만 가능하기 때문이다.[3]

92 실체형성행위는 (그것이 초래한 실체형성상 오류를 수정하기 위해) 일반적으로 취소의 대상이 되고, 절차형성행위도 그 효력을 유지함이 현저히 정의에 반한다면 예외적으로 취소가 가능하다는 견해가 있으나,[4] 어떠한 실체형성행위가 심증오류를 초래할 수 있음이 밝혀졌다면 증거불채택·배제 결정을 하거나 해당 증거의 증명력을 낮게 평가할 일이지 취소사유로 삼을 일은 아니다. 증거의견의 기초가 된 의사에 효력을 유지하기 어려운 중대한 하자가 있고 그에 관해 피고인에게 귀책사유가 없다면, 이를 일단 유효한 것으로 취급하면서 민법에서와 같이 취소권을 인정할 것이 아니라, 처음부터 무효로 봄이 타당하다.

---

1 대법원 2006. 3. 9.자 2005모304 결정; 2019. 7. 10. 선고 2019도4221 판결.

2 대법원 2017. 5. 30. 선고 2017도4243 판결; 2022. 4. 28. 선고 2022도3282 판결; 2023. 2. 23. 선고 2022도16548 판결.

3 대법원 2001. 10. 16. 선고 2001초428 판결.

4 신동운 698-699쪽.

§4

제2절 무효와 부존재의 구별

제1관 소송행위의 불성립[1]

1 특정 소송행위를 하려는 의도하에 어떠한 거동을 취했더라도, 해당 소송행위가 갖춰야 할 본질적 개념요소가 결여됐다면 그 소송행위는 성립하지 않는다. 여기서는 하자치유를 비롯해 무효를 전제로 하는 각종 소송법상 효과를 논의할 수 없다.[2] 대법원 또한 "소송행위로서 요구되는 본질적인 개념요소가 결여되어 소송행위로 성립되지 아니한 경우에는 소송행위가 성립되었으나 무효인 경우와는 달리 하자의 치유문제는 발생하지 않으나, 추후 당해 소송행위가 적법하게 이루어진 경우에는 그때부터 위 소송행위가 성립된 것으로 볼 수 있다"고 한다.[3]

Ⅰ. 소송행위적격의 결여

2 개론서상 소송행위적격은 통상 무효/부존재의 구별기준으로 언급된다. i) 어떠한 소송행위가 단지 일정한 주체의 '권한'으로만 규정되어 있다면 그 소송행위적격 없는 자의 거동은 소송행위로 일단 성립할 수 있지만(존재하되 무효), ii) 어떠한 소송행위의 '본질적 개념요소'로 일정한 주체가 특정되어 있다면 그 소송행위적격 없는 자의 거동은 소송행위로 성립조차 할 수 없다(부존재; 불성립)는 것이다. 흔히 i)의 예로 고소권자 아닌 자의 고소나 상소권자 아닌 자의 상소를, ii)의 예로 법원 아닌 자의 재판을 든다.

3 그러나 형사소송에서 그 실행권한이 일정한 자에게 전속하는 소송행위들 중 '바로 그자에 의한 의사표시로 이루어질 것'을 본질적 개념요소로 삼

---

1 이하의 내용은 나기업, "형사소송에서 피고인의 확정과 불일치의 문제", 법학논총 제39권 제3호(2019), 259-260쪽; "효력을 상실한 비약상고의 항소간주", 법조 제72권 제3호(2023), 516-517쪽; 변종필/나기업 §50의 서술에 기초하고 있다.

2 강동욱 150쪽; 이은모/김정환 136쪽; 이재상/조균석/이창온 470쪽 등.

3 대법원 2003. 11. 14. 선고 2003도2735 판결.

지 않는 것이 있는지 의문이다. 가령 고소는 ‘피해자 또는 그와 일정한 관계가 있는 자가 수사기관에 범죄사실을 신고해 범인에 대한 처벌을 구하는 의사표시’로 정의되는바, 이때 피해자 등의 의사표시여야 한다는 것은 고소와 고발·자수를 구별케 하는 중요한 요소로서 현행법상 고소의 본질적 개념을 이룬다. 고소권자 아닌 자가 수사기관에 ‘고소장’이라는 서면으로 처벌희망 의사표시를 해도 단지 고발이 있을 뿐 고소는 존재하지 않는다.[1] 마찬가지로 항소권 없는 자는 애초에 항소라는 소송행위를 하는 것 자체가 불가능하며, 그러한 자가 항소장을 작성해 제출할 경우 법원민원실에서는 접수 자체를 거부할 테고, 설령 담당자의 착오로 접수되더라도 재판부가 그에 대해 항소기각결정을 해야 할 의무는 없다.[2]

Ⅱ. 구술주의 또는 서면주의 위반

구술로 해야 할 소송행위를 서면으로 하거나 서면으로 해야 할 소송행 4
위를 구술로 한 경우 그 소송행위는 무효라고 설명함이 대체적이다.[3] 가령 서면의 고지에 의한 판결이나 구술에 의한 공소제기·재정신청은 위법하여 무효라는 것이다. 그러나 이 역시 소송행위로서 성립조차 하지 않는다고 봄이 옳다.[4] 먼저, i) 판결은 공판정에서 주문을 낭독하는 방식으로만 할 수 있는바(제43조), 판결서를 송달했어도 공판정에서 주문을 낭독하지 않았다면 판결은 아직 존재하지 않는다. 다음으로, ii) 공판정에서 검사가 피고인의 여죄를 추가기소한다고 진술한 경우, 이는 공소제기가 무효인 상황이 아니라 아예 그 여죄에 대한 공소제기가 존재하지 않는 상황이므로, 법원은 그 발언을 제지하고 추가기소를 하라고 언급하면 족할 뿐, 그러한 공소제기를 무효로 보아 공소기각판결을 해서는 안 된다.

1 나기업, “형사소송에서 피고인의 확정과 불일치의 문제”, 법학논총 제39권 제3호(2019), 260쪽.

2 변종필/나기업 94쪽.

3 신동운 702쪽; 신양균/조기영 510쪽; 신현주 181쪽; 이은모/김정환 138쪽; 이창현 185쪽; 정웅석/최창호/김한균 437쪽.

4 변종필/나기업 94쪽; 차용석/최용성 440쪽.

Ⅲ. 필수적 의사표시의 부존재

5 소송행위로서 성립하려면 거기에 요구되는 최소한의 의사표시가 있어야 한다. 간혹 일정한 소송행위에 요구되는 표시내용을 구비하지 못한 행위가 이뤄졌는데 법원이 그 소송행위가 존재한다고 오인해 그에 상응하는 재판을 내는 경우가 있다. 직권사항이라면 해당 소송행위를 직권발동촉구로 선해할 수 있으나, 신청사항이라면 신청이 부존재함에도 이를 인용·기각하는 위법한 결과가 된다. 가령 상소권회복청구에 상소절차속행신청의 취지가 포함되어 있다고 보아 결정을 함[1]은 부존재하는 사건에 대한 재판으로서 위법하다.

6 소송행위의 의사표시내용이 무엇인지는 그 소송행위의 개념정의에 좌우된다. 가령 항소를 단순히 '제1심법원의 재판에 대한 불복'이라고 정의하지 않는 것은 이를 '제1심법원의 판결에 대한 제2심법원에의 불복'이라고 정의해야 비로소 정식재판청구나 준항고, 소송절차상 이의신청, 비약상고 등과 준별이 가능하기 때문이다. 같은 이유에서 비약상고 또한 '제1심법원의 판결에 대한 대법원에의 불복'이라고 정의되어야 항소를 비롯한 여타 불복방법과 구분될 수 있다. 가령 피고인이 서면의 표제에 '항소장'이라고 적어 제출했다면, 그는 제2심법원에 상소한다는 의사를 표시한 것이며 이로써 그것은 비약상고가 아니게 된다. 반면 그가 서면에 비약상고장이라는 표제를 달아 제출했다면 그것은 대법원에 상소한다는 의사표시로, 여기서 항소는 부존재한다.

7 근래 대법원은 "형사소송법은 피고인의 비약상고와 검사의 항소가 경합한 경우 피고인의 비약상고는 상고의 효력이 없다는 취지로 규정하고 있을 뿐, 피고인의 비약상고에 항소로서의 효력을 인정할 수 있는지에 관해서는 명문의 규정을 두고 있지 않다 … 피고인의 의사에는 비약상고가 검사의 항소제기로 상고의 효력을 잃게 되는 경우 항소 등 가능한 다른 형태로 제1심판결의 효력을 다투는 의사도 포함되어 있다. … 따라서 피고인의 비약상고에 항소로서의 효력을 인정하는 것은 당사자의 진정한 의사를 고려한 합리적이고 객관적인 범위 내의 해석이다."라고 판시한 바 있다.[2] 그러나 표시주의와 외관주의의 엄격한 지배를 받는 절차법영역에서 특정한 행위가 어떤 소송행위에 해당하는지는 그것이

---

1 수원지방법원 2003. 11. 25.자 2003초기1656 결정.

2 대법원 2022. 5. 19. 선고 2021도17131, 2021전도170(병합) (全)판결.

그 소송행위가 갖춰야 할 의사표시를 포함하고 있는지에 따라 정해져야지, 그 행위를 한 자의 의사가 무엇인가에 따라 정해져서는 안 된다. 더욱이 A라는 소송행위와 B라는 소송행위 간에 본질적 의사가 동일하다는 이유로 A를 B로 취급해서도 곤란하다.[1] 위 판례는 방법론적으로 소송행위의 성립과 불성립 간 구별기준을 모호하게 만들어 소송절차의 형식적 확실성을 크게 해쳤다는 비판을 면하기 어렵다.

제2관 공소제기의 부존재[2]

I. 주요 쟁점상황

공소제기가 성립조차 하지 않는 경우에는 개념상 하자치유를 논의할 수 8
없음은 물론, 공소기각판결을 하는 것 자체가 불고불리원칙에 반한다. 대법원은 일반론에서는 "공소제기는 법원에 대하여 특정한 형사사건의 심판을 요구하는 검사의 법률행위적 소송행위로서 제254조 제1항은 공소를 제기함에는 공소장을 관할법원에 제출하여야 하도록 규정하고, 같은 조 제4항은 위 공소장에는 피고인의 성명 기타 피고인을 특정할 수 있는 사항, 죄명, 공소사실, 적용법조 등 일정한 사항을 기재하도록 하고 있는바, 형사소송법이 공소의 제기에 관하여 위와 같은 서면주의와 엄격한 요식행위를 채용한 것은 공소의 제기에 의해서 법원의 심판이 개시되므로, 심판을 구하는 대상을 명확하게 하고 피고인의 방어권을 보장하기 위한 것이라 할 것이다. 따라서 검사에 의한 공소장의 제출은 공소제기라는 소송행위가 성립하기 위한 본질적 요소라고 보아야 할 것이므로, 이러한 공소장의 제출이 없는 경우에는 소송행위로서의 공소제기가 성립되었다고 할 수 없다."고 하면서도[3] 정작 개별사안에서는 무효와 불성립을 혼동한 판단을 자주 내리고 있다.

---

1 나기업, "효력을 상실한 비약상고의 항소간주", 법조 제72권 제3호(2023), 513쪽 참조.

2 이하 내용은 나기업, "공소제기의 무효", 법조 제72권 제6호(2023), 168-177쪽의 서술에 기초하고 있다.

3 대법원 2003. 11. 14. 선고 2003도2735 판결.

1. 공소장 자체가 제출되지 않은 경우

9 (1) 공소장변경허가신청만 있는 경우 검사가 공소장변경허가신청서로 공소장을 갈음한다고 진술한 사안에서 대법원은 "i) 엄격한 형식과 절차에 따른 공소장의 제출은 공소제기라는 소송행위가 성립하기 위한 본질적 요소라고 할 것이므로, ii) 공소의 제기에 있어서 현저한 방식위반이 있는 경우에는 공소제기의 절차가 법률의 규정에 위반하여 무효인 경우에 해당된다. … 이 사건 알선행위에 대한 공소의 제기는 제254조에 규정된 형식적 요건을 갖추지 못한 이 사건 변경신청서에 기하여 이루어졌을 뿐만 아니라, 공소장부본 송달 등의 절차 없이 공판기일에서 이 사건 변경신청서로 공소장을 갈음한다는 검사의 구두진술에 의한 것이라서, 그 공소제기의 절차에는 법률의 규정에 위반하여 무효라고 볼 정도의 현저한 방식위반이 있다고 봄이 상당하고, 피고인과 변호인이 그에 대하여 이의를 제기하지 않았다고 하여 그 하자가 치유된다고 볼 수는 없으므로, 이 사건 알선행위 부분에 대한 공소사실에 대하여는 판결로써 공소기각의 선고를 하여야 한다."라고 한 바 있다.[1]

10 생각건대, 위 경우 비록 공소제기의 의사표시가 공판정에서 진술을 통해 표현되기는 했으나, 현행 형사소송법은 독일법과 달리 구술기소를 허용하지 않고(독일형사소송법 제266조는 당해 법원에 관할이 있고 피고인이 동의할 것을 조건으로 구술에 의한 추가기소를 허용한다), 공소장과 공소장변경허가신청서는 그 종류가 전혀 다른 서면이라는 점에서 위 판결에는 찬성하기 어렵다. 더욱이, i) 공소장제출이 공소제기가 성립하기 위한 본질적인 요소라는 것과 ii) 현저한 방식위반이 있으면 공소제기가 무효가 된다는 것 사이에는 논리적 연결고리가 없다. 공소장제출이 없는 사안에서 i)로부터 도출되는 결론은 공소제기가 부존재한다는 것이지 공소제기가 무효라는 것이 아니다. 위와 같은 판단은 실체판결이 불가하다는 취지를 외부적으로 드러냄이 바람직하다는 인식에 터잡은 듯하나, 이는 판결이유에서만 설시해도 족한 부분이다.

11 대법원은, i) 제1심법원이 동일성 없는 범죄사실을 추가하는 공소장변경을 허가해 판결한 사안에서 항소법원이 그 부분에 대한 공소는 무효라 하여 제327조 제2호의 공소기각판결을 한 것을 정당하다고 보았고(공소사실 추가 사안),[2] ii) 변경 전 공소사실과 변경 후 공소사실 간 동일성이 인정되지 않는 사안에서

---

1 대법원 2009. 2. 26. 선고 2008도11813 판결.

2 대법원 2014. 4. 24. 선고 2013도15827 판결; 2013. 10. 17. 선고 2013도10260 판결.

항소법원이 제1심의 공소장변경허가결정을 취소하고 변경 전 공소사실만을 전제로 파기자판한 것에 법령위반이 없다고 하였다(공소사실 변경 사안).[1]

앞서 언급했듯 동일성 없는 사건으로의 공소장변경은 무효이므로, 법원은 공소장변경 전의 공소사실을 기준으로 판단하면 족하다[§3/39 참조]. i)의 경우 추가된 부분에 대해서는 공소제기 자체가 존재하지 않으므로 항소법원은 원심판결을 파기한 후 해당 공소사실을 배제하고 판단해야 한다고 본다. 만약 제1심법원이 기존 공소사실을 주위적 공소사실로 하고 예비적 공소사실을 추가하는 공소장변경을 허가해 전자는 무죄로, 후자를 유죄로 각 판단하여 형을 선고했는데 두 공소사실 간 사건의 동일성이 없다면, 항소법원은 제1심판결을 파기한 후 주위적 공소사실에 대한 무죄판결만을 선고해야 한다.[2] 제1심의 소송절차에 법령위반이 있고 제2심에서 추가조사된 증거가 없는 사안에서 항소법원의 임무는 '제1심법원이 판결에 영향을 미친 위법을 범하지 않았더라면 하였을 재판'을 하는 것인데, 만약 제1심법원에서 종국판결 전에 그러한 위법이 발견되는 경우 제1심법원은 단지 변경 전 공소사실에 기초해 종국판결을 할 뿐, 변경 후 공소사실에 대해 공소기각판결은 하지 않는다는 점[3]을 상기할 필요가 있다. 12

ii)의 경우 항소법원이 변경 후 공소사실을 기준으로 심판할 수 없다는 데 동의한다. 다만 공판조서나 판결서 등에서 공소장변경허가결정이 무효임을 밝히는 것으로 족하고 별도의 취소결정은 필요하지 않다고 본다[§3/39 참조]. 13

(2) 위장출석의 문제 제3자가 피고인을 참칭해 공판정에 출석한 상태에서 사실심리가 행해진 경우, 수소법원이 그 위장출석자에 대해 제327조 제2호에 따라 공소기각판결을 해야 한다는 것이 학계의 대체적 인식이다.[4] 그러나 애초 위장출석자에 관해서는 공소장이 제출된 사실 자체가 없으므로 그에 대해서는 도대체 '공소제기의 무효'를 선언할 이유가 없다. 이러한 경우에 법원은 (증거조사 개시 전이든 후든) 위장출석자를 퇴정시킨 후 피고인을 소환하여 공판절차 14

1 대법원 2021. 4. 1. 선고 2019도13286 판결.

2 서울서부지방법원 2019. 4. 11. 선고 2018노1118 판결.

3 의정부지방법원 2016. 4. 27. 선고 2015노2116 판결; 수원지방법원 2023. 7. 5. 선고 2022노2928 판결.

4 배종대/홍영기 235쪽; 신동운 612쪽; 신양균/조기영 462쪽; 이은모/김정환 79쪽; 이재상/조균석/이창온 418쪽; 이창현 99쪽; 임동규 67쪽; 정웅석/최창호/김한균 337쪽 등.

를 처음부터 진행하면 되는 것이지 공소기각판결을 할 일이 아니다.[1] 공소장에 피고인으로 기재되지도 않은 사람에 대해 종국재판을 함은 곧 그에 대한 공소제기를 의제하는 처사로서 그 자체 불고불리원칙 위반으로 탄핵주의에서는 용납되기 어려운 방법론이다. 더욱이 위와 같은 견해에 따른다면 법원이 위장출석자의 신원을 확인해 그의 성명, 주소, 주민등록번호 등을 표시하여 판결을 선고하고 판결문을 송달해야 하는데, 이는 쓸데없는 친절일뿐더러 경우에 따라서는 불가능할 수도 있다. 민사재판에서도 피고 아닌 자가 변론기일에 출석해 피고처럼 행세했음이 발각됐을 때 법원으로서는 단지 사실상 배제하는 조치를 취할 뿐 그에게 소각하판결을 하지는 않는다.

한편, i) 위장출석사실이 판결선고 후 발각된 경우에 관해서는, 그 판결은 피고인에게만 효력이 있고 그는 상소할 수 있다는 입장[2]과, 위장출석자에게만 효력이 있고 그는 상소할 수 있으며 상소법원은 제327조 제2호의 공소기각판결을 해야 한다는 입장[3]이 있다. 다음으로 ii) 위장출석사실이 상소기간 도과 후 발견된 경우에 관해서는, 그 판결은 피고인에게만 효력이 있고 그는 재심을 청구할 수 있다는 입장,[4] 위장출석자에게만 효력이 있고 그는 재심을 청구할 수 있다는 입장,[5] 위장출석자에게만 효력이 있되 재심이 아니라 비상상고로 해결해야 한다는 입장,[6] 위장출석자에게만 효력이 있되 전과말소신청으로 시정해야 한다는 입장 등이 있다. 그러나 생각건대 위와 같은 판결은 위장출석자에 대한 판결로서는 존재하지 않는 공소제기에 터잡은 것이고, 진피고인에 대한 판결로서는 그의 출석을 전제로 하는 일체의 소송행위를 결여한 것이기에 어느 모로 보나 당연무효[§3/42 참조]이므로, 그 누구에게도 효력이 없다고 함이 타당하다.[7] 위장출석자가 법정구속됐다면 수감과정

1 김정한, "피고인의 특정에 관한 소고", 형사소송 이론과 실무 제7권 제1호(2015), 152－153쪽; 나기업, "형사소송에서 피고인의 확정과 불일치의 문제", 법학논총 제39권 제3호(2019), 268쪽.

2 황현호, "성명모용과 위장출석의 경우 피고인의 인정기준", 사법논집 제25집(1994), 529－531쪽.

3 배종대/이상돈 397쪽; 손동권/신이철 67쪽; 신동운 612쪽; 이은모/김정환 79쪽; 이재상/조균석/이창온 418쪽; 이창현 99쪽; 임동규 67쪽; 정웅석/최창호/김한균 337쪽.

4 황현호, 앞의 논문, 537쪽.

5 배종대/이상돈 397쪽; 신양균/조기영 462쪽; 신현주 117－118쪽; 이창현 99－100쪽; 임동규 67쪽; 정웅석/최창호/김한균 338쪽.

6 배종대/홍영기 235쪽; 손동권/신이철 68쪽; 신동운 612쪽; 이재상/조균석/이창온 418쪽.

7 김정한, 앞의 논문, 153－155쪽; 나기업, 앞의 논문, 268쪽.

에서 필연적으로 그가 피고인이 아님이 드러날 터이므로 석방 후 공판절차를 다시 제대로 진행하면 된다.

민사소송에 관해, 다수설과 판례는 소장의 표시를 유일한 당사자확정기준으로 하면서도,[1] 피고측에 위장출석이 발생했다는 점이 판결확정 후 드러난 경우 그 판결을 당연무효로 보지는 않고 일단 그 효력 자체는 소장에 기재된 피고에게 미친다고 하면서, 민사소송법 제451조 제1항 제3호의 재심사유를 인정하는 방법을 취하고 있다.[2] 그러나 형사재판에서는 궐석재판의 요건이 갖춰지지 않은 이상 반드시 피고인 본인이 출석해야 하고, 민사소송법 제451조 제1항 제3호에 대응되는 재심사유가 형사소송에는 없다는 점에 비추어볼 때, 형사재판의 위장출석은 민사재판의 그것보다 더 중한 흠으로 취급해야 한다.

2. 공소장은 제출됐으나 기명날인 · 서명이 누락된 경우

(1) 판례의 태도 판례는 공소장에 기명날인 또는 서명이 누락된 경우 16
그 공소제기는 제57조 제1항 위반으로서 무효이나, 추후 검사가 공소장에 기명날인 또는 서명을 추완하면 하자가 치유된다는 입장을 취하고 있다.[3] 가령 대법원 2012. 9. 27. 선고 2010도17052 판결은 "검사의 기명날인 또는 서명이 없는 상태로 관할법원에 제출된 공소장은 제57조 제1항에 위반된 서류라 할 것"이고, 그러한 공소장제출에 의한 공소의 제기는 "특별한 사정이 없는 한 그 절차가 법률의 규정에 위반하여 무효인 때에 해당한다"면서도, "공소장에 기명날인 또는 서명을 추완하는 등의 방법에 의하여 공소의 제기가 유효하게 될 수 있다"고 한다.[4] 그리고 추완은 항소심에서도 가능하나, 법원이 이를 검사에게 적극적으로 요구할 의무는 없다고 한다.[5]

위 판결 사안의 제2심법원은 항소심에서는 그러한 하자치유가 불가능하다고 하여 공소를 기각했다.[6] 대법원은 항소심에서도 하자치유가 허용되므로 제2심법원의 위와 같은 판단은 옳지 않다고 하면서도, i) 재판부가 이를 적극적으로 요구할 의무까

1 대법원 1996. 3. 22. 선고 94다61243 판결.
2 대법원 1964. 3. 31. 선고 63다656 판결.
3 대법원 2012. 9. 27. 선고 2010도17052 판결; 2021. 12. 16. 선고 2019도17150 판결.
4 대법원 2012. 9. 27. 선고 2010도17052 판결
5 대법원 2021. 12. 16. 선고 2019도17150 판결.
6 의정부지방법원 2019. 10. 31. 선고 2019노2065 판결.

지는 없고, ii) 검사가 기명날인을 추완하지 않은 이상 공소제기는 종국적으로 무효이므로, 원심의 결론 자체는 정당하다고 하여 상고를 기각했다.

17 ⑵ 검 토 판례의 태도에는 찬성할 수 없다. 공소제기의 성립요건은 '검사에 의한 공소장제출'이고, 검사의 기명날인·서명은 공소장이 바로 '검사'에 의해 제출됐음을 공적으로 증명할 수 있는 유일한 수단이기 때문이다. 가령 계약서에 당사자의 서명날인이 없다면 계약체결사실을 입증할 수 없다고 하지 계약이 성립했으나 효력이 없다고 하지 않는다. 물론 서명이 없어도 다른 제반 사정에 비추어 의사표시의 해석 등 법리에 따라 계약체결사실을 인정할 수도 있으나, 이때 체약사실의 인정근거는 그 '다른 제반 사정'이며, 서명이 누락된 계약서 자체가 처분문서로 되지는 않는다. 형식적 확실성 요청의 지배를 받는 형사절차에서, 특히 그 어떤 소송행위보다도 요식성이 강하게 요구되는 공소제기에 관해, 검사의 기명날인·서명 외 다른 수단을 그 성립/불성립의 구별준거로 삼는 것은 공소제기의 성립요건을 계약성립요건 수준으로 느슨하게 설정하는 방법론으로서 취할 바가 되지 않는다.

18 더욱이, 대법원의 입장은 합의부의 재판서에서 판사 1인의 서명날인이 누락된 경우 그것을 '법관 2인만이 작성한 판결서'로 보는 판례의 태도[1]와 모순된다. 3인 중 1인의 서명날인이 누락된 판결서를 법관 2인이 작성한 판결서로 보는 관점에 따르면 기명날인 또는 서명이 누락된 공소장은 '검사 0인이 작성한 공소장'인바, 이는 단지 '공소장과 유사한 외관을 가진 어떤 서류'에 불과하다. 판결의 핵심적 성립요건은 '공판정에서의 선고'이기에 판결서에 법관 일부의 서명날인이 없더라도 그것을 부존재하는 판결로 보기는 어렵고 다만 상소이유가 될 뿐이나, 공소제기는 그렇지 않다. 구술기소를 인정하지 않는 현행법체계에서 검사에 의한 공소장제출은 공소제기의 유일한 성립요건이다. 검사 0인이 작성한 공소장이 제출된 경우 공소제기가 부존재한다고 볼 수밖에 없는 것이다.

단독판사가 판결을 선고했는데 그 판결서에 서명날인이 누락돼 있다면 이는 판결이 부존재하는 것이 아니라 단지 '판결서에 의하지 않은 판결선고'가 된다. 일본 최고재판소가 i) 판결선고시 반드시 판결서가 작성되어 있을 필요는 없고, ii) 선고내용

---

1 대법원 1990. 2. 27. 선고 90도145 판결; 2022. 3. 17. 선고 2021도17427 판결.

과 판결서내용이 다르면 전자의 내용대로 판결이 성립했다고 보는 것 역시 그러한 이유에서라 할 수 있다.[1]

결론적으로 기명날인 없는 공소장이 제출된 사안을 공소장 자체가 제출 19
되지 않은 사안과 달리 취급할 수 없다. 공소제기가 존재하지 않는 이상 하자치유는 논의할 수 없다. 검사가 기명날인을 추완한 시점에 공소제기가 비로소 성립하며, 공소시효도 그때까지 계속 진행한다고 봄이 타당하다.

3. 검사 아닌 자가 공소장을 제출한 경우

공소제기가 불성립하는 또 하나의 예로는 검사(직무대리) 아닌 자가 공소장을 20
제출한 경우를 들 수 있다. 앞서도 언급했듯 소송행위적격의 결여는 무효가 아니라 부존재사유이므로[§4/3 참조], 가령 검사를 사칭하는 자가 자신이 임의로 작성한 공소장과 소송기록을 법원에 송부할 경우−접수 및 사건배당 자체가 되지 않겠음은 차치하고−법원은 이를 무시해야 하며 제327조 제2호의 공소기각판결을 할 일은 아니다.[2] 이와 달리 검사에 의해 공소장이 제출되기는 하였으나 그에게 공소를 제기할 권한이 없는 때에는 그것은 공소제기로서 성립하되 위법하여 무효인 것이 된다. 직수사건에서 수사검사가 자신의 명의로 공소장을 제출한 경우(검찰청법 제4조 제2항 위반),[3] 합의부 관할사건에서 검사직무대리가 공소장을 제출한 경우(같은 법 제32조 제3항 위반), 고위공직자범죄수사처 검사가 기소권 없는 사건에 관해 공소장을 제출한 경우(공수처법 제3조 제1항 제2호 위반)가 이에 해당한다.

Ⅱ. 부존재사안에서의 소송상 조치

불성립한 공소제기는 '무(無)'이므로 이를 무시해야 한다. 이를테면 기명 21
날인·서명을 누락한 공소장이 제출됐다면 법원직원은 접수단계에서 보정을 요구해야 하며, 설령 접수인이 찍히고 사건이 배당됐더라도 그에 따른 심리절차는 존재하지 않는 공소제기에 기한 것으로서 효력이 없고, 서명시점에 비로소 공소제기가 있다고 해야 한다(전술했듯 판례는 이 경우 공소제기가 성립하되 무효라고 보고 하자치유를 인정한다)[§4/16 참조]. 만

1 일본 최고재판소 1950. 11. 17. 선고[昭和25(れ)456], 형집 제4권 제11호, 2328쪽; 일본 최고재판소 1976. 11. 4. 선고[昭和50(あ)2427], 형집 제30권 제10호, 1887쪽.

2 차용석/최용성 440쪽.

3 광주지방법원 2025. 2. 4. 선고 2024고단5599 판결.

약 사실심리절차 도중 서명했다면 피고인을 돌려보낸 후 공판기일소환·공소장부본송달 등 절차를 처음부터 다시 진행해야 한다. 구속구공판사건이라면 피고인을 즉시 석방해야 하며, 법원이 피고인을 구속하려면 서명이 있은 후 새로 영장을 발부해야 한다. 최초 공소장접수 후 서명 전까지의 구금은 불법구금이므로 이에 대해 국가배상책임이 발생한다.

22 대법원 2003. 11. 14. 선고 2003도2735 판결은 소송계속의 외관이 먼저 발생한 후 비로소 공소장이 제출된 사안에서 "검사에 의한 공소장의 제출이 없는 이상 기록을 법원에 송부한 사실만으로 공소제기가 성립되었다고 볼 수 없다 할 것이고, 따라서 이러한 경우에는 소송행위로서의 공소제기가 있었으나 공소제기의 절차가 법률의 규정에 위반하여 무효인 경우에 해당한다고 할 수 없다. 그리고 이와 같이 소송행위로서 요구되는 본질적인 개념요소가 결여되어 소송행위로 성립되지 아니한 경우에는 소송행위가 성립되었으나 무효인 경우와는 달리 하자의 치유문제는 발생하지 않으나, 추후 당해 소송행위가 적법하게 이루어진 경우에는 그 때부터 위 소송행위가 성립된 것으로 볼 수 있다."라고 한 바 있다.

사실관계는 다음과 같다. i) 경찰서장은 피고인에 대해 즉결심판을 청구했으나 법원은 이를 기각했고, 이에 사건이 관할지방검찰청검사장에게 송치됐다. ii) 검사는 피고인의 정식재판청구가 있다고 오인해 기록만을 법원에 송부했다. iii) 제1회 공판기일에 법원이 기소절차의 문제점을 검토하기 위해 기일을 연기하자 검사는 벌금구형액을 50,000원으로 기재한 약식명령공소장을 제출했다. iv) 법원은 사실심리절차를 거친 후 공소제기가 무효라고 하여 공소를 기각했다. v) 검사가 항소했으나, 항소법원 역시 공소제기는 무효이고 공소장 추송으로 하자가 치유되지 않는다고 하여 항소를 기각했다. 이에 검사가 상고했다.

대법원은 본문과 같이 일반론을 설시한 후, "원래 공소제기가 없었음에도 피고인의 소환이 이루어지는 등 사실상의 소송계속이 발생한 상태에서 검사가 약식명령을 청구하는 공소장을 제1심법원에 제출하여 이때 비로소 적법한 공소제기가 있게 되었다고 할 수 있고, 한편, 법원은 약식명령의 청구가 있는 경우에 그 사건이 약식명령을 할 수 없거나 약식명령으로 하는 것이 부적당하다고 인정한 때에는 공판절차에 의하여 심판해야 하고, 법원이 약식명령청구사건을 공판절차에 의하여 심판하기로 함에 있어서는 사실상 공판절차를 진행하면 되고, 특별한 형식상의 결정을 할 필요는 없으며, 제1심법원이 앞서 본 바와 같이 피고인에 대하여 다시 인정신문을 하고 위 공소장에 기하여 피고인신문을 하는 등 제2회 공판기일을 진행한 것은 위 약식명령청구에 대하여 공판절차회부를 하여 그 공판절차를 진행한 것으로 볼 수 있다. … 제1심법원으로서는 추후 제출된 공소장에 의한 적법한 공소제기에 기하여 실체심리를 진행하였으므로 이에 기하여 유·무죄의 실체판단을 하였어야 [했다]."라고 하여 원심판결 및 제1심판결을 모두 파기한 후 사건을 제1심법원으로 환송했다. 통상절차회부에 별도의 결정이 필요 없다고 한 데는 동의할 수 없으나,[1] 그 부분을 논외로 한다면 적절한 설시라고 평가할 만하다.

1 나기업, "약식절차를 둘러싼 몇 가지 쟁점", 법조 제71권 제6호(2022), 275－278쪽,

§5

제3절 요 약

1 지금까지 하자치유 논의의 선결문제인 소송행위의 무효에 관해 살펴보았다. 소송행위가 훈시규정을 위반한 경우에는 부적법하더라도 유효한 반면, 효력규정을 위반한 경우에는 무효로 되는바[§3/1-3 참조], 여기에서 효력규정이란 i) 진실규명·적법절차보장 그 밖에 형사법의 법원리들과 밀접하게 관련돼 있거나 일정한 형사정책적 결단에 근거한 규정으로서, ii) 그 위반에 대해 일정한 절차적 제재를 구성할 수 있는 것을 말한다[§3/4-8 참조]. 무효여부가 문제되는 것은 주로 공소제기를 비롯한 판결 전 소송행위이나[§3/9-40 참조], 일정한 경우 판결도 무효가 될 수 있다[§3/41-54 참조]. 그리고 어떠한 소송행위의 존재나 절차적 요건의 구비가 공판기일에서 개개 소송행위의 효력요건임에도 수소법원이 이를 불비한 채 심리·판결했다면 해당 공판절차의 소송행위 전체가 무효이다[§3/55-73 참조]. 나아가 직접적인 효력규정위반이 없더라도, 피고인의 소송행위에 의사표시의 하자가 있고 거기에 피고인의 귀책사유가 없다면, 그 소송행위는 효력이 없다[§3/74-92 참조]. 한편, 어떠한 소송행위에 요구되는 본질적 개념요소가 결여됐다면 소송행위로서 성립조차 하지 않으므로[§4/1-20 참조], 법원은 이를 존재하지 않는 것으로 취급해야 하고 하자치유는 논의할 수 없다[§4/21-22 참조].

2 이 장에서 저자는 일반적으로 무효사례로 다루어지는 사안들 중 불성립 또는 유효사안으로 보아야 하는 것을 지적하고 그에 대해 하자치유는 이론상 불가능함을 밝히거나, 학설·판례가 통상 무효로 보지 않는 사례를 무효사안으로 보았다. 특히 검사의 공소제기에 관하여 다음과 같은 관점을 제시했다. i) 성명모용으로 인해 공소장에 피모용자의 인적사항이 기재됐다면 이는 효력규정인 제254조 제3항 제1호 위반이나, 검사가 피고인표시를 정정하면 하자가 치유된다는 것이 다수설·판례의 입장이다.[1] 그러나 그 경우 피모용자에 대해 공소가 제기된 것으로 보아야 하고 효력규정위반은 존재하지 않으므로 하자치유를 상정할 수 없다. 해당 사안은 공소취소나 무죄판결로 종결되어야 한다[§3/17-27 참조]. ii) 대법원은 공소장에 간인 등을 누락했더라도 공소장의

1 대법원 1993. 1. 19. 선고 92도2554 판결.

철계(綴繼)의 연속이 인정되는 한 공소제기의 효력에는 영향이 없다고 하나,[1] 이는 효력규정인 제57조 제2항 위반으로서 제327조 제2호의 공소기각사유가 된다고 함이 옳다[§3/29-30 참조]. iii) 검사가 공소장변경허가신청서로 공소장을 갈음한다고 진술한 경우 공소제기가 무효라는 것이 판례의 태도이나,[2] 공소장제출이 없는 이상 애당초 공소제기 자체가 존재하지 않으므로 그 부분에 대해 종국재판을 함은 옳지 않다[§4/9-13 참조]. iv) 위장출석사안에서 다수설은 위장출석자에 대해 제327조 제2호에 따라 공소기각판결을 해야 한다고 한다. 그러나 애초 그에 대해 공소제기라는 소송행위가 성립한 적이 없으므로, 법원은 단지 그를 공판정에서 내보내면 족하다[§4/14-15 참조]. v) 공소장에 기명날인이나 서명이 누락된 경우, 대법원은 검사가 공판정에서 서명을 추완할 수 있고, 이는 항소심에서도 가능하다고 한다.[3] 그러나 검사의 서명이 없는 서류는 공소장이라 할 수 없으므로 여기서는 공소제기가 부존재하며, 추완에 의한 하자치유는 논리적으로 상정할 수 없다. 서명시점에 비로소 공소제기가 성립하고 그전까지 공소시효는 계속 진행한다고 보아야 한다[§4/16-19 참조].

무효에 관한 지금까지의 논의를 전제로, 다음 장부터는 본격적으로 하자 3
치유의 기준을 수립하고 이를 구체적 사안에 적용하기로 한다.

---

1 대법원 2021. 12. 30. 선고 2019도16259 판결.

2 대법원 2009. 2. 26. 선고 2008도11813 판결.

3 대법원 2021. 12. 16. 선고 2019도17150 판결.

제3장[§6-9]

하자치유의 기준

제1절 하자치유 문제의 규범적 성격

제2절 원리충돌사안

제3절 규칙적용사안

제4절 요　　약

이 장에서는 소송행위 무효사안에서 하자치유의 전거가 되는 법규범은 무엇이며, 그 적용한계는 어떻게 설정되어야 하는지를 해명하고자 한다. 소송행위 유형과 무효원인은 매우 다양하기에 모든 사안에서 예측가능성을 확보할 만한 분석틀을 제시하기란 불가능하다. 그러나 하자치유란 곧 효력규정의 규범력을 개별사안의 특수한 사정을 이유로 후퇴시키는 것이고, 그 근거와 적용외연의 설정은 단순 법기술적 차원을 넘어 소송절차이론의 방향성 및 형사사법체계의 정형화 정도와 맞닿아 있는 문제다. 따라서 위와 같은 작업은 단지 개별판례의 분석이나 실정규정의 문언해석에 그쳐서는 안 되며, 보다 근원적인 법이론적 기반 위에서 수행되어야 한다. 이를 위해 저자는 서론에서 예고했듯 이른바 비실증주의 법원리론을 소송행위 무효사안에 접맥시켜 고찰할 것이다.

드워킨과 알렉시를 중심으로 전개되어온 비실증주의적 관점은, 법을 단지 규칙(legal rule)들의 집합체로 간주하지 않고, 그 배면에서 작동하는 도덕적·규범적 정당화 근거로서의 원리(legal principle)에 주목한다. 그리하여 법해석을 이른바 법률적 삼단논법으로 대별되는 기계적 추론에 국한시키지 않고 원리 간 형량(balancing)과 조화를 도모하는 실천적 행위의 영역으로 확장한다. 이를 무효사안에 대입해, 이 장에서는 소송행위의 하자치유 문제가 단지 특정 실정법규정의 포섭·적용 문제가 아닌(물론, 그런 문제영역에 속하는 사안도 존재한다), 형사소송법의 목적을 이루는 법원칙들 간 충돌과 우열관계 설정의 문제일 수 있음을 밝히고 이를 전제로 논의를 전개한다. 이로써 하자치유 여부를 둘러싼 법적 판단이 자의성과 경직성이라는 상반된 위험 모두로부터 벗어날 수 있는 균형점을 모색하고, 하자 있는 소송행위의 종국적 효력유무가 쟁점화된 사안에서 수소법원이 어떤 법규범을 원용해 어떠한 논증방식으로 판단해야 하는지를 규명하려 한다.

제1절 하자치유 문제의 규범적 성격 §6

제1관 법체계의 구성요소[1]

Ⅰ. 법원리와 법규칙 구별

모든 법규범은 법원리와 법규칙 중 어느 하나에 속한다.[2] 둘은 다음과 1
같이 질적·논리적으로 구별된다. 먼저 법규칙은 개별사안에서 특정한 결론을 지시하는 확정적 명령(definitive Gebote)이다.[3] 이는 일정한 요건이 충족되면 그에 따른 효과가 발생하든지 않든지 둘 중 하나인 규범이다. 형사소송법에서 소송행위나 증거능력에 관한 대부분의 규정이 이에 해당하는바, 가령 임의성이 의심되는 진술의 증거능력을 부인하는 제309조 및 제317조, 피고인에게 불이익한 다른 증거가 없다면 자백을 증거로 사용할 수 없게 하는 제310조, 항소제기가 부적법한 경우 결정으로 항소를 기각하도록 규정한 제360조 등은 모두 법규칙이다. 개별사안에서 두 개의 법규칙이 갈등할 경우 i) 하나가 다른 하나에 대해 예외를 설정하고 있다면 그에 따라 해결하고, ii) 양자가 서로 양립할 수 없는 관계에 있다면 그들 중 어느 하나를 수정하거나 폐기해야 한다(별도의 기준(상위법우선, 신법우선, 특별법우선 등)에 그 역할을 맡길 수도 있고, 보다 중요한 법원리로 뒷받침되는 규칙을 우선시하는 방법을 채용할 수도 있다).[4] i)의 예로는 제310조의2의 규정과 제311조 이하 규정들 간의 관계를, ii)의 예로는 조세특례제한법 제3조 제1항의 규정과 거기서 언급되지 않은 조세특례 규정들(가령 중소기업은행법 제50조)의 관계를 들 수 있다.[5]

---

1 이하는 나기업, "형사소송에서 하자의 치유와 책문권포기", 저스티스 201호(2024), 66–80쪽; "공소장일본주의 위반과 공소사실불특정의 소송법상 효과", 형사정책연구 제35권 제4호(2024), 4–7쪽의 서술을 재구성한 것이다.

2 마틴 보롭스키(정종섭/박진완 譯), "기본권규범으로서 원리", 서울대학교 법학 제44권 제1호(2003), 250쪽.

3 로베르트 알렉시(이준일 譯), 법의 개념과 효력, 고려대학교출판부(2007), 105쪽.

4 R. Dworkin, *The Model of Rules*, 35 U. Chi. L. Rev. 27 (1967).

5 서울고등법원 1981. 6. 11. 선고 80구738, 80루738 판결(대법원 1983. 7. 26. 선고 81누214 판결).

양자 간 구분의 초기형태는 독일에서는 1950년대 에써(J. Esser)에 의해, 오스트리아에서는 1940년대 빌부르크(W. Wilburg)의 유동적체계이론(Theorie beweglicher Systeme)을 통해 제시된 바 있다.[1] 그러나 본격적 논의는 드워킨이 그의 논문 "규칙의 모델"에서 하트(H. Hart)의 실증주의 법이론을 비판하면서 시작됐고,[2] 알렉시에 의해 보다 정밀하게 발전되어 현재에 이르고 있다.[3]
드워킨에 의하면, 법규칙은 i) 유효하다면 요건사실 충족시 반드시 그에 따른 법효과가 생기지만 ii) 유효하지 않다면 그러한 효과가 생기지 않는 '전부 아니면 무(all-or-nothing)'의 방식으로 작동한다는 점에서 법원리와 본질적으로 구별된다. 알렉시는 법원리도 그 내용을 어떻게 파악하는지에 따라 전부 아니면 무의 방식으로 작동할 수 있다는 점에서 위와 같은 기준은 엄밀하지 않다고 비판하면서 법규칙을 '일정한 요건사실이 발생하면 그것이 정한 효과가 발생하든지 않든지 둘 중의 하나인 규범'으로 정의했으나,[4] 규칙이 대체로 '전부 아니면 무' 방식으로 작동한다는 데는 그 역시 동의하는 듯하다.[5]

2 한편, 법원리는 무언가를 법적 가능성 그리고 사실적 가능성하에서 최대로, 그리고 광범위하게 실현하길 요구하는 최적화명령(Optimierungsgebote)이다.[6] 형사소송에서는 '법원은 진실규명을 위해 최대한의 증거판단을 해야 한다(진실규명원칙 또는 증거사용정합성원칙)',[7] '법원은 법적 결정에 앞서 청문의 기회를 보장해야 한다(법적 청문원칙)',[8] '법원은 원본증거에 기초해 심증을 형성해야 한다(실질적 직접주의)'[9] 등이 그에 해당한다. 명문화된 것으로는 "적법한 절차에 따르지 않고 수집한 증거는 증거로 할 수 없다"고 규정한 제308조의2(위법수집증거배제법칙)를 들 수 있다.[10]

---

1 J. Esser, Grundsatz und Norm in der Richterlichen Fortbildung des Privatrechts (1974); W. Wilburg, Die Elemente des Schadensrechts (1941).

2 R. Dworkin, *The Model of Rules*, 35 U. Chi. L. Rev. 22-31 (1967).

3 상세히는 R. Alexy, *On the Structure of Legal Principles*, 13 Ratio Juris 294 (2000); 변종필, "법규칙과 법원리 구별의 유용성과 한계", 강원법학 제34권(2011), 297-299쪽.

4 R. Alexy, *Zum Begriff des Rechtsprinzips*, Rechtstheorie 71-81 (1979).

5 로베르트 알렉시(박정훈 譯), "법체계와 실천이성", 법철학과 사회철학 제3집(1993), 91쪽.

6 로베르트 알렉시, 기본권이론, 한길사(2007), 117-123쪽.

7 이상돈, "법체계의 정합성과 법적 논증의 정합성원칙", 법철학과 사회철학 제4집(1994), 49쪽.

8 변종필, "형사소송과 법적 청문", 인권과 정의 제245호(1997), 91-111쪽.

9 변종필/나기업, "직접주의와 공판중심주의·전문법칙의 관계", 법조 제71권 제3호(2022), 83쪽.

10 법규칙이라는 견해도 있으나[권영법, "위법수집증거배제의 기준", 저스티스 제118호(2010), 323쪽], 법원리로 봄이 타당하다[변종필, "'적법한 절차'를 위반한 사법경찰관 작성 피의자신문조서의 증거능력", 형사법연구 제25권 제4호(2013), 338쪽; 윤동호, "전문증거의 증거능력에

> 여기서 i) '사실적 가능성'이란 그 법원리를 적용하여 결정함이 적절하고 또 필요함(적합성원칙, 필요성원칙)을, ii) '법적 가능성'이란 그 법원리를 실행할 중요성이 다른 원리의 불이행 또는 침해 정도와 비례관계에 있음(좁은 의미의 비례성원칙)을 뜻한다. 법원리 실현의 법적 가능성은 (법규칙들에 의해 규정되기도 하지만) 대체로 다른 원리들에 의해 규정된다.[1]

법조실무의 핵심을 이루는 것은 대체로 법규칙이며, 이는 형사절차에서도 마찬가지다. 많은 경우 법원은 법규칙에 사안을 포섭해 그에 따른 결정을 하는 것으로 사건을 종국시킬 수 있다. 죄명과 적용법조를 결정하거나 형식재판사유의 존부를 판단하는 문제는 대체로 법규칙 적용문제에 해당한다. 3

> 어디까지나 '대체로' 그렇다는 것이다.[2] 오늘날 전통적인 법률적 삼단논법에 기초한 포섭이론에 한계가 있음은 익히 드러난 바로,[3] 법규칙 역시 포섭이라는 일도양단의 방식으로 적용될 수 없는 경우가 많다. 하트 역시 법개념의 의미의 핵심(core) 영역에서는 연역적 방법이나 삼단논법적 추론을 통해 문제해결이 가능한 반면, 그 주변부(penumbra)에서는 연역적 추론이 불가하다고 한 바 있다.

Ⅱ. 원리충돌과 규칙충돌

법질서가 법규칙들로만 구성돼있다는 실증주의적 법체계관념(규칙모델)[4]에서 법관은 법규칙들에 의해 확정된 것 외의 영역에서는 재량(discretion)을 지닌다. 그에 따르면 이 경우 법적 결정을 위한 어떠한 기준도 없으므로, 법관은 스스로 입법자처럼 관여해야 하고, 이는 법질서 자체의 불가피한 특성이다.[5] 반면, 법질서에 법원리도 포함된다는 관념(규칙-원리(-절차)모델)에서는, 법규칙만으로는 해결할 수 없는, 판결하기 어려운 사안(hard case)[6]에서 법원은 (정책적 고려나 재량이 아닌) 4

관한 문제영역 분석과 평가", 영남법학 제40권(2015), 208쪽; 나기업, "위법수집증거배제법칙과 형량", 형사정책연구 제33권 제1호(2022), 124쪽 이하].

1 알렉시, 기본권이론, 한길사(2007), 146−147쪽; 로베르트 알렉시(박정훈 譯), "법체계와 실천이성", 법철학과 사회철학 제3집(1993), 92, 101쪽.

2 H. Hart, *American Jurisprudence through English Eyes*, 11 GA. L. R. 969−974 (1977).

3 로베르트 알렉시(변종필/최희수/박달현 譯), 법적 논증 이론, 고려대학교출판부(2007), 22쪽; 이상돈, 법이론, 박영사(1996), 32쪽 이하.

4 H. HART, THE CONCEPT OF LAW 78−79 (1961).

5 *Id.* at 128.

6 상세히는 공두현, "판결하기 어려운 사건, 쉬운 사건, 보통의 사건", 저스티스 제192호(2022),

법원리에 기초해 판결해야 한다.[1]

> 알렉시는 드워킨의 규칙-원리모델을 수용하면서도, 법규칙이든 법원리든 스스로 자신의 적용을 규율할 수는 없다는 인식에 정초해, 이들을 적용하는 법적 절차의 합리성(특히 원리충돌사안에서 상대적 비중의 크기를 가늠하는 근거제시 또는 논증의 합리성)을 보장하기 위한 논증대화의 형식들과 규칙들까지 포괄하는 3차원의 법체계모델을 제시한 바 있다. 다만 논의의 성격상 여기서는 그러한 형식들과 규칙들에 관해서는 다루지 않는다.[2]

5 정립된 법규칙이 존재하지 않는 사안에서 재량이나 정책적 고려에 따른 판단은 불명료한 논증에 기초할 수밖에 없다. 이는 대체로 해석자의 은폐된 주관적 동기나 법정책적 관심을 법해석에 관철시키는 도구로 활용될 가능성이 높다.[3] 더욱이 그때그때 재량이나 정책적 판단에 따라 법적 결정을 내리는 것은 본질적으로 그 사안에서 적용할 새로운 법을 만들어 관철시키는 작용으로서 권력분립원칙과 소급효금지원칙에 반한다.[4] 정책적 결정은, 고려되어야 하는 다양한 이익들을 정확히 표현하도록 고안된 어떤 정치적 과정의 작동을 통해 이루어져야 하며,[5] 단독제 또는 소수 합의제로 구성된 법적 결정권자의 독백작용으로는 단지 비민주적 강요 내지 타협에 그칠 뿐이다.

6 법원리에 기초한 결정은 이런 문제를 일으키지 않는다. 원리논거에 기대어 내린 법적 판단은, 그것이 법체계 내 존재하는 법적 당위에 부합한다는 점에 대한 합리적 논증으로써 정당화될 뿐, 거기에 효율성이나 공리(utility), 특정 집단의 이익 등 정책적 고려를 위한 자리는 마련되어 있지 않다. 나아가 기존에 존재하는 규범적 요청을 원용하는 것이기에 권력분립원칙 또는 소급효금지원칙 위반의 문제도 생기지 않는다.

7 법원리들 간 충돌이 있다면 그들 중 무엇이 우선순위를 갖는지를 판단하는 작업(원리들 간 조건부 우열관계를 확정하는 작업(그 사안과 관련해 특정 원리가 다른 원리보다 우선하게 되는 조건을 제시하는 작업)), 즉 형량(Abwägung)을

374쪽 이하 참조.

1 로베르트 알렉시(박정훈 譯), "법체계와 실천이성", 법철학과 사회철학 제3집, 96-98쪽.

2 상세히는 로베르트 알렉시(변종필/최희수/박달현 譯), 법적 논증 이론, 고려대학교출판부(2007), 297-413쪽.

3 변종필, "형법해석에서 법정책적 논거원용의 타당성문제", 형사법연구 제26호(2006), 509-527쪽.

4 상세히는 R. Dworkin, *Hard Cases*, 88 HARV. L. R. 1061-1062 (1975).

5 *Id.*

해야 한다.[1] 이때 법관의 임무는 각각의 법원리가 자리해야 할 위치를 파악해 그에 따른 정당한 하나의 대답을 찾아내는 데 있다[§6/10-11 참조].[2] 형량 결과 특정 법원리에 따른 결론을 채택하지 않더라도 그 원리가 폐기되는 것은 아닌데, 다른 사안에서는 그 원리가 지시하는 바에 따른 결정이 나올 수 있기 때문이다.[3] 이처럼 상호대립하는 원리들이 충돌한다는 것이 의미론적 모순관계를 뜻하지는 않으며, 오히려 이를 모순으로 파악해 그중 하나를 완전히 포기하는 것이야말로 그에 따른 도덕적 견해를 결함 있는 것으로 만든다.[4]

8 법규칙의 배후에는 언제나 이를 지지해 주는 법원리가 존재하고, 사안에 따라서는 일련의 법원리들(set of principles)이 하나의 결론을 지시할 수도 있다. 그러나 법원리 그 자체는 이상적 당위(ideales Sollen)로서 잠정적 근거에 머무른다.[5] 가령 증거능력판단 영역에서 진실규명요청과 적법절차원칙이 동일한 결론을 지시하는 경우가 있으나(가령 위법수집증거이면서 신빙성도 의심되는 경우), 그렇다고 이들이 확정된 내용을 포함하지는 않는다. 보다 많은 경우 양자는 충돌관계에 있고 그 상대적 비중이 달리 규정될 수 있다. 반면, 요건이 불확정적이라도 효과가 확정적이라면 이는 법규칙이며(일반조항적 법규칙), 포섭단계에서 법원리가 영향력을 행사해도 그것은 현실적 당위(reales Sollen)이자 확정적 근거다.[6]

9 법규정의 문언과 형식만으로 그것이 법원리인지 법규칙인지를 항상 용이하게 식별할 수 있는 것은 아니다. 통상의 규칙과 일반조항적 규칙 간 구별도 언제나 명료하지만은 않다.[7] 또 법체계상 규범원리로 기능한다는 점에 이견이 없으면서도 정작 그것을 선언하는 명문의 규정이 없는 경우도 흔하다. 가령 진실규명원칙은 형사소송법의 법원리이나 막상 이것을 명시적으로 규정하고 있는 조항은 없고 다만 여러 법규칙들에서 간접적으로 표현되어 있을 뿐이며(제3조, 제139조, 제245조, 제361조의5 제14호, 제383조 제4호 등),[8] 위법수집증거배제법칙 또한 제308조의2

---

1 로베르트 알렉시(이준일 譯), 기본권이론, 한길사(2007), 120-131쪽.

2 R. Dworkin, Taking Rights Seriously 279-290 (1978).

3 R. Dworkin, *The Model of Rules*, 35 U. Chi. L. Rev. 26-27 (1967); 로베르트 알렉시(박정훈 譯), "법체계와 실천이성", 법철학과 사회철학 제3집(1993), 92쪽.

4 R. Dworkin, Law's Empire 270-271 (1986).

5 Dworkin, *supra* note 3, at 28-29, 36.

6 알렉시, 앞의 책, 137쪽.

7 Dworkin, *supra* note 3, at 27-29.

8 변종필, "형사소송에서의 진실개념과 형사소송구조", 형사정책연구 제7권 제3호(1996), 207쪽.

가 입법되기 전에는 법문상 표현되어 있지 않은 법원리였다. 실체법영역에서는 책임원칙이 그러한 특성을 지니고 있다.[1] 그러나 법원리와 법규칙은 엄격히 범주를 달리하는 별개 종류의 기준(seperate sorts of standards)이다.[2] 법원리의 적용에는 형량이 가능하고 또 요구되는 반면, 법규칙의 적용에 형량은 필요하지도 가능하지도 않다.

10 원리충돌사안에서 어떤 원리에 우선순위를 둘 것인지에 대한 판단은 해석자마다 상이할 수 있다. 즉, 개별사안에서 원리 간의 상대적 비중과 서열에 관해서는 다양한 관점이 있을 수 있다. 그러나 이것이 법원이 재량 또는 정책적 고려에 따라 임의로 하나의 원리를 선택해 그것에 우선순위를 부여할 수 있음을 의미하지는 않는다.

> 이에 관해 드워킨은 헌법규정들, 제정된 법규범들 및 선례들을 가장 잘 정당화해주는 원리들과 그들 간의 비중을 포함하는 이론에 따른 해결을 모색한다. 반면, 알렉시는 원리들의 상대적 비중을 완전하게 체계화한 법이론은 가능하지 않다는 전제하에, 특정한 법원리에 우선순위를 부여하여 내린 결정을 정당화하기 위한 합리적 기준, 즉 법원리에 기초한 근거제시의 합리성을 보장하기 위한 일련의 형식들과 규칙들을 제시한다(규칙-원리-절차모델).[3]

11 물론, 존재론적으로 모든 실천적 문제에 대해 단지 하나의 대답만 가능하다는 명제는 받아들일 수 없다.[4] 판결하기 어려운 사안에서도 단지 발견하는 것이 문제될 뿐인 유일한 정답이 미리 놓여있는 것은 아니다.[5] 그러나 그러한 사안에서 수소법원은 '정당한 하나의 대답(one right answer)'[6]이 존재함을 사유상으로 전제하면서 원리 간의 비중과 중요성을 가늠해야 하고, 그 결과로 도출된 자신의 결정이 유일하게 정당한 대답임을 논증해 보여야 한다. 만약 그러한 과정이 불필요하다면 (특히, 다양한 법인식 및 해석가능성이 존재할 때) 법관이 일정한 근거를 통해 제시한 해석은 언제나 그 자체로 정당화될 것이며, 이로써 해석의

---

1 변종필, "형벌조항에 대한 위헌심사와 책임원칙", 형법해석과 논증, 세창출판사(2012), 280쪽.

2 R. Dworkin, *The Model of Rules*, 35 U. Chi. L. Rev. 29 (1967); 로베르트 알렉시(이준일 譯), 기본권이론, 한길사(2007), 115-118쪽.

3 상세히는 로베르트 알렉시(변종필/최희수/박달현 譯), 법적 논증 이론, 고려대학교출판부(2007), 266쪽 이하.

4 알렉시, 위의 책, 431-432쪽.

5 알렉시, 위의 책, 191-211, 661쪽.

6 R. Dworkin, Taking Rights Seriously 81, 279-290 (1978).

다양성을 둘러싼 논쟁은 특별한 의미를 지니지 못하게 될 것이기 때문이다. 요컨대, 법규칙이 존재하지 않는 사안에서도 법관은 법으로부터 자유로운 영역에 있지 않고, 법으로부터 얻어질 수 있는 대답을 법해석을 통해 확정해야 하는 과제 앞에 있다.[1]

이로써 '모든 법적 문제에는 유일하게 정당한 대답이 있다'는 테제는 최소한 법원의 근거제시와 결정을 위한 규제적 이념(regulative Idee)으로 작동하게 된다.[2] 이와 달리 실증주의적 규칙모델에서는 법규칙에 의해 결정을 확정할 수 없는 경우 문제해결을 법관의 자유재량에 맡기게 되는데, 이때 재량행사에 도입되는 척도는 법외적 기준에 다름 아니다.[3]

제2관 하자치유 문제의 경우

Ⅰ. 원리충돌사안

형사소송법은 극소수의 몇몇 소송행위에 대해서만 하자치유에 관한 규 12
정을 두고 있을 뿐(가령 제269조 제2항, 제320조) 하자치유의 허부와 그 요건·절차에 관한 일반적 법규칙은 두고 있지 않다. 엄밀히는 그러한 규정을 두는 것 자체가 법체계상 다소 모순적이라고 할 수도 있는바, 이는 효력규정의 규범력을 입법자 스스로 축소하는 셈이기 때문이다. 이에 통상의 소송행위에 관해 그 종국적 효력유무를 둘러싸고 검사와 변호인 간 첨예한 공방이 벌어지는 경우는 판결하기 어려운 사안에 속하며, 이때 수소법원은 법원리에 기대어 판단해야 한다. 그렇다면 여기서 필요하고도 중요한 것은 구체적 사안에서 하자치유를 인정하라고 또는 인정하지 말라고 지도하는 각 법원리의 실체와 그 내용을 확정하는 작업이라 할 수 있다.

---

1 카티야 랑엔부허(변종필 譯), "영미 법이론에서 법관의 역할", 법철학연구 제6권 제1호(2003), 336쪽.

2 로베르트 알렉시(변종필/최희수/박달현 譯), 법적 논증 이론, 고려대학교출판부(2007), 432-433쪽; 강일신, "정합적 법해석의 의미와 한계", 법철학연구 제17권 제1호(2014), 245-246쪽.

3 변종필, "법규칙과 법원리 구별의 유용성과 한계", 강원법학 제34권(2011) 314쪽.

13 하자치유를 인정해서는 안 된다는 결론이 일반적으로 적법절차원칙으로부터 도출될 수 있음에는 별단의 논증이 필요치 않다. 효력규정에 위반한 소송행위의 효력을 부인해야 한다는 요청은 그 자체 적법절차원칙에서 이끌어 낼 수 있는 결론이다. 더욱이 하자치유 여부가 문제되는 사안들의 면면을 들여다보면, 그 위반된 효력규정들은 대체로 (방어권보장이나 공정한 재판 원칙과 긴밀히 연관돼있는) 법의식의 근저에 자리잡은 기본가치를 실현하기 위한 조항으로서 법치국가적 형사소송의 핵심을 이룬다. 따라서 문제는 적법절차원칙과는 달리 개별사안에서 하자치유를 인정해야 한다는 결론을 지시하는 법원리가 무엇인가 하는 것이다. 제2장에서는 그 원리가 무엇이고, 개별사안에서 적법절차원칙과의 사이에서 어떠한 방식으로 형량이 이루어져야 하는지의 문제를 다룬다.

Ⅱ. 규칙적용사안

14 형사소송법은 일부 소송행위에 관해서는 무효인 경우의 효과를 직접 법규칙으로 규정하고 있다. 가령 재정신청이 법률상 방식에 위반해 무효인 경우에는 기각결정을 해야 하고(제262조 제2항 제1호), 상소가 법률상 방식에 위반해 무효인 경우 원심법원 또는 상소법원은 상소기각결정(제360조 제1항, 제362조 제1항, 제376조 제1항, 제381조)을 해야 하며, 공소제기가 법률의 규정에 위반하여 무효인 경우 수소법원은 공소기각판결을 해야 한다(제327조 제2호). 재정신청, 항소·상고, 공소제기가 법률상의 요건이나 방식에 위반하여 무효인 경우에 관해 입법자는 그 확정적 법률효과로서 위와 같은 형식재판을 규정하고 있는 것이다. 이들 사안에서 적법절차원칙으로부터는 그 효력을 종국적으로 부인하라는 요청이, 그와 대척점에 있는 다른 법원리로부터는 일정한 경우 그 위법을 불문에 부친 채로 종국판단으로 나아가야 한다는 결론이 도출될 것이나, 입법자는 이들 원리 사이의 형량을 끝낸 결과물이자 확정적 명령으로서 위 규정을 제정한 것이다. 따라서 여기서 재판부의 형량은 불가능하며, 각각의 경우에 소송행위의 하자는 치유될 수 없다. 이러한 결론은 특히 공소제기가 무효인 사안에서 실천적으로 중요한 의의를 갖는바, 상세히는 제3장에서 다루기로 한다.

제2절 원리충돌사안[1] §7

제1관 하자치유를 지시하는 법원리

Ⅰ. 기존의 이해: 절차유지원칙

1. 개 념

1 대부분의 형사소송법 개론서들은 하자치유를 인정하는 근거가 되는 법원리로서 이른바 '절차유지원칙(手続維持の原則)'을 원용한다. 특히 자주 찾아볼 수 있는 설명은, 소송절차는 다수의 소송행위가 축적됨으로써 조성되기에 앞선 소송행위가 무효이면 뒤의 소송행위도 무효로 되나 이는 형사사법의 비경제를 초래하므로, 일정한 경우 그 치유를 인정해야 할 필요가 있고, 그 근거가 바로 이 원칙이라는 것이다.[2] 판례도 비록 이를 하자치유의 직접적 근거로 원용하지는 않지만, "형사소송절차에 있어서는 기본적으로는 법적 안정성과 형식적 확실성이 요구되는 것이므로, 절차유지의 원칙상 민법상의 취소와 같이 소송행위의 효력을 소급적으로 소멸시키는 취소는 인정되지 않는 것"이라 하여 이를 형사소송의 원칙(legal principle)으로 받아들인다.[3]

2 문헌상 절차유지원칙은 크게 세 가지 의미로 풀이되고 있다. i) '소송행위에 하자가 있는 경우라도 이를 기초로 일단 소송절차가 진행된 이상, 가급적 절차 전체의 효력을 유지해야 한다는 요청'이라는 정의,[4] ii) '실체형성에 변화가 오더라도 그전의 소송행위를 번복해서는 안 된다는 요청'이라는 정의,[5] iii) 위 둘을 혼합한, '기존에 진행되어 온 과정에 절차상 하자가 있거나

---

1 이 절은 약자보호의 법사상과 절차의 사법정형성에 대한 기존 문헌[변종필, 형사소송의 진실개념, 세종출판사(1999), 69–80쪽; 변종필/나기업 §16–17]과 나기업, "형사소송에서 하자의 치유와 책문권포기", 저스티스 제201호(2024), 93–94쪽의 서술에 기초한다.

2 배종대/이상돈 141쪽; 배종대/홍영기 34쪽; 신양균/조기영 512쪽; 이은모/김정환 126쪽.

3 대법원 1996. 10. 11. 선고 96도1698 판결; 2001. 10. 16.자 2001초428 결정; 2024. 4. 12. 선고 2023도13707 판결.

4 백형구 182–183쪽; 신현주 182쪽.

5 배종대/이상돈 31쪽; 손동권/신이철 145쪽; 신동운 538쪽; 이재상/조균석/이창온 454쪽; 정웅

실체관계와 상응하지 않는 결과가 개입되더라도 관성에 따라 그와 같은 하자가 치유된 것으로 보고 이미 경과된 소송의 단계를 그대로 유지하고자 하는 원리'라는 정의[1]가 그것이다. ii)에 따르면 실체면과 관계없는 순수 절차법규 위반의 하자치유는 절차유지원칙에서 도출되지 않기에, 그러한 치유를 인정하는 근거를 절차유지원칙으로부터 찾는 방법론은 i)이나 iii)의 설명을 취할 때에만 가능해 보인다. 그러나 실제로는 ii)와 같이 정의하는 문헌 상당수가 하자치유 문제에서 절차유지원칙을 언급하고 있어[2] 다소 혼란이 있다.

3 연혁적으로, 절차유지원칙은 단도 시게미츠(團藤重光) 교수가 주창한 형사절차이분설에서 비롯된다. 이에 따르면 형사절차는 실체면과 절차면으로 양분되고, 실체면은 실체법이 소송을 통해 구체적으로 실현되는 과정으로서 부동적(浮動的) 법률상태로서의 성질을 가짐에 반해 절차면은 법률관계로서 앞의 행위를 기초로 계속 연결·축적되는 성질을 지니므로, 설령 실체형성에 변경이 있더라도 이미 행해진 종전의 절차를 번복해서는 안 된다는 요청이 제기되는데, 이를 가리켜 절차유지원칙이라고 한다.[3] 이러한 설명은 ii)의 정의와 일치한다.

2. 비 판

4 (1) 전제에 대한 의문 형사소송에서 '앞의 소송행위가 무효이면 뒤의 소송행위도 무효'라는 하자승계적 언명[4]은 소송절차에 일반적으로 적용될 만한 명제라고 할 수 없다. 주지하다시피 실체형성적 소송행위에 관해 이 명제는 대부분의 경우 관철될 수 없다. 이를테면 증인 A에 대한 신문이 무효였다고 해서 그 후 행해진 증인 B에 대한 신문이 무효가 되는 것은 아니며, 이는 증인 B에 대한 신문사항이 증인 A에 대한 신문으로 획득된 정보에 기초하고 있더라도 마찬가지다. 또한, 피고인신문에 무효원인이 있다고 해서 최후변론이 무효로 되지 않고, 현장검증에 무효원인이 있더라도 검증현장에서 행해진 증인신문은 무효로 되지 않는다. 증거동의에 무효원인이 있는 경우에

석/최창호/김한균 310쪽.

1 배종대/홍영기 33－34쪽.

2 배종대/이상돈 160쪽; 손동권/신이철 141－143쪽; 정웅석/최창호/김한균 445쪽.

3 團藤重光 121－122, 141－142쪽; 백형구 182쪽; 신동운 538－540쪽.

4 강동범, "소송행위의 하자와 치유", 고시계 제43권 제7호(1998), 21쪽; 배종대/홍영기 §6/10; 신현주 182쪽.

제311조 내지 제316조의 요건이 갖춰지지 않으면 해당 전문증거에 대한 증거조사로 획득된 증거자료를 유죄인정의 근거로 쓸 수 없는 것도, 어디까지나 제310조의2가 규정한 증거배제효 때문이지 증거동의가 무효임에 따라 증거조사도 무효로 되기 때문은 아니다. 증인신문에서 참여권 보장을 위한 통지를 결했거나 피고인측에 반대신문기회를 보장하지 않은 경우에 원칙상 해당 증언의 증거능력이 부인되는 것도 위법수집증거배제법칙이 적용된 결과로서 위와 같은 이른바 하자승계론과는 문제의 평면을 달리한다.

5 한편, 이 명제는 절차형성적 소송행위에 관해서도 보편적으로 적용되기 어렵다. 가령 공소제기나 공소장변경이 무효라 해서 그에 터잡은 사실심리절차가 무효로 된다거나, 변론종결에 이르기 전의 절차에서 무효원인이 있다 해서 판결이 당연무효로 되는 것이 아니다. 또 상소제기나 상소이유서제출이 무효임에도 다양한 이유에서 항소법원이 굳이 사실심리절차를 거쳐 결심을 하고 상소기각결정을 하기도 하는데 이때도 증거조사나 피고인신문이 무효로 되지는 않는다. 그리고 예컨대 공소장변경절차에 무효원인이 있었음이 선고 직전 드러남에 따라 변론을 재개해 공소장변경을 다시 한 경우 최후변론 및 변론종결을 다시 해야 하겠으나, 이는 변론재개에 따른 당연한 효과일 뿐 앞선 소송행위의 무효원인이 뒤의 소송행위로 승계됐기 때문은 아니다.

공소제기가 무효라도 그 소송절차에서 작성된 각종 조서의 증거능력이 부인되지 않음은 물론이다. 친고죄에서 고소가 없음에도 공소가 제기된 경우 그 공판절차상 소송행위는 모두 무효라는 견해가 있으나,[1] 동의할 수 없다.

6 전술했듯, 특정 원인으로 일정범위의 소송행위가 모두 무효로 될 수는 있다[§3/55-73 참조]. 예를 들어 필요적변호사건에서 변호인 없이 공판절차를 진행했거나,[2] 국민참여재판 대상사건에서 국민참여재판 의사확인절차를 누락한 채 또는 국민참여재판 신청에 대한 결정 없이 통상절차를 진행한 경우,[3] 해당 절차에서 행해진 소송행위는 그 전체가 무효이다. 그러나 이는 필요적변호사건에서의 변호인선정이나 국민참여재판신청에 대한 허부의 결정이 해당 소

---

1 신현주 181쪽.

2 대법원 1995. 4. 25. 선고 94도2347 판결; 2002. 6. 14. 선고 2002도1639 판결; 2002. 9. 24. 선고 2002도2544 판결; 2011. 9. 8. 선고 2011도6325 판결 등.

3 대법원 2011. 9. 8. 선고 2011도7106 판결; 2013. 1. 31. 선고 2012도13896 판결.

송절차에서 개별 실체형성행위가 효력을 갖기 위한 기본적 전제조건이기 때문이지 그에 앞서 무효인 선행행위가 있기 때문이 아니다(애초 선행행위 자체가 없다). 최초 무효원인이 후속 소송행위로 승계됐다기보다는 처음부터 개별 실체형성행위 하나하나에 모두 무효원인(제282조 위반 또는 국참법 제10조 위반)이 있는 사안들인 것이다.

7 요컨대, 무효인 소송행위는 '판결에 영향을 미친 위법'으로서 상소·비상상고에 의한 시정의 대상이 되고, 그리하여 이를 다시 행하거나 그 존재가 무시되는 등으로 하자가 제거되어 종국판결의 내용이 달라질 수 있으나, 일반적으로 해당 소송행위 이후에 행해진 소송행위나 소송절차 전체가 무효로 돌아간다고 볼 수는 없다. 이 점에서 하자치유의 인정근거를 '선행행위의 무효로 인한 후행행위의 무효화'를 막으려는 데서 찾는 접근방법은 적절치 않다고 하겠다. 현실적으로도 개별사안에서 특정 소송행위에 무효원인이 있다 하여 그 이후의 소송행위나 소송절차가 모두 무효임이 다퉈지는 경우는 드물며, 실제 쟁점이 되는 것은 어디까지나 핵심적인 특정 소송행위의 효력을 부인할 것인지 여부이다. 피고인과 변호인이 진정 바라는 것도 문제가 된 소송행위 이후에 이루어진 절차의 초기화 또는 반복이 아니라, 그 소송행위가 공소제기인 경우에는 형식재판, 특정 증거조사인 경우에는 그에 터잡아 획득된 증거자료의 배제(나아가, 공소사실 전부나 일부에 대한 무죄판결)라 할 수 있다.

8 ⑵ 규범원리성에 대한 의문 다음으로, 설령 절차유지원칙을 단지 '절차상 하자 있는, 또는 전제된 실체관계가 변경되기 전의 소송행위라 해도 그 효력이 유지되어야 한다는 요청'으로 정의하더라도, 거기에 법규범으로서의 성격을 인정할 수 있는지의 문제가 제기된다. 이는 비록 표현상 '원칙'이라는 말이 포함되어 있기는 하지만, 소위 '절차유지원칙'이 과연 그 자체 독자적 법원리인지,[1] 만약 다른 규범원리의 하위원칙이거나 이로부터 파생된 것이라면 그 다른 법원리는 무엇인지의 문제이다.

9 통상 절차유지원칙의 근거로 법적 안정성이나 소송경제를 들고 있으나[2] 그 이론적 근거는 불명확하다. 먼저, i) 법적 안정성은 개별사건에서의 동적 안정성을 넘어 법질서 자체의 평화 및 규범력과 밀접하게 관련되어 있다. 하

1 이를 독자적 법원리로 보는 견해로는 배종대/홍영기 34쪽.

2 배종대/이상돈 160쪽; 백형구 186쪽; 신현주 67, 182쪽; 이은모/김정환 126쪽; 차용석, "소송행위의 가치평가와 하자의 문제(下)", 고시연구 제19권 제8호(1992), 143쪽.

자치유를 인정함은 결국 효력규정의 법효과를 당해사안의 특수한 사정을 이유로 포기하는 것으로서 결과적으로 법과 법 실현의 확보를 희생시키게 되므로, 이를 가리켜 법적 안정성에 부합한다고 할 것은 아니다. 그것은 단지 현상적·사실적 차원의 안정성일 뿐, 규범적 차원의 안정성이라고 할 수 없다. ii) 소송경제는 제한된 사법자원을 사건의 난이에 따라 효율적으로 배분해 효용을 극대화하려는, 말하자면 자원배분의 합리성이라는 법경제학적 관점의 용어로서[1] 본질상 정책적 성격을 띤다. 형사사법체계를 설계하는 입법자는 이를 고려할 수 있고 또 그것이 일정 부분 필요하나, 권력분립원칙상 법원은 개별사안에서 정책논거를 원용할 권능을 부여받지 않고 부여받아서도 안 된다.[2] 규범영역을 떠나 사실적 측면에서 소송경제를 추구하는 것 역시 효력규정의 구획 안에서만 허용될 뿐, 이를 '비용보다 편익이 더 크다면 절차규정의 규범력을 축소·포기할수 있다'는 합목적적 명제로 치환할 수는 없다.

신속한 재판 원칙을 근거로 들 수 있는지가 문제될 수 있다. 재판의 신 10
속성 보장의 취지를 이른바 실체진실의 발견이나 재판에 대한 국민의 신뢰제고 등 기능적 합리성 측면에서 이해하는 관점[3]에서는 그것으로부터 절차유지원칙을 이끌어내는 방법론이 가능할 것이다. 그러나 신속한 재판 원칙은 널리 적법절차원칙의 한 내용을 구성하는 하위원리일 뿐, 적법절차원칙과 대등한 위상을 갖는 독자적 소송목적은 아니다.[4] 헌법 제27조 제3항이 이를 기본권의 형태로 규정한 데서도 드러나듯, 이 원칙은 근본적으로 피고인의 인권보장(피고인의 법적 지위를 장시간 불안정한 상태에 놓이지 않게 함)에 그 취지가 있기 때문이다. 위와 같은 기능적 합리성을 위해 추구되는 신속한 재판은 필연적으로 피고인의 절차조항의 규범력과 피고인의 이익을 희생시키게 되는바, 이는 헌법이 신속한 재판 보장을 피고인의 기본권으로 규정한 취지에 어긋난다. 이에 앞선 개념들과 마찬가지로 재판의 신속성 역시 하자치유의 근거로 될 수 없다.

생각건대, 이른바 절차유지원칙은 엄밀한 의미에서의 '원칙', 즉 법원리 11

1 이상돈, 기초법학(제2판), 법문사(2010), 352쪽.

2 변종필, "형법해석에서 법정책적 논거원용의 타당성문제", 형사법연구 제26호(2006), 509–527쪽; R. Dworkin, *Hard Cases*, 88 Harv. L. R. 1061–1062 (1975); N. MacCormick, Rhetoric and the Rule of Law 103–104 (2005).

3 백형구, "형사소송의 목적, 특히 재판의 신속에 관하여", 고시연구 제8권 제10호(1981), 150–151쪽; 이재상, "재판의 신속", 고시연구 제13권 제5호(1986), 149쪽.

4 변종필, "형사소송과 범죄투쟁, 그리고 인권", 비교형사법연구 제5권 제2호(2003), 930쪽.

로 인정될 수 없으며, 형사소송에서 굳이 이러한 개념을 채용할 필요도 없다. 소송절차의 발전적·동적 성격은 그 자체 목적이 아니라 소송절차의 태생적 특징에 불과하며, 이를 구현하기 위한 법규칙들은 어디까지나 적법절차를 통해 적확하게 사안을 확정하고 공정한 법적 판결을 획득해야 한다는 형사소송(법)의 목적 및 그에 터잡은 법원리들에서 연유한다. 소위 '동적 안정성'이라는 용어로 표현되는 절차지속의 필요성은 이러한 요청들에 대항해 그 자체 규범적 기준이나 지향가치가 될 수는 없다. 절차법의 동적 성격을 강조함은 실체법이 갖는 정적 성격과의 비교를 위한 강학상 서술이지 그것이 이상적 당위라서가 아니다. 오히려 절차법에는 소송절차를 멈추거나(공판절차 정지제도), 과거로 돌리거나(파기환송 제도), 해소하는(형식재판 제도) 장치들도 적잖이 있는데, 이들은 소송추행 그 자체는 결코 독립목적이 될 수 없음을 말해주는 것이기도 하다.

12 절차법의 발전적·동적 특징에 당위적 성격('절차는 계속되어야 한다', '절차는 유지되어야 한다', '절차는 발전되어야 한다')을 부여하는 방법론은 형사소송 고유의 목적보다도, 절차 그 자체의 추구라는 기능적 사고를 부추겨 보호형식을 희생시키는 형사사법실무로 귀결될 우려가 있다[§7/33-35 참조]. 이른바 절차유지원칙은 형사소송법의 목적이나 구조원칙에서 도출되는 규범원리라 할 수 없으며, 이는 단지 무효선언 및 절차반복으로 인한 번잡함과 귀찮음을 회피하고자 하는 법원의 주관적·자의적 관심을 원리논변 형태로 둔갑시키는 기능만을 수행할 수 있다.

Ⅱ. 새로운 이해: 진실규명원칙

1. 하자사안의 진실관련성

13 (1) 실천적 측면 현실에서 소송행위의 하자치유 여부는 통상 그로 인해 종국판결의 결론이 달라질 가능성이 있거나 달라질 것이 명백한 경우에 쟁론되는바, 그 문제상황은 대체로 둘로 나뉜다.

14 첫째는 이미 진행된 소송절차 중 일부 또는 전부를 무위로 돌릴지가 논의되는 경우다. 여기서는 진실규명요청과 관련해, i) 효력규정의 규범력을 좇아 이미 현출된 증거나 그에 따라 형성된 심증의 일부 또는 전부를 백지화하고 해당 증거조사를 다시 하거나 아예 무죄판단을 할 것인지, 아니면 ii) 그 증거자료에 터잡아 심증을 형성하거나 그러한 심증에 따른 결론대로 판결할

것인지가 쟁점화된다. 이는 많은 경우 특정 증거조사절차에서 발생한 하자를 주장해 증거능력을 다투는 형태를 띠지만, 그 증거조사의 불가결한 전제가 되는 절차형성행위의 하자나 부작위(공판절차갱신 누락 등)를 문제삼는 형태로 나타나기도 한다. 경험적으로 그러한 문제들은 소송절차 초기에는 잘 제기되지 않으며, 핵심적 증거자료의 내용이 공판정에 현출됐거나, 법원의 심증이 상당히 형성되어 (구체적 소송지휘의 형태로든, 재판장 등 법관의 발언으로든) 외부에 표출됐거나, 제1심법원의 유죄판결에 대해 항소가 제기된 때 비로소 다퉈진다.

둘째는 소송행위의 하자가 그 자체 소송조건의 흠결로 연결되는 경우에 15
이를 문제삼아 형식재판 또는 파기판결을 할 것인지 아니면 그것을 불문에 부칠 것인지가 논의되는 경우다. 이 문제는 i) 소송절차가 상당히 진행된 이후에 비로소 제기되기도 하지만, ii) 소송절차 초기에 제기되는 수도 적지 않다(모두절차에서 관할위반신청을 하는 경우, 제1회 기일 전에 변호인의견서로 공소장일본주의 위반을 지적하는 경우 등). i)에서 절차참여자들의 주된 관심사는 증거조사의 결과에 따른 유·무죄의 심증을 그대로 실체재판으로 옮길지 아니면 그것을 모두 포기한 채 공소기각 등 판결을 할지 여부다. ii)에서는 일단 해당 공소사실에 관해 쟁점정리의 단계를 벗어나 사실심리절차로 나아갈 것인지가 문제되는데, 이 역시 (비록 이미 형성된 심증을 포기할지의 문제보다는 미약하지만) 널리 진실탐구의 문제에 속한다. 그리고 현실적으로 수소법원이 소송조건 흠결(또는 그 가능성)을 인지한 때에도 여러 이유에서 부득불 증거조사로 나아가는 예도 적지 않은바, 이 경우 이미 형성된 심증을 무산시킬지의 문제가 추후 필연적으로 발생한다.

이러한 쟁점상황들은 실무상 소송행위의 하자치유 여부는 결국 심증이 16
나 그 형성의 포기 여부로 연결되며, 그에 관한 절차참여자들 간 논의가 강하게든 약하게든 진실추구 문제와 결부됨을 보여준다. 요컨대, 현실에서 하자치유 문제는 실체재판－형식재판 간, 또는 유죄판결－무죄판결 간 경계에서 적법절차요청과 (최대한의 증거판단을 요구하는 법원리인) 진실규명요청 사이의 충돌국면으로 나타난다. 물론 판결문상 그러한 충돌양상이 표현되지 않을 수도 있으나[§14/14 참조], 포기할 증거자료나 심증이 존재하지 않는 단계에서는 애당초 하자치유 문제가 불거질 까닭도 없다. 그 경우에는 하자를 불문에 부쳐 얻는 이익보다는 추후에라도 변호인 등이 이를 문제삼음으로써 발생할 위험이 더 크게 평가될 가능성이 크기에, 법원으로서도 하자치유를 선언하는 데 주저하게 된다.

17 (2) 방법론적 측면 한편, 방법론적 차원에서도 하자치유 문제는 위 두 원리 간 충돌의 문제로 파악될 수밖에 없다. 적법절차원칙이 형사소송(법)의 기본원칙이자 그 자체 목적이기도 한 이상 개별사안에서 이를 후퇴시킬 만한 중요성을 갖는 법원리는 진실규명요청밖에는 없기 때문이다. 유사한 문제상황은 위법수집증거배제법칙이 적용되는 사안에서도 나타나는바, 거기서는 판례상으로도 형량에 진실규명의 요청이 관여함이 명확히 드러난다. 즉, 대법원은 위법수집증거의 배제 여부 판단에 단지 증거조사절차 그 자체를 추구해야 한다는 필요성이나 이의권이 포기(증거동의)됐다는 사정은 일체 고려하지 않으며, 단지 그 증거가 진실의 재구성에 얼마나 절실한지, 그리고 위법의 정도가 얼마나 경미한지 여부를 주로 고려한다.[1] 여기서도 동일한 골격의 방법론이 채용된다. 이를테면 소송절차상 위법이 중요사건의 진실규명을 위해 반드시 필요한 증거의 획득과정에서 발생했거나 그 소송행위를 무효로 돌림으로써 포기하게 되는 진실이익이 현저히 큰 경우에는, 형량을 통해 문제의 소송행위를 유효한 것으로 취급할 수 있다. 가령 공소장이나 항소이유서의 부본이 적법하게 송달되지 않았으나 피고인이 다른 경로로 이를 확보하여 그에 관해 충분히 진술할 기회를 부여받았다면, 송달누락의 하자를 불문에 부쳤을 때 획득할 수 있는 진실이익(이미 형성된 심증대로 판결할 이익)에 비해 적법절차이익은 현저히 미약하다고 할 수 있으므로[§10/4-8 참조] 하자치유를 인정해도 무방하다.

18 물론, 위와 같이 형량을 통해 효력규정의 규범력을 포기하는 방법론에도 형사절차의 제도를 파괴할 위험성이 내재되어 있다.[2] 그러나 그 위협의 정도가 절차상 번잡의 회피나 신속한 재판진행 등 기능적합성 측면에서 하자치유를 정당화하는 접근방법에 비할 바는 아니다. 그러한 실무편익의 추구는 법규범으로 취급될 수 없을 뿐더러, 설령 일정 측면 원리나 가치로서 고려될 수 있다는 가정하에서도 개별사안에서 적법절차요청을 배제할 만큼의 비중은 지닐 수 없다.

---

1 대법원 2007. 11. 15. 선고 2007도3061 (全)판결; 인천지방법원 2018. 10. 10. 선고 2018노1842 판결; 부산고등법원(창원) 2019. 12. 17. 선고 2019노298 판결; 대구지방법원 2020. 9. 11. 선고 2019노5090 판결; 대구고등법원 2020. 5. 21. 선고 2019노537 판결 등.

2 빈프리트 하쎄머(변종필 譯), "형사소송에서 처분불가능한 것", 형법정책, 세창출판사(1998), 252쪽.

⑶ 실천적 차이점 하자치유의 근거를 이른바 절차유지원칙에서 찾는 견해와, 진실규명의 당위에서 찾는 견해의 각 실천적 차이점은 순수 절차형성적 소송행위에 하자가 있는 사안에서 나타난다. 진실규명요청은 최대한의 증거판단을 요구하는 원리인 만큼, 하자사안에서는 단지 실체형성적 소송행위의 효력유지만을 요구한다. 반면, 절차유지원칙은 소송절차의 동적·발전적 성격 그 자체를 위해 무효인 소송행위를 기초로 진행된 소송절차의 효력을 유지하려는 이론이므로, 순수한 절차형성행위에 하자가 있는 때에도 그 치유를 요구할 수 있다. 가령 필요적변호사건에서 변호인에 대한 통지를 누락한 채 공판정을 개정했으나 해당 기일에 변호인이 출석했고, 실질적 사실심리절차 없이 단지 증거결정이나 공소장변경허가신청·결정 등만 행한 후 속행을 예고했는데 차회기일에서 그 통지누락사실이 발견된 경우, 절차유지원칙의 관점에서는 그러한 하자가 치유된다는 결론을 이끌어낼 수 있다. 그러나 진실규명요청으로부터는 하자치유의 요청이 도출되지 않는데, 이 단계에서는 아직 보존할 심증이나 증거결과가 존재하지 않기 때문이다. 따라서 수소법원은 그 속행기일에서 종전 기일의 소송행위가 무효였음을 밝힌 후 증거결정이나 공소장변경허가결정 등 절차를 다시 행해야 한다. 19

2. 하자치유의 근거로서 진실규명원칙

결국, 개별사안에서 하자치유를 인정할지는 '절차유지원칙'의 적용 여부의 문제가 아니라, 진실규명의 요청과 적법절차원칙 중 어느 것에 우선순위를 부여하고 어느 것을 후퇴시킬지의 문제로 파악된다. 물론 두 원리는 이를테면 취득과정에 절차상 하자가 있는 증언이 신빙성조차 없는 경우처럼 구체적 사안에서 단일한 결론(증거배제)을 지시할 수도 있겠으나, 대체로는 각각에 따른 결론은 택일적 관계에 놓인다. 그런데 양자 간 형량국면의 발생 여부 및 그 양상은 여기서 진실규명요청의 내용을 어떻게 파악하는지에 따라 차이를 보일 수 있다. 20

⑴ 진실개념을 둘러싼 시각차 형사소송(법)이 추구하는 궁극적 목적이 무엇인지에 관해, 통상 실체적 진실 발견(materielle Wahrheitsfindung)과 적법절차 보장이 거론된다.[1] 이를 조합해 '적법절차에 따른, 실체적 진실 발견'을 21

1 신양균/조기영 15쪽; 이은모/김정환 16-17쪽; 이재상/조균석/이창온 22쪽 등; 대법원 2017. 5. 30. 선고 2017도4578 판결.

형사소송(법)의 궁극목적으로 제시하는 것이 지배적 견해다. 이에 따르면 형사소송의 주된 목적은 실체적 진실 발견이고, 적법절차원칙은 이를 통제하는 부차적 의미를 갖는다. 여기서 '실체적 진실'이란 특정한 시간과 공간에서 일어났던 역사적 사건으로서 인간의 인식활동 이전에 객관세계에 존재하는 실체를 가리키는 개념으로,[1] '형법상 범죄가 되는, 과거 발생한 있었던 그대로의 존재 또는 현실'을 의미한다.

> 엄밀히는 신속한 재판 원칙까지 포함해 'i) 적법절차에 따른 ii) 신속한 iii) 실체진실발견'을 형사소송의 목적이라고 함이 대체적이나,[2] 전술했듯 신속한 재판 원칙은 적법절차원칙의 내용일 뿐, 독자적 소송목적이라 할 수 없다[§7/10 참조].

22 형사소송에서 실체진실의 발견을 추구하는 이념적 태도를 실체진실주의라 한다. 이는 인식론상 진리대응이론에 기초한 것으로,[3] 소송절차에 선재(先在)하는 객관세계의 진실을 전제로 놓고, 공판정의 소송행위는 그것을 끄집어내 펼쳐 보이기 위한 일련의 과정으로 파악한다. 이러한 사고는 소송행위에 요건불비나 절차위반의 하자가 있다는 이유만으로는 그것을 통해 산출된 종국결론이 진실에 반한다고 보지 않는다. 오히려 그러한 사유로 소송행위를 무위로 돌리고 절차를 처음부터 다시 진행함으로써 그때까지 획득된 증거자료들을 심증형성의 기초에서 배제하는 것이야말로 '실체적 진실'을 외면하는 처사라는 결론이 여기서 자연스럽게 도출된다.

23 그런데 이러한 사유체계는 태생적으로 피고인에게 불이익한 결론을 지향하게 된다. 주지하듯, 실체진실주의는 i) 범인필벌주의로 식별되는 적극적 실체진실주의와, ii) '열 명의 범인을 놓치는 한이 있어도 한 명의 무고한 사람을 처벌해서는 안 된다(Better ten guilty go free than one innocent suffer)'는 격언(1769년 블랙스톤(W. Blackstone)이 제시한 격언이나, 이러한 사고 자체는 로마법시대까지 거슬러 올라간다)[4]으로 대표되는 소극적 실체진실주의로 나뉜다고 설명된다. 그러나 후자는 '피고인의 인권을 보호하기 위해서는 실체적 진실을 포기할 수 있다'는 의미로서 대응론적 진실추구관념과는

---

1 이상돈, "법관의 말행위와 올바른 법", 저스티스 제25권 제2호(1992), 157쪽.

2 대법원 2016. 12. 15. 선고 2014도1196 판결.

3 변종필, "형사소송의 목적과 '실체적 진실' 원칙", 안암법학 제4호(1996), 3쪽.

4 V. Halvorsen, *Is it Better that Ten Guilty Persons Go Free Than that One Innocent Person be Convicted?*, 23(2) CRIM. JUST. ETHICS 3 (2004).

거리가 멀다. '소극적 실체진실주의'란 실체사고와 절차사고의 충돌을 언어형식적으로 해결하기 위한 형용모순에 지나지 않는 것으로서 적법절차원칙의 변형태('소극적 실체진실주의'라 명명됨으로써 적법절차원칙은 실체진실주의라는 '상위개념'에 예속되며, 그 결과 인권보호기능보다는 진실발견을 제약하는 한계기능이 전면에 드러나게 된다)[1]에 불과하며, 실체진실주의의 고유한 의의는 적극적 실체진실주의에 있다. 그런데 이는 적대적 범죄투쟁을 지향하는 이념적 태도이므로 인권보장적 사고나 무죄추정과는 사물의 본성상 조화될 수 없다. 범인필벌사상과 블랙스톤 격언은 완전히 다른 사유체계에서 연유하며 구체적 사안에서 주로 제로섬관계에 놓인다.[2] 실체진실주의가 이를테면 무죄심증이 형성된 사안에서 절차상 하자가 발견되더라도 형식재판이 아니라 무죄판결을 하는 방향으로 작동하리라고 기대하기는 어렵다. 이는 대체로 유죄심증이 형성된 사안에서 절차상 하자가 발견됐을 때 이를 치유하려는 방향으로 작동할 수밖에 없다.

> '무고한 자를 처벌해서는 안 된다' 앞에 '열 명의 범인을 놓치는 한이 있어도'가 붙는 이유는, 무고한 사람을 전혀 만들지 않으면서 범인을 남김없이 처벌하는 형사사법은 있을 수 없기 때문이다. 죄 없는 자를 위한 탈출구로는 죄 있는 자들이 조금씩 섞여 빠져나갈 수밖에 없기에, 범인의 탈출을 감수하지 않으면서 무고한 자도 벌하지 않겠다는 호언은 허언(虛言)이다. 지금껏 판례는 그런 허황된 이상을 좇아 형식적 확실성을 무너뜨리는 온갖 법리를 도입했으나 결과적으로 형사사법의 복잡성과 예측불가능성만 증대시켰으며, 범인필벌사상과 블랙스톤 격언 간에는 조화가 아니라 선택과 포기만 가능하다는 사실만 확인시켰다.
>
> 적극적 실체진실주의 사고의 극단적 형태는 1937년 소련의 대테러사업에서 발견할 수 있다. 스탈린의 대숙청을 주도한 니콜라이 이바노비치 예조프가 한 말이 그것이다. "한 명의 스파이를 놓치는 것보다 무고한 사람 10명이 고생하는 게 낫다. 숲을 베다 보면 나무 조각이 튀기 마련이다."[3]

한편, 헌법과 형사소송법 기타 법규에서 정하는 절차를 충실히 경유하는 24
것에 중점을 두고, 그러한 절차를 통해 규명된 바가 곧 형사소송에서의 진실이라고 이해하는 시각도 있다.[4] 이러한 사유는 절차에 선재하는 객관적·절

1 변종필, "형사소송의 진실개념", 세종출판사(1999), 81쪽.

2 심재우, "당사자주의와 직권주의", 고시계 제22권 제1호(1977), 14－15쪽; 변종필, "형사소송법의 이념과 기본원칙", 법치국가와 형법, 세창출판사(1998), 430－431쪽.

3 S. Montefiore, Stalin: the Court of the Red Tsar 218 (2004).

4 변종필, "형사소송에서의 진실개념과 형사소송구조", 형사정책연구 제7권 제3호(1996), 209－224쪽; 이상돈, 형사소송원론, 법문사(1998), 31－36쪽; 양천수, "형사소송법상 실체진실

대적 진실을 상정하거나 이를 소송을 통해 획득한 증거결과와 비교 대조하려는 태도와는 제휴하지 않는다. 그 같은 전제하에서는 진실이란 애초에 법률상 정형화된 소송행위와 소송절차의 산물이기에,[1] 핵심적 소송행위에 중대한 하자가 있어 무효가 된다면, 올바른 사안확정의 가능성 또한 그만큼 감소한다고 본다. 이로써 그에 따른 심증을 '진실'이라고 규정하는 데도 극히 신중한 태도를 취하게 되며, 그 결과 개별사안에서 진실이익을 근거로 하자치유를 인정함에 매우 엄격한 잣대를 적용하거나, 처음부터 이를 인정하지 않는 결론을 제시하게 된다.

25 공소장에 기재된 범죄사실에 부합하는 충분한 증거가 있고 사실심리절차가 종료된 시점에서 그 전제가 된 핵심 소송행위에 무효인 하자가 있었음이 드러나거나 다퉈지는 경우, 적법절차원칙으로부터는 문제의 소송행위를 새로 하거나 그것이 위법무효임을 전제로 판결하라는 요청이 제시된다. 이때 i) 그러한 사실심리절차에서 도출된 결론이 실체적 진실에 합치하거나 상당히 근접한다고 평가될 경우, 이를 무위로 돌림은 실체진실주의에 배치된다. 실체적 진실개념을 채용하는 관점에서는 그 경우 하자치유를 인정할지 여부는 양자 간 형량의 문제다. 반면, ii) 형사소송에서 규명되는 진실을 절차적·구성적 개념으로 파악하고, 그러한 하자로 인해 공판의 사실심리절차를 합리적 논증대화의 전제로 삼을 수 없다고 평가한다면, 문제의 소송행위를 무효로 돌리더라도 진실이익에 반하지 않게 된다. 여기서는 양자간 형량 국면이 발생하지 않고 오히려 진실규명요청과 적법절차원칙의 각 요구가 중첩되어, 그 소송행위가 효력이 없음을 전제로 판결해야 한다는 법규칙이 있는 것과 비슷한 결과[2]가 된다.

26 (2) 검 토 소위 '실체'의 '발견'을 형사소송의 목적으로 보는 시각은 기본적으로 절차 밖에서 일어난 역사적 사실을 '있었던 그대로' 인식하는 것이 가능하다는 생각을 전제한다. 그러나 이는 형사소송에서는 애당초 불가능하다. 인간의 인식은 인식자 또는 해석자의 제반 주관적 요소들, 가령 그의

주의와 적정절차원칙에 대한 비판적 고찰", 경남법학 제23집(2008), 138－140쪽; 이정민, "디지털증거의 압수·수색과 절차적 진실", 형사법연구 제28권 제3호(2016), 164－165쪽.

1 변종필, 위의 논문, 220쪽.

2 R. Dworkin, *The Model of Rules*, 35 U. Chi. L. Rev. 35 (1967).

삶의 경험, 교육, 사전지식, 감정, 윤리적 판단, 가치관, 세계관 등에 의해 좌우되기 때문이다.[1] 법관을 비롯한 인식주체는 자신의 해석학적 선이해에 따라 정보를 취사선택하고, 이를 바탕으로 주관적으로 인식하고 해석한다.[2] 형사소송에서 사실확정과 관련된 언명의 진실성주장은 언제나 그 주장자의 일정한 주관적 요소들(인식과정상의 특별한 상황과, 현실로 지향된 그의 인식관심 등)에 의해 매개되는 효력요청인바, 객관세계에 존재하는 '실체적 진실'을 인식할 수 있다는 견해는 인식활동에서 이러한 주관적 작용요소들을 배제하기에 타당하다고 보기 어렵다.[3]

현실의 사태가 언어 및 일정한 주관성의 매개 없이 곧바로 인간의 의식 27
에 완벽하게 자리잡는다는 것은 인식론적으로 불가능하고, 누구도 시간을 거슬러 올라가 적나라한 객관적·역사적 실체를 '발견'하거나 '확인'할 수 없다.[4] 이에 형사소송에서의 진실은 소송참여자들간 대화와 구체적인 논증을 통해 법관에 의한 심증의 형태로 '재구성'되는 것일 수밖에 없다.[5] 형사소송은 정형화된 절차 속에서 범죄와 형벌의 귀속에 관한 소송주체 및 관련자들의 참여적 대화와 의사소통을 통해 변증론적으로 진실을 규명하려는 과정이다.[6] 따라서 형사소송의 진실은 의사소통적 조건에 의존하는 구성적·절차적 진실이며, 관건은 그것이 (객관적인 실체에 부합하는지가 아닌) 정당한 규범체계 아래에서 합리적 절차에 따라 재구성됐는지 여부다. 따라서 형사소송에서 i) 사실관계의 올바른 확정은 '실체적 진실 발견'이 아닌 '진실규명'으로, ii) 법원이 최대한의 증거판단을 통해 사안을 적확하게 확정해야 한다는 규범원리는 '실체진실주의'가 아닌 '진실규명원칙'으로 표현되어야 한다. '실체적 진실'이라는 표현을 사용하면서도 "실체적 진실은 절대적 진실을 의미하는 것이 아니고 상대적이며 유동적인 소송절차의 결과로서의 실체적 진실을 의미하는 것"이라는 설명[7] 역시 이와 비슷한 입장으로 분류할 수 있을 것이다.

---

1 변종필, "형사소송의 목적과 '실체적 진실' 원칙", 안암법학 제4호(1996), 20쪽.

2 변종필, 위의 논문, 6쪽.

3 변종필, "형사소송에서의 진실개념과 형사소송구조", 형사정책연구 제7권 제3호(1996), 213-214쪽. 객관성(objectivity)을 정의하는 것 자체가 어렵다는 지적으로 M. Damaška, *Truth in Adjudication*, 49 HASTINGS L. J. 292, 298-300 (1998).

4 변종필, 위의 논문, 219쪽.

5 변종필, "형사소송의 목적과 '실체적 진실' 원칙", 안암법학 제4호(1996), 11쪽.

6 김일수, "피고인의 소송법상 지위", 고시연구 제11권 제7호(1984), 153쪽.

7 신현주 178쪽.

구창모 부장판사는 판결문에서 이를 다음과 같이 표현하고 있다. “법관은 신(神)이 아니다. 법관의 판단이 모든 경우에 실체적 진실을 찾아내어 이루어진 것이라고 단언할 수 없다. 법관의 판단은 유한한 능력만을 가지고 있는 인간이, 나름 고도의 훈련과 노력을 통하여 그와 같은 사안에서 진실을 규명한 경험이 많은 상태임을 전제로 내린 ‘최선의 결과’일 뿐이다.”[1] “판결이 모든 경우에서 ‘진실’을 반영할 것이라는 보장은 그 어디에도 없다. 우리 사법체계도 이를 전제로 수립되어 있지 않고, 그럴 수 있을 것이라는 허황된 희망을 위안으로 삼아 운용되고 있지도 않다. 그럼에도 그와 같이 오판의 가능성이 있는 법원의 판단이 존중되고 수용되는 것은 우리 국가와 사회의 존속을 위하여 매우 중요한 문제이다. 그러한 국민의 수용·복종이 가능하려면, 그 판단이 모든 경우에 진실을 반영할 수는 없다고 하더라도, 압도적으로 많은 경우에서 그러하여야 하고, 기본적으로 헌법과 법률이 선언하고 채택한 기본원칙만큼은 온전히 지켜져야 한다. 사실은 여기에서 기본원칙의 준수가 결론의 타당성을 압도하는 중요성을 가지는 것[이다].”[2] 다만, ‘기본원칙의 준수가 결론의 타당성을 압도’한다보다는, ‘기본원칙을 준수해 내려진 결론만이 타당’하다고 함이 적절하다고 본다.[3]

28 가령 증인신문절차에서 퇴정 후 신문시의 요지고지의무를 위반하거나 반대신문기회가 실질적으로 보장되지 않은 경우 그 증인신문은 무효이며, 해당 증언(또는, 그 내용을 적은 증인신문조서)은 위법수집증거로서 증거능력이 없다. 이에 관해 판례는 “피고인에게 불리한 증거인 증인이 주신문의 경우와 달리 반대신문에 대하여는 답변을 하지 아니하는 등 진술내용의 모순이나 불합리를 그 증인신문과정에서 드러내어 이를 탄핵하는 것이 사실상 곤란하였고, 그것이 피고인 또는 변호인에게 책임있는 사유에 기인한 것이 아닌 경우라면, 관계법령의 규정 혹은 증인의 특성 기타 공판절차의 특수성에 비추어 이를 정당화할 수 있는 특별한 사정이 존재하지 아니하는 이상, 이와 같이 실질적 반대신문권의 기회가 부여되지 아니한 채 이루어진 증인의 법정진술은 위법한 증거로서 증거능력을 인정하기 어렵다. 이 경우 피고인의 책문권포기로 그 하자가 치유될 수 있으나, 책문권포기의 의사는 명시적인 것이어야 한다”고 하여, 반대신문기회가 실질적으로 보장되지 않은 하자가 책문권포기로 치유될 수 있다는 입장을 취하고 있다.[4] 이처럼 반

1 청주지방법원 2017. 5. 19. 선고 2017노237 판결.
2 청주지방법원 2018. 3. 23. 선고 2017노1218 판결.
3 변종필, 형법해석과 논증, 세창출판사(2012), 331쪽 참조.
4 대법원 2022. 3. 17. 선고 2016도17054 판결.

대신문권이 실질적으로 침해된 사안에서, 공판절차에 선재하는 객관적·실체적 진실개념을 전제하는 입장은 해당 증언 자체의 실체 부합 여부(또는 부합 가능성 정도)를 평가하려 할 것이다. 이 경우 그것이 진실'발견'에 긴요하다고 판단된다면, 해당 증인신문의 효력 및 그 증언의 증거능력을 인정함에 적법절차원칙과 실체진실주의 간 형량이 불가결하게 된다. 반면, 의사소통적·절차적 진실개념에서는, 그러한 증인신문은 피고인의 충분한 참여기회와 의사소통을 보장하지 않았고 결과적으로 해당 증언이 탄핵의 위험에 내몰린 바가 없어 이를 거시한 종국결과를 '진실'로 받아들일 수 없다고 할 것이다. 따라서 진실규명원칙과 적법절차원칙 간 비중평가를 통한 우열관계 확정은 불요부당한 작업이 된다.

후자의 시각이 타당하다. 위 사안에서는 진실규명원칙과 적법절차원칙 모두 소송행위의 종국적 무효를 지시하므로 하자치유를 인정할 수 없다. 증인신문은 무효이며, 해당 증언 또는 증인신문조서는 증거능력이 없다. 29

제2관 적법절차원칙과의 형량

Ⅰ. 하자치유의 원칙적 불허

1. 약자보호의 법사상

'실체적 진실'을 능동적으로 추구하는 적극적 실체진실주의는 정의를 집단적 복지라는 공동체이익에 기초한 합리적 이해의 산물로 파악하고, 공동선과 공공의 이익을 능동적으로 촉진해 행복을 극대화하려는 적극적 공리주의와 손쉽게 제휴한다. 이는 정의와 행복의 개념을 인식할 수 있다는 전제에 기반한 것으로서 진실을 인식할 수 있다는 가정하에 서있는 실체진실주의와 궤를 같이한다. 나아가 적극적 공리주의는 최대다수의 최대행복을 추구하는 과정에서 소수나 약자의 불행보다는 다수의 이익에 우선순위를 두고, 선과 정당성을 분리하여 이해하는 만큼, 규칙준수로 인한 손실이 그로 인해 얻는 이익보다 클 경우 해당 규칙을 준수할 필요가 없다는 비용편익분석의 기초를 제공한다. 이러한 사고방식은 형사소송에서는 효과지향적 또는 합목적적 사 30

유와 결합해 실체적 진실을 적극적으로 추구하게 하며, 절차적 결함이 진실 발견의 장애물이 될 경우 이를 넘고 지나가려는 경향으로 이어진다.

31 반면, 인간은 사물의 존재는 인식할 수 없고 단지 그것의 부재만을 인식할 수 있다는 사고[1]에 따르면, 적극적으로 정의가 무엇인지를 규정할 수 없고 다만 소극적으로 부정의한 행위를 금지하는 규범만을 세울 수 있다.[2] 이러한 관점은 전혀 다른 논증을 거쳐 상이한 결론에 도달하게 된다. 먼저 i) 진실개념과 관련해서는, 절차적·구성적 진실개념과 결합해 ('객관적' 진실에 관심을 갖기보다는) 진실에 대한 합의를 도출하기 위한 절차적 조건의 설정에 초점을 맞춘다. 다음으로 ii) 도덕철학에서는, 인간의 행복을 능동적으로 정의하기보다는 보편적 경험에 근거해 불행이 무엇인지를 제시하고 이를 최소화하는 데 중점을 둔 소극적 공리주의를 제시한다.[3] 인간의 불행(질병, 고통, 빈곤, 억압, 기아 등 실존적 위협)을 최소화하려는 소극적 공리주의는 형사소송에서는 '피고인의 불행을 최대한 회피하거나 경감시키는 방향으로 행동하라'는 약자보호의 정언명령으로 나타나는바,[4] 이는 개별사안에서 수소법원이 추구해야 할 가치이기 이전에 형사소송(법)의 존재 이유를 이루는 법사상이기도 하다. 형사소송법은 국가형벌권의 존재근거를 제공하거나 국가형벌권을 적극적으로 관철시킴으로써 이른바 범죄와의 투쟁을 전개하고자 존재하는 것이 아니라 국가형벌권의 자의적 행사로 인해 부당하게 정죄당할지도 모르는 위험 앞에 노출된 약자인 피의자·피고인을 보호하기 위해 존재한다.[5] 형사소송법의 제1차적 수범자는 피의자나 피고인이 아니라 국가권력 자신이다. 소극적 공리주의에 근거한 약자보호의 법사상은 실천적으로 절차조항에 대한 피고인의 신뢰를 보호하고, 유죄판결의 목전에서 절차적 결함을 이유로 피고인을 해방하거나 기존의 잘못된 소송경과를 무위로 돌림으로 인한 수고로움을 감수하는 절차진행을 요구한다.

32 요컨대, 인간의 인식론적 한계를 인정함은 하자사안에서 두 가지 중요한

---

1 안수길, "소극적 공리주의와 사회적 약자 보호", 한양법학 제29권 제3집(2018), 220쪽; 아르투어 카우프만(김영환 譯), 법철학, 나남(2007), 380쪽.

2 카우프만, 위의 책, 381쪽.

3 상세히는 변종필, 형사소송의 진실개념, 세종출판사(1999), 75-76쪽; 안수길, 앞의 논문, 216-221쪽.

4 변종필, 위의 책, 79-80쪽.

5 변종필, "형사소송과 범죄투쟁, 그리고 인권", 비교형사법연구 제5권 제2호(2003), 414쪽.

의의를 지닌다. 하나는 형량에서 고려되는 규범원리의 내용에 관한 것이고, 다른 하나는 그 형량에서 원칙상 우선순위를 갖는 원리가 무엇인지에 대한 것이다. 전자는 적법절차원칙과 충돌하는 원칙을 (적극적) 실체진실주의가 아닌, 절차적·의사소통적 의미의 진실규명원칙으로 이해하라는 요청이며, 후자는 두 법원리 간 형량에서 적법절차원칙에 일응 우선순위를 부여하라는 요청이라 할 수 있다.

2. 사법정형성의 요청

형사절차는 범죄사건의 진실규명, 범인의 처벌·퇴치, 범죄의 예방·통제라는 산출(output)을 내놓는 기능을 발휘한다. 그러한 산출기능의 극대화, 이른바 형사사법의 기능적 효율성(Funktionstüchtigkeit der Strafrechtspflege)[1] 추구에 방점을 둘 경우 형사실무는 강벌주의 및 (자원투입 대비) 사건처리량 증가를 꾀하는 경향을 띠게 된다. 이는 증거능력 인정범위 확대, 궐석재판·강제처분 요건의 완화, 증거조사절차·청문절차 등 의견진술단락의 축소, 처벌 위주의 신속한 재판종결과 형량상향 등의 결과로 나타난다.[2] 33

기능적 효율성 사고는 (특히 적극적 실체진실주의에 터잡은) 범죄투쟁적 사유와, 형사실체법의 비대화 및 범죄사건수 증가에 따른 '선택과 집중의 논리'에서 연유한다. 이는 i) 신속하고 강경한 사건처리를 유도해 형사절차가 속결재판과 중형선고 위주로 운영되게 하며,[3] ii) 기존의 정형화된 절차를 축소·삭감해 더욱 많은 사건을 더 적은 비용으로 더 빨리 처리할 것을 촉구한다.[4] 그 결과 형사재판에서 하자치유를 폭넓게 인정함은 (특히 실체심리가 상당히 진행되어 판결선고와 가까워진 시점에서) 가급적 필요한 일이 된다. 이른바 절차유지원칙이나, 후술하는 책문권포기설[§7/44-52 참조] 또한 효율성사고가 소송절차상 법규범의 외양으로 표현된 형태라 할 수 있을 것이다. 34

---

1 이에 관해 상세히는 W. Hassemer, *"Funktionstüchtigkeit der Strafrechtspflege" – ein neuer Rechtsbegriff?*, STRAFVERTEIDIGER 275 (1982); 변종필, 형사소송의 진실개념, 세종출판사(1999), 69–73쪽; 빈프리트 하쎄머(한영수 譯), "효율성지향 형법에서의 시민권의 운명", 형법정책, 세창출판사(1998), 311–317쪽; 이상돈, "형사소송법개정과 법치국가의 침융", 법학논집 제32권(1996), 55쪽 이하; 이상돈, "공판중심주의의 활성화", 21세기 형사사법개혁의 방향과 대국민 법률서비스 개선방안 Ⅴ, 한국형사정책연구원(2004), 70–78쪽; 하태훈, "법치국가에서의 형법과 형사소송법의 과제", 고려법학 제62호(2011), 38–41쪽.

2 나기업, "약식절차를 둘러싼 몇 가지 쟁점", 법조 제71권 제6호(2022), 266쪽.

3 변종필, "형사소송의 목적과 '실체적 진실' 원칙", 안암법학 제4호(1996), 15쪽.

4 변종필/나기업 26–27쪽; 나기업, "약식절차를 둘러싼 몇 가지 쟁점", 법조 제71권 제6호(2022), 267쪽.

설명에 따라서는 기능적 효율성을 형사소송(법)의 지향점으로 인식하고 더욱이 법원칙으로 인정하거나,[1] 신속한 재판 원칙 또는 소송경제 등 개념과 혼용하기도 한다. 그러나 신속한 재판 원칙이 적법절차원칙의 하부원리로서 어디까지나 피고인을 보호하기 위한 규범이고, 소송경제가 정형화된 절차와 절차참여자들의 권리를 보장하는 전제 하에 불필요한 낭비를 줄이고자 하는 개념인 데 반해, 기능적 효율성은 더 많은 사건을 더 빨리 처리하고자 각종 절차원칙들과 피고인 보호장치를 포기·축소함을 의미한다.

35 다른 한편, 법치국가적 형사소송은 입법자에게는 형사절차를 법률로 최대한 명료히 규정해 피고인에 대한 보호형식(schützende Form)을 마련하기를, 수소법원을 비롯한 법적 결정주체에게는 그처럼 법정된 사항을 철저히 준수하기를 요구하는바, 이는 절차의 사법정형성(Justizförmigkeit des Verfahrens)이라는 말로 표현된다. 이를 지향하는 사고방식은 적대적 범죄투쟁보다는 절차조항의 규범력과 법체계에 대한 신뢰 보장을 주된 관심사로 삼는다. 그 결과 i) 개별사안에서는, 증거신청기각결정·형식재판이 행해질 확률이 높아지며, ii) 거시적으로는, 정해진 틀을 지키지 못한 흠결을 탓해 각종 중간재판의 효력을 다투는 절차를 폭넓게 마련하고, 특정 소송행위의 존재를 간주하거나 본안심리절차를 간이화하는 제도 또는 법해석을 축소·지양하는 경향이 나타난다. 형사소송에서 사법형식성에 비중을 두는 만큼 하자치유를 인정하는 범위는 줄어들 수밖에 없다. 형식적 엄격성의 강조는 곧 그것을 준수하지 않은 소송행위의 무효화 또는 부존재선언의 요청을 내포하기 때문이다.

보호형식이란 사건처리자의 자의성으로부터 피의자·피고인을 보호하는 법률상의 장치를 가리키는 개념으로, 전통적 규문절차를 개혁해야 한다는 인식이 널리 공감대를 얻던 19세기 초중반, 독일 괴팅겐대학의 자하리에(H. Zachariä)가 제시한 개념이다(1846년, 자하리에는 종래의 규문절차는 실질적으로 경찰작용의 그것과 동일한 논리를 지니며, 보호형식을 완전히 결여하고 있다고 힐난했다).[2] 사법정형성은 이러한 보호형식 개념이 가치적·당위적 형태로 확장된 것이라 할 수 있다. 정형화요청을 표현하는 대표적 법언으로는 예링이 한 다음의 말을 들 수 있다. "형식은 자의의 확실한 적이자 자유의 쌍둥이 자매다. … 외적 공격에 대한 보호벽이며, 단지 부러

1 BVerfGE 33, 367, 383; 38, 105, 115.

2 상세히는 L. Zedner & C. Stuckenberg, *Due Process*, Core Concepts in Criminal Law and Criminal Justice Ⅰ 326–328 (2019); 군나 두트케(김성은 譯), "형사절차에서 보호적 형식: 하나의 낡은 모델?", 형사정책연구 제20권 제4호(2009), 5쪽 이하.

질 수 있을 뿐 휠 수는 없다."[1]

개인의 자유의 충실한 보장과 기술적 합리성은 상이한 사회체계에서 연 36
유한 목적으로서 대부분 사안에서는 서로 충돌하며, 결합될 수 없다. 법치국가적 헌법을 정점으로 하는 법체계가 양자를 동시에 추구함은 사물의 논리구조상 불가능하다.[2] 범죄통제의 실효성과 사법기능의 효율성을 지향하는 사고는 대체로 형사절차를 범죄투쟁의 장으로 보아 피의자·피고인의 제반 권리를 제한하는 근거로 작용하는 반면, 형사절차의 엄격한 형식성을 지향하는 사고는 법치국가적 정형화프로그램에 따라 절차참여자들의 자유와 권리를 보장하는 데 중점을 두기 때문이다.[3] 그런데 법치국가적 형사소송은 형사정책의 '연장된 팔'이 아니라 '뛰어넘을 수 없는 한계'로서 법규범에 대한 신뢰를 바탕으로 하며, 형사절차의 효력규정들은 단지 범인처벌을 위해 실체형법에 봉사하는 기술적·부수적 수단이 아니라 자유를 위한 보호형식으로서 판결의 정당성을 보증하는 합리적 대화의 처분불가능한 절차적 조건이다.[4] 물론 제약된 인적·물적 토대와 사건과잉이 문제되는 사법구조에서 효율성추구는 일정 부분 필요하지만, 이는 절차의 정형성을 저해하지 않는 한도에서 피고인의 부담 경감과 공정한 법적 판단의 획득을 위해서만 허용돼야 한다.

3. 결 어

이상과 같이 형사소송에서는 피고인의 불행을 최대한 회피하거나 경감 37
시키는 방향으로 행동하라는 약자보호의 정언명령[5]이 작동하고, 공판절차에서 효율성논리보다는 정형화요청이 우선시됨을 고려할 때, 무효사안에서는 적법절차원칙이 현저히 우월한 비중을 지니므로, 하자의 치유는 원칙적으로 인정될 수 없다.

---

1 L. Zedner & C. Stuckenberg, *Due Process*, CORE CONCEPTS IN CRIMINAL LAW AND CRIMINAL JUSTICE I 329–331 (2019)

2 I. MÜLLER, EUROPÄISCHE VERLAGSANSTALT 198 (1980); 변종필, 형사소송의 진실개념, 세종출판사(1999), 72쪽.

3 변종필/나기업 27–28쪽.

4 변종필/나기업 28쪽.

5 변종필, 형사소송의 진실개념, 세종출판사(1999), 79–80쪽.

Ⅱ. 예외적으로 하자치유가 인정되는 경우

1. 효력규정위반사안

38 하자치유는 i) 절차위반이 매우 경미하고 ii) 진실이익이 현저히 큰 사안에서 지극히 제한적으로만 인정될 수 있다. 비록 효력규정위반이 존재하기는 하지만 해당 규정이 추구하는 입법목적이 현실적으로 달성되었고, 사건의 경중에 비추어 실체재판의 필요성은 절실한 경우가 이에 해당한다. 가령 제267조 제3항은 공판기일을 변호인에게 통지해야 한다고 규정하고 있는바, 이는 공판개정의 적법요건이라 할 수 있으므로 변호인에 대한 통지를 누락했다면 해당 공판기일의 소송행위는 무효이다. 그러나 만약 변호인이 해당 일시에 공판기일이 진행된다는 사실을 다른 경로로 알고 그날 출석해 이의제기 없이 증인신문을 진행했거나, 해당 공판기일 전에 변호인이 해임되거나 사임된 후 새로운 변호인이 해당 공판기일에 출석해 반대신문을 행했다면, i) 결과적으로 변호권과 방어권이 충분히 행사됐다는 점에서 그러한 하자는 매우 경미한 것이 되는 반면, ii) 진실규명을 위해 그 증인신문의 효력 및 증언의 증거능력을 인정할 필요성은 상대적으로 크다고 할 수 있다. 이러한 경우에는 하자가 치유된다고 보아도 무방하다.

39 소송행위의 종류 및 하자의 유형은 가지각색이므로 형량에 사용될 획일적 기준을 수립할 수는 없다.[1] 해석상황과 법영역은 사안마다 다르며, 그러한 계량적 척도를 세우는 것은 형량 자체의 속성과도 어울리지 않는다.[2] 다만 우열관계가 이처럼 수립되는 한, 법원이 개별사안에서 하자치유를 인정하려면 진실규명원칙의 상대적 비중이 적법절차원칙의 그것을 앞선다는 점을 가급적 많은 근거제시와 합리적 논증을 통해 뒷받침할 의무를 부담한다.

40 종래 학설은 하자의 치유 가부를 결정하는 데 고려하는 사정으로 크게 i) 소송절차의 시간적 진행, ii) 이의권의 포기, iii) 보정적 추완의 세 가지를 들어 왔다. 이들은 진실규명원칙과 적법절차원칙 간 저울질을 통해서만 하자치유를 인정할 수 있다는 시각에 따르더라도 법원이 위와 같은 논증에서 고려해야 할 중요한 요소들이다. 다만, 이른바 절차유지원칙을 하자치유의 이

---

1 차용석, "소송행위의 가치평가와 하자의 문제", 고시연구 제19권 제7호(1992), 35쪽.

2 변종필, 형법해석과 논증, 세창출판사(2012), 346쪽.

론적 근거로 삼고 있는 종래의 일반적 이해가 시도하듯이 이들을 일률적으로 하자치유의 적극적 근거로 고려함은 적절하다고 할 수 없다. 이러한 사정들은 통상적으로는 적법절차원칙의 비중을 가볍게 하는 소극적 논거로만 원용될 수 있으며, 진실이익이 관련되어 있는 경우에 한해서만 진실규명원칙의 비중을 무겁게 하는 적극적 논거로 활용될 수 있다. 가령 소송절차가 시간적으로 상당히 진행되었다는 사정은 그 소송절차가 사실심리의 단락을 포함하고 있고, 문제의 소송행위가 심증 또는 증거결과와 관련을 맺고 있는 실체형성행위인 때에만 하자치유의 적극적 근거로 작용할 수 있다. 따라서 문제의 무효원인이 순수 절차형성적 소송행위에만 존재하는 단계에서는 하자치유를 인정할 수 없다. 보정적 추완이나 이의권포기도 그 자체 하자치유를 인정할 근거는 될 수 없다[§7/66-67 참조]. 진실이익이 관련돼 있지 않다면, 불비된 법률요건이 추완되거나 피고인이 이의권을 포기하더라도 하자는 치유되지 않는다.

2. 의사표시에 하자가 있는 사안

불복신청의 포기·취하가 피고인의 귀책사유 없는 착오나 강박에 기인한 41
경우에는 그 효력유무의 판단에 관해 따로 진실규명원칙이 요구하는 바가 없으므로 하자치유를 인정할 여지가 없다. 이는 형사소송의 동적·발전적 성격과도 무관한 문제이기에, 종래 통설과 판례가 원용해온 이른바 '절차유지원칙'에 의하더라도 하자를 불문에 부칠 수 없는 사안이다.

한편, 전문법칙의 예외요건으로서 증거동의나 진정성립인정진술은 전문 42
증거의 증거능력에 대해 피고인에게 처분권을 부여하는 규정으로서 그 의사의 진정성과 무결성이 요구되는 만큼, 해당 증거의견이 귀책사유 없는 착오나 (특히 법원이나 수사기관의) 강박에 기인한 때에는 그 효력을 부인할 적법절차의 요청이 더 큰 중요성을 지니므로, 역시 하자를 치유할 수 없다고 본다.

경우에 따라서는 그러한 증거의견에 터잡은 증거조사로 획득된 증거가 43
피고인에게 유리할 수도 있는바, 이 경우 그 의사표시를 무조건적으로 무효로 돌림은 피고인에게 불이익한 결과가 될 수 있으므로 선택권을 부여함이 타당하다는 의견이 있을 수 있다. 그러나 애초 '증거능력' 자체가 '피고인에게 불리한 증거로 사용될 수 있는 법률상 자격'으로 정의되고, 피고인에게 이익되는 증거에는 증거능력이 필요치 않으므로,[1] 위와 같은 증거의견을 무효로 돌리더라도 그 증거자료 중 피고인에게 유리한 부분은 여전히 사실인정의 자료로 될 수 있다. 이는 소송행위의 하자치유와는 평면을 달리하는 문제다.

제3관 책문권포기와 하자치유

Ⅰ. 이른바 '책문권포기설'과 그에 대한 비판

1. 판례의 태도

44 소송절차상의 위법을 이유로 소송행위의 무효를 주장할 권리를 책문권(Rügerecht)이라 한다. 책문권을 행사하지 않겠다는 의사표시를 하는 것을 책문권포기라 하고, 책문권을 행사할 기회를 놓침으로 더는 이를 행사할 수 없게 되는 것을 책문권상실이라 한다(이하에서는 양자를 아울러 '책문권포기'라고만 한다). 판례는 일정한 소송행위에 관해서는 절차위반이 있더라도 피고인과 변호인이 적시에 이의하지 않을 경우 책문권포기로 그러한 하자가 치유된다고 한다.[2] i) 공판기일 외 증거조사(제273조)로 증인신문을 진행하면서 그 신문기일 및 장소를 통지하지 않았더라도, 피고인이 해당 증인신문조서에 대한 증거조사를 시행하는 데 이의가 없다고 진술한 경우에는 그 하자는 책문권포기로 치유된다고 한 사례,[3] ii) 변호인이 없는 피고인을 일시 퇴정시킨 후(제297조) 증인신문을 진행한 다음 피고인에게 단지 요지고지만을 하고 별도의 반대신문기회는 부여하지 않은 채 신문절차를 종결한 위법이 있으나, 차회기일에서 피고인이 '변경할 점과 이의할 점이 없다'고 진술하여 책문권포기 의사를 명시했으므로 하자가 치유됐다고 한 사례,[4] iii) 검사가 주신문에서 형사소송규칙상 허용되지 않는 유도신문을 했는데, 차회기일에 피고인과 변호인이 '변경할 점과 이의할 점이

---

1 배종대/홍영기 §45/13; 변종필/나기업 401쪽; 대법원 1972. 1. 31. 선고 71도2060 판결; 1981. 12. 22. 선고 80도1547 판결; 1994. 11. 11. 선고 94도1159 판결 등.

2 대법원 1962. 5. 10. 선고 4294형상127 판결; 1974. 1. 15. 선고 73도2967 판결; 대법원 2010. 1. 14. 선고 2009도9344 판결; 2022. 3. 17. 선고 2016도17054 판결.

3 대법원 1967. 7. 4. 선고 67도613 판결; 광주지방법원 2023. 7. 19. 선고 2022노2735 판결(대법원 2023. 10. 26. 선고 2023도10870 판결).

4 대법원 2010. 1. 14. 선고 2009도9344 판결.

없다'고 진술함으로써 책문권포기로 그 하자가 치유됐다고 한 사례[1] 등이 그것이다. 이러한 판례의 입장을 여기서는 '책문권포기설'이라 칭하기로 한다. 이는 피고인과 변호인에 의한 이의제기의 부존재를 하자치유의 확정적 요건으로 설정하는 방법론이다. 바꿔 말하면, 책문권포기설이 적용되는 소송행위영역(선서의무 있는 증인이 선서거부 후 증언한 경우, 책문권포기가 있더라도 하자가 치유되지 않는다)에서는 현재 그 어떠한 형량도 이루어지지 않고 있다.

비록 책문권이라는 표현을 사용하지는 않지만, 대법원이 공소장일본주 45
의 위반사안에서 "피고인측으로부터 아무런 이의가 제기되지 아니하였고 법원 역시 범죄사실의 실체를 파악하는 데 지장이 없다고 판단하여 그대로 공판절차를 진행한 결과 증거조사절차가 마무리되어 법관의 심증형성이 이루어진 단계에서는 소송절차의 동적 안정성 및 소송경제의 이념 등에 비추어 볼 때 이제는 더 이상 공소장일본주의 위배를 주장하여 이미 진행된 소송절차의 효력을 다툴 수는 없다고 보아야 한다"고 한 것 또한 책문권포기설에 입각해 하자치유를 인정한 예라 할 수 있다.[2] 다만 증인신문절차상 하자가 있는 경우와는 달리 여기서 대법원은 하자치유의 기준시점을 '증거조사절차 완료시'로 설정하여, 최초 공판기일이나 그 이후 속행하는 기일에서 이를 다투지 않았더라도 증거조사가 완료된 기일 전에는 언제든 다툴 수 있는 것으로 보고 있다.[3]

민사소송에서는 대체로 무효원인이 발생한 기일의 다음 기일에 바로 이의하지 않고 변론함으로써 책문권이 포기되는 것으로 설명된다.[4] 그러나 판례상 이의가능시점을 사실심변론종결시로 본 예도 있다.[5]

---

1 대법원 2012. 7. 26. 선고 2012도2937 판결; 춘천지방법원 2017. 2. 15. 선고 2016노1096 판결; 대전고등법원 2022. 4. 22. 선고 2021노250 판결(대법원 2022. 7. 14. 선고 2022도5243 판결); 대전지방법원 2023. 6. 1. 선고 2021노1405 판결.

2 대법원 2009. 10. 22. 선고 2009도7436 (全)판결.

3 서울고등법원 2020. 2. 19. 선고 2018도2844 판결: "피고인의 변호인은 2018. 7. 3. 원심 제10회 공판기일에서 2018. 6. 25.자 변호인의견서를 진술하면서 공소장일본주의 주장을 하였고, 당시 공소사실에 대한 서증조사는 시작되기 전이며, 이미 서증조사가 마쳐진 부분과 관련성이 희박하여 법관의 심증형성이 이루어진 단계였다고 볼 수도 없다. … 이 부분 공소는 공소장일본주의에 위배되어 공소제기의 절차가 법률의 규정을 위반하여 무효인 때에 해당하고, 피고인으로부터 이의가 유효하게 제기되었으므로 그 하자가 치유되었다고 볼 수 없어, 이를 기각함이 상당하다."

4 이시윤 366쪽.

5 대법원 2003. 5. 30. 선고 2003다15556 판결: "변호사법 제31조 제1호의 수임제한규정을 위반한 … 변호사의 소송행위에 대하여는 상대방 당사자가 법원에 대하여 이의를 제기하는 경우 그 소송행위는 무효이고 그러한 이의를 받은 법원으로서는 그러한 변호사의 소송관여를 더 이

2. 이론적 근거

46 책문권포기설은 이른바 절차유지원칙이 법규칙 형태로 표현된 결과물이라 할 수 있다. 물론 책문권포기설과 절차유지원칙을 직접적으로 연결시키는 문헌은 찾기 어렵고 대법원도 아직까지 그와 같은 설시를 한 바는 없으나, 양자 간 논리적 연결고리를 찾는 것은 어렵지 않다. 이른바 절차유지원칙은 소송행위가 효력규정위반으로 무효이더라도 형사소송의 동적·발전적 성격에 비추어 일정한 경우 효력을 인정할 필요가 있다는 요청을 내용으로 하는바, 책문권포기설은 바로 그 기준으로서 이의권의 포기를 들고 있는 것이다.

47 다만, 책문권포기설의 배후에 놓인 사유를 절차유지원칙 하나만으로 설명할 수는 없다. 다양한 사정들 중 특히 '이의제기 포기'를 기준으로 삼는 이유를 절차유지원칙만으로는 설명할 수 없기 때문이다. 판례와 학계의 논의를 종합할 때, 책문권포기설은 크게 두 가지 방법론에 바탕하고 있다고 보인다. 하나는 i) 당사자의 절차이의권을 규정한 민사소송법 제151조의 유추적용이고, 다른 하나는 ii) 당사자주의 소송구조론이다. ii)는 책문권포기설의 이념적·법원리적 근거이고, i)은 그 구체적 실천기제라 할 수 있다.

48 (1) 민사소송법 제151조의 유추적용 형사소송법에는 민사소송법 제151조에 대응하는 규정이 존재하지 않는다. 책문권이라는 용어는 동 규정의 전신인 구 민사소송법(2002. 1. 26.자로 개정되기 전의 것) 제140조의 표제에서 유래했으며, 대법원은 민사소송법 제정시부터 지금껏 '책문권의 포기'라는 표현을 일관되게 사용해오고 있다(2002년 전면개정에 따라 위 규정의 표제가 '소송절차에 관한 이의권'으로 바뀌었으나, 판례는 이 용어를 계속 사용하고 있다).[1] 이러한 점에서 판례의 책문권포기설은 민사소송법 제151조를 형사소송법에 유추적용한 결과물로 보더라도 큰 무리가 없을 것이다.

49 민사소송법 제151조는 소송절차상 하자를 다툴 권리를 '당사자'의 '권리'로 파악하면서, 이를 처분가능한 것과 처분불가능한 것으로 나누어 전자에 대한 포기는 가능하지만 후자에 대한 포기는 불가능하다고 규정하고 있

상 허용하여서는 아니 될 것이지만, 다만 상대방 당사자가 그와 같은 사실을 알았거나 알 수 있었음에도 불구하고 사실심 변론종결시까지 아무런 이의를 제기하지 아니하였다면 그 소송행위는 소송법상 완전한 효력이 생긴다고 보아야 할 것이다."

1 대법원 1955. 7. 7. 선고 4288민상53 판결; 1964. 6. 2. 선고 63다879 판결; 1972. 5. 9. 선고 72다379 판결; 1988. 12. 27. 선고 87다카2851 판결; 1996. 3. 8. 선고 95다48667 판결; 2020. 6. 11. 선고 2020다8587 판결 등.

다. 동조의 이러한 문언과 구조에 터잡아 그간 민사소송법학계에서는 일반적으로 다음과 같이 설명해 왔다: 우선 훈시규정과 효력규정을 구분해, 전자는 비록 준수되지 못한 경우에도 소송행위나 절차의 효력에 영향이 없는 반면[1] 후자는 그렇지 않다고 한다. 나아가 후자를 다시 사익적 효력규정인 '임의규정'과 공익적 효력규정인 '강행규정'으로 나누어, i) 앞의 것은 주로 당사자의 소송상 편의 및 이익보호에 그 목적이 있기에 당사자의 의사·태도에 의해 그 적용이 어느 한도까지는 배제·완화될 수 있지만, ii) 뒤의 것은 당사자의 의사나 태도로는 그 적용이 배제되지 않고 이를 위반한 행위나 절차가 언제나 무효로 되며, 책문권포기의 대상은 임의규정위반에 한정된다고 한다.[2] 임의규정위반을 다툴 권리는 처분가능한 당사자권으로서 동조 본문의 적용대상인 반면, 강행규정위반을 다툴 권리는 처분불가능한 권리로서 동조 단서의 적용대상이라는 것이다. 이처럼 민사소송법 제151조는 민사소송의 당사자대립적 소송구조 및 소송법상 각종 권리보장규정들의 처분가능성을 전제하며, 절차이의권에 대한 민사소송법학계의 일반적 이해도 이에 기초한다.

(2) 당사자주의 하자치유를 당사자주의와 관련지어 논의하는 견해는, 50
당사자주의는 이른바 '당사자'인 피고인과 그 대리인인 변호인에게 광범위한 이의권을 인정하고, 소송절차상 하자를 그러한 이의를 기다려서 비로소 논하게 하는 데 특질이 있다고 한다. 이에 당사자주의의 강화는 적시에 이의를 제출할 부담을 증가시키므로,[3] 그러한 이의가 없거나 이의권의 포기가 있는 경우 그 하자가 치유된다고 한다. 이는 판례가 취하는 책문권포기설과 궤를 같이하는 것으로서 내용상 그에 대한 이론적 근거로 작용하고 있다고 보인다. 물론 판례가 직접적으로 당사자주의와 하자치유 문제 간 연관성을 강조하고 있지는 않다. 그러나 대법원이 오래전부터 당사자주의를 '원칙'이라고

---

1 대법원 2008. 2. 1. 선고 2007다9009 판결: "당사자는 법원 또는 상대방의 소송행위가 소송절차에 관한 규정에 위반한 경우 민사소송법 제151조에 의하여 그 소송행위의 무효를 주장하는 이의신청을 할 수 있고 법원이 당사자의 이의를 이유 있다고 인정할 때에는 그 소송행위를 무효로 하고 이에 상응하는 조치를 취하여야 할 것이나, 소송절차에 관한 규정이라 하더라도 단순한 훈시적 규정을 위반한 경우에는 무효를 주장할 수 없는바, 원심이 종국판결 선고기간 5월을 도과하거나 변론종결일로부터 2주 이내 선고하지 아니하였다 하더라도 이에 관한 민사소송법 제199조, 제207조 등은 모두 훈시규정이므로 이를 위반하였다는 이유로 무효를 주장할 수는 없다."

2 이시윤 44−45, 385−386쪽; 호문혁 360−361쪽 등.

3 신현주 182쪽; 차용석/최용성 450−451쪽.

하여 법원리로 보고 있다는 점[1]과, 일정한 유형의 하자에 관해 수소법원이 이를 직권으로 탐지·조사·심판하는 것이 아니라 '당사자'인 피고인이 이를 다투어 주장하는 것으로 전제하고 일정 시점까지 이를 다투지 않은 경우 그 하자가 '책문권포기'로 치유된다고 하는 점에 비추어, 위와 같은 시각이 판례에 전제되어 있음을 어렵지 않게 추정할 수 있다.

51 위의 관점은 다음과 같은 두 가지 사유를 전제하는 듯하다. 먼저, i) '당사자주의'를 단지 형사사법체계의 구조에 대한 평가적·성격규정적 용어로 사용[2]하는 차원을 넘어('당사자주의 소송구조') 그로부터 구체적 법적 쟁점에 관한 당위를 이끌어낸다는 것이다. 다시 말해 이 관점은 당사자주의를 그 자체 독립된 규범원리로 이해한다('당사자주의 원칙'). 나아가, ii) 소송행위의 하자는 당사자가 다투는 경우에 비로소 이를 문제삼을 수 있다는 요청을 당사자주의의 내용으로 편입시킨다. 당사자주의로부터 이의권포기를 이유로 소송행위의 하자를 문제삼지 않는 결론을 도출함은 당사자주의를 이렇게 이해해야만 가능하다.

52 대법원이 하자치유 문제가 본질적으로 원리충돌문제임을 직접 언급한 바는 없다. 그러나 위법수집증거배제법칙은 공판의 증거조사에도 적용되는 법원리로서 하자 있는 증인신문에서 이루어진 증언 또는 그에 터잡아 작성된 증인신문조서나 증언녹취서의 증거배제를 요구하는바, 책문권포기로 증거능력이 인정된다는 판례의 태도는 그와 다른 방향으로 작동하는 법원리로부터 도출되는 결론을 채택해 법규칙화한 것이라 할 수 있는데, 그 법원리의 자리에 들어갈 만한 것은 '소송행위의 하자는 당사자가 다퉈야 문제삼을 수 있다'는 당위를 포함하는 요청으로 이해되는 당사자주의밖에는 없다. 만약 그러한 내용의 당사자주의를 독립된 법원리로 본다면, 이의권의 포기나 상실은 당사자주의에 비중을 싣는 적극적 근거로 작용하게 된다. 반면 그 법원리성을 인정하지 않는다면, 이의권의 포기는 단지 적법절차원칙의 비중을 낮게 평가할 소극적 근거로밖에는 작용할 수 없다. 이의권의 포기 그 자체는 진실규명원칙 등 형사소송(법)의 여타 법원리와는 별다른 관련을 갖지 않기 때문이다.

---

1 대법원 2009. 10. 22. 선고 2009도7436 (全)판결; 1999. 4. 15. 선고 96도1922 (全)판결의 반대의견 등.

2 알빈 에저(손미숙 譯), "'당사자주의' 대 '직권주의'", 형사정책연구 제26권 제4호(2015), 34–39쪽.

3. 비 판

이른바 절차유지원칙을 형사소송의 원칙으로 받아들일 수 없음은 앞서 53
설명한 바와 같다[§7/4-12 참조]. 여기서는 당사자주의를 원용해 민사소송법 제151조를 유추적용하는 방법론의 문제점을 살펴보기로 한다.

⑴ **민사소송법 제151조의 유추적용 가부** 다음과 같은 이유에서, 민사 54
소송법 제151조 또는 그 관련논의는 형사재판에는 적용될 수 없다.

㈎ **민사소송과 형사소송의 본질적 차이** 우선, 형사소송법이 비록 당사자 55
주의적 요소를 대폭 받아들였다고는 해도, 형사재판의 구조를 민사재판과 유사한 당사자대립적 구조로 파악하기는 어렵다. i) 증거보전제도(제184조), 공소장일본주의(규칙 제118조 제2항), 증거개시제도(제266조의3, 제266조의11), 공소장변경제도(제298조), 증거신청권(제294조), 교호신문제도(제161조의2) 등 당사자주의 요소의 비중이 상당한 것은 사실이다. 그러나, ii) 공소장변경요구제도(제273조), 법원에 의한 피고인신문(제296조의2), 직권증거조사(제295조), 직권사실조회(제272조 제1항), 직권파기사유(제364조 제2항) 등 직권주의적 요소가 차지하는 지분 역시 그에 못지 않으며, 이들은 많은 사건에서 당사자주의적 요소를 압도하는 비중을 드러낸다. 2007년 개정으로 형사소송법에 당사자주의적 요소가 대폭 도입되기 전부터 지금까지 일관되게 우리 형사소송법이 직권주의를 기초로 당사자주의적 요소를 가미하고 있다고 설명하는 예[1]나, 우리나라의 소송구조가 독일보다도 직권적이라고 할 수 있다고 설명하는 예[2]가 있는 것은 이러한 이유에서 기인한다고 본다. 저자 또한 대다수 사건의 공판절차는 직권주의적 기초 하에 당사자주의가 가미된 형태를 띠며, 직관사건의 공판절차에 한해 비로소 대립당사자구조의 빛깔이 강하게 나타난다고 본다.

> 발전사적으로 독일법에 직권주의적 색채가 짙은 데는 법관 혼자서 형사절차 전반을 주도하던 규문절차의 영향이 크다. 다만 이론적으로 규문주의와 직권주의 간에 논리필연성[3]이 있지는 않다. 규문주의는 법관이 혐의를 인지하고 수사를 하여 유죄추정 하에 재판까지 진행하는 소송구조인 반면, 직권주의는 어디까지나 탄핵주의를 전제로 법관이 적극적으로 직권을 행사하게 하는 소송구조이다. 후자는 무기평등을

---

1 임동규 17쪽.
2 이완규, "독일 형사소송상 직권주의의 재조명", 형사소송 이론과 실무 창간호(2009), 72쪽.
3 이를테면 신현주 39–43쪽.

위해 피고인에게 필요한 방향으로 소송을 지휘하거나 증거조사를 하는 방식으로 쓰일 수 있으며, 실제로도 그런 예가 많다.

56 그렇다고 이러한 소송구조가 부적절하거나 과도기적인 것이며 궁극적으로 민사소송에서와 같은 수준의 당사자주의를 지향함이 바람직하다고 할 수도 없다(애초에 특정 소송구조를 순수한 형태로 추구하는 방법론 자체가 부적절하며, 형사소송의 목적은 당면한 법현실에 맞추어 양자 간 적절한 분배를 통해서만 달성할 수 있다). 형식적 진실개념을 전제로 당사자들 간의 다툼을 해소하는 절차인 민사소송과 달리, 형사소송은 최대한의 증거판단을 통한 적확한 사안확정을 거쳐 공정한 판결을 획득하기 위한 절차이며, 여기서 검사와 피고인은 '당사자'라기보다는 진실규명과 올바른 법적 판단을 위해 절차에 참여하는 '소송주체'의 성격을 지니기 때문이다.[1] 형사재판에서 절차상 위법은, 검사에게 불이익하면 검사가 주장하고 피고인에게 불이익하면 피고인과 변호인이 주장해야 하는 대상이 아니라, 법원을 비롯한 소송주체 전체가 함께 시정해야 할 대상이다.

처분권주의·변론주의의 지배하에 형식적 진실에 만족하는 민사소송과 달리, 형사소송은 절차참여자들의 대화와 의사소통을 통해 범죄와 형벌의 귀속을 밝히는 변증론적 진실규명과정이고, 이에 따라 규명되는 진실 역시 절차적·구성적 성격을 강하게 띠는바, 검사와 피고인은 물론 법원도 그러한 대화적 소송절차에서 하나의 주체로 참여해 각자 자신의 임무와 역할 수행을 위한 일정한 권리와 의무를 지닌다. 형사법원은 검사와 피고인의 주장·입증만으로는 적확한 심증형성이 어려운 경우 능동적으로 사실을 조사하고 증거를 탐지하며(제272조 제1항, 제295조 등), 민사소송의 원고와 달리 형사소송의 검사는 단순히 피고인의 대립당사자가 아니라 인권보호기관으로서 피고인에게 유리한 증거도 제출할 객관의무를 진다.

한편, 위와 같은 객관의무가 실질적으로 이행되려면 수사기록 전체가 시간순으로 편철되어 법원에 제출되어야 하는데, 현재 대검찰청은 수사기관이 기록을 임의로 해체해 피고인에게 유리한 자료를 빼고 제출하거나 사건내용을 임의로 조작할 수 있게 하는 증거분리제출제도(「증거 분리제출에 관한 업무처리 지침」 제2조)를 시행하고 있다. 이는 검사의 공익의 대표자로서의 지위를 포기하는 제도로서 조속히 폐지돼야 한다.

57 이처럼 소송구조 및 소송주체들 간 역할의 차이에 비추어, 민사소송법 제151조는 성질상 형사소송에 유추적용될 수 있는 규정이 아니라고 하겠다.

---

1 변종필/나기업 34-35, 74쪽.

(나) 형사소송에서 임의규정의 부존재 형사소송법에서 훈시규정과 효력규정의 구별은 가능하나, 민사소송법의 경우와 같이 효력규정 안에서 다시 임의규정과 강행규정을 이분할 수는 없다. 민사소송법상 임의규정과 강행규정의 구별은 사적 당사자 간 분쟁해결절차로서의 성격을 전제로 하기 때문이다. 전술했듯 형사소송법에서 효력규정이란 i) 진실규명·적법절차보장 그 밖에 형사법의 법원리들과 밀접한 관련을 맺고 있거나, 일정한 형사정책적 결단에 근거한 규정으로서 ii) 그 위반에 대해 일정한 절차적 제재를 구성함이 법해석상 가능한 것으로 정의되는바[§3/6 참조], 이는 기본적으로 모두 강행규정의 속성을 지니며, 민사소송법에서와 같이 오로지 '당사자'의 '소송수행상 편의'만을 위한 효력규정은 존재하지 않는다(전술했듯, 송무행정상 편의를 위한 조항인 제254조 제2항은 훈시규정이다)[§3/10 참조]. 58

그 결과 민사소송의 임의규정위반 사례 상당수는 형사소송에 대입할 시 강행규정위반이 된다. 가령 판례는 청구기초의 동일성이 없는 청구변경은 책문권포기로서 하자치유의 대상인 반면,[1] 사건의 동일성이 없는 사실로의 공소장변경은 피고인·변호인의 이의 여부와 관계없이 위법하다고 한다.[2] 또한 변론갱신 누락은 치유될 수 있는 하자로 보는 반면,[3] 공판절차갱신 누락은 치유될 수 없는 하자이자 상소이유로 본다.[4] 59

(다) 유추금지원칙 형사절차법에서도 유추금지원칙이 적용되는지에 관해, i) 유추금지원칙은 본질적으로 실체형법에서만 의미가 있으므로 원칙상 부정된다는 견해,[5] ii) 원칙상 유추적용이 인정되나, 참여권 보장 관련 규정에 관해서는 유추적용이 금지된다는 견해,[6] iii) 유추적용이 불가능한 것은 아니나, 형벌권의 존부나 유무죄판단에 중요한 영향을 미치는 소송법규정을 피고인에게 불리하게 유추적용함은 금지된다는 견해[7] 등이 있다. 60

---

1 대법원 2011. 2. 24. 선고 2009다33655 판결.
2 대법원 2002. 3. 29. 선고 2002도587 판결.
3 대법원 1966. 10. 25. 선고 66다1639 판결.
4 대법원 1955. 12. 13. 선고 4288형상306 판결; 서울고등법원 1974. 3. 21. 선고 73노917 판결.
5 이재상/장영민/강동범 29쪽.
6 배종대 66쪽.
7 이상돈 30쪽; 최석윤, "형사소송법과 유추금지", 형사정책연구 제14권 제2호(2003), 348쪽.

61 생각건대, 형사소송법은 역사적으로든 사리상으로든 실체형법과 반드시 엄격하게 구별될 성질의 것이 아니며,[1] 현실에서 양자는 상호 유기적 관련 하에서 실현되는 규범으로서 협력보완관계를 이룬다. 그리고 증거능력, 기판력, 사건개념, 소송조건 등을 비롯한 형사소송법의 많은 요소들은 형사실체법과 맞먹거나 그에 앞서는 사법형성적·실체형성적 효력을 보유한다. 더욱이 관점에 따라서는, 애초에 가벌성 자체가 정형화된 절차(수사-소추-심리-판결)에 의해서만 확정될 수 있는 만큼, 절차 그 자체도 가벌성의 요건이며, 이로써 형사절차법은 형법의 불가분적 부분이라 할 수도 있다. 이러한 점에서 죄형법정원칙의 파생원칙으로서 유추금지원칙은 형사소송법에도 적용된다고 본다. 그리고 굳이 죄형법정원칙이 아니더라도, 공형벌 실현절차인 형사소송에서의 유추금지는 공법상 법률유보원칙으로부터의 논리필연적 요청이기도 하다.[2]

형사실체법이 국가형벌권의 발동요건 및 근거를 설정하고 있는 이상 절차법인 형사소송법이 이에 의존할 수밖에 없음은 분명하나, 거꾸로 다음과 같은 측면에서 형사실체법 또한 형사소송법에 크게 의존한다. i) 적법한 절차에 위반하여 수집한 자료(제308조의2), 고문·폭행·협박 등 법치국가적으로 허용되지 않는 수단을 통하여 획득한 진술(제309조, 제317조), 여타 증거에 의해 뒷받침되지 못하는 자백(제310조) 등은 원칙적으로 유죄의 증거로 사용할 수 없다. 이 규정들은 형사실체법에 봉사하기를 거부하고 오히려 형벌규정 적용의 전제가 되는 요건사실을 적극적으로 삭제하거나 축소시킨다. ii) 본래 포괄일죄였던 두 개의 행위 사이에 확정판결이 끼어들면 이를 전후로 두 개의 죄로 분리되는데,[3] 이는 형사절차가 죄수관계 결정의 기준으로 작용하는 예다. iii) 법원이 사건을 잘못 판단해 무죄판결을 하여 확정된 후에는 피고인을 다시 재판에 넘겨 유죄판결을 할 수 없는바(제326조 제1호), 여기서는 절차법에 의해 실체법의 적용이 저지된다. iv) 죄수관계에 관한 형사실체법적 법리는 형사절차법에서 이를 뒷받침해 주지 않으면 무용지물이 된다. 가령 여러 개의 죄를 포괄일죄나 상상적경합으로 다루더라도, 형사절차에서 이들을 한 개의 사건으로 취급하지 않고 여러 개의 사건으로 다뤄 피고인이 수차례의 형사절차를 감내하도록 한다면 그러한 법리는 무의미하게 된다.[4]

---

1 김일수 6쪽.

2 상세히는 변종필, "형사소송법에서 유추금지원칙의 적용과 범위", 비교법연구 제21권 제2호(2021), 151쪽. 155-164쪽.

3 대법원 2000. 3. 10. 선고 99도2744 판결.

4 변종필/나기업 5-7쪽.

수사기관이나 법원에 의한 기본권제한이 유추적 법형성에 근거하는 경우, 그것은 법률유보를 규정한 헌법의 기본정신에 반한다. 검사와 피고인을 이른바 '대립당사자'로 취급해 민사소송법 제151조를 형사소송에 유추적용함은 최소한 효력규정위반이 피고인에게 불이익을 초래하는 사안에서는 허용되지 않는다고 보아야 한다. 제65조가 "서류의 송달에 관하여 법률에 다른 규정이 없는 때에는 민사소송법을 준용한다"고 규정하는 것 또한, 그 이외 다른 영역에서는 민사소송법이 유추적용될 수 없음을 전제로 하는 것이다. 62

피고인 등에게 유리한 유추적용은 가능하지만, 권력분립원칙에 비추어 이 또한 i) 해당 규정이 단순한 합목적적 규범으로서 기술적 성격을 강하게 띠는 경우에 ii) 합리적 논증을 전제하는 때에만 제한적으로 허용된다.[1] 피고인에게 유리한 유추는 '그렇게 하지 않으면 그 결과가 현저히 형평과 정의에 반하거나 심각한 불합리가 초래되는 경우'에만 가능하다는 설명[2]도 비슷한 취지라 할 수 있다.

⑵ **당사자주의의 법원리성에 대한 의문** 당사자주의로부터 책문권포기설을 이끌어내는 방법론 역시 타당하다고 할 수 없다. 당사자주의 자체가 개별사안에서 재판규범으로 원용될 수 있는 독자적 법원리는 아니기 때문이다. 현행법상 당사자주의가 직권주의에 비해 그 비중이 높다고 단언할 수 없음은 상술한 바와 같으나, 설령 현행법이 당사자주의 소송구조를 바탕으로 한다고 가정하더라도 그것으로부터 책문권포기나 하자치유 등 쟁점에 관해 실천적인 결론이 제시된다고 생각할 수는 없다. 당사자주의를 당사자추행주의, 당사자대등주의, 당사자처분주의 어느 것으로 이해하든, 법치국가에서 소송절차상 위법의 선언과 그에 따른 조치는 법원의 당연한 책무이고 소송추행의 주도권을 누구에게 맡기느냐의 문제와는 무관하다. 이는 그 하자가 검사나 변호인이 아니라 법원 자신의 책임 있는 사유로 인해 발생한 경우에는 더욱 그렇다. 같은 이유에서 직권주의 또한 그 자체 법원리는 아니다. 63

---

1 변종필, 위의 논문, 164쪽.

2 배종대 66쪽.
대법원 2004. 11. 11. 선고 2004도4049 판결: "형벌법규의 해석에 있어서 유추해석이나 확장해석도 피고인에게 유리한 경우에는 가능한 것이나, 문리를 넘어서는 이러한 해석은 그렇게 해석하지 아니하면 그 결과가 현저히 형평과 정의에 반하거나 심각한 불합리가 초래되는 경우에 한하여야 할 것이고, 그렇지 아니하는 한 입법자가 그 나름대로의 근거와 합리성을 가지고 입법한 경우에는 입법자의 재량을 존중하여야 하는 것이다."

'당사자주의 원칙(adversarial principle; Grundsatz des Parteiverfahrens)'이라는 표현을 사용하는 예는 어렵지 않게 찾아볼 수 있다.[1] 그러나 그러한 문헌들에서도 이를 실제로 법원리로 취급하지는 않는 것으로 보인다.

64 소송행위의 하자는 많은 경우 적법절차원칙을 위반한 결과인바, 그 종국적 효력을 피고인의 손에 맡기는 것은 결국 소송절차에 관한 규범의 처분가능성을 손쉽게 인정하고 법치국가원리를 후퇴시키는 결과를 가져오며, 이로써 '당사자주의'라는 용어를 미국법의 영향 아래 도입된 각종 인권보호장치와 방어적 참여권의 확대를 꾀하는 제도들의 규합개념으로 이해하는 관점과도 (그 관점의 타당성 여하를 차치하고) 정반대의 결과를 낳게 된다.

적법절차원칙 등 인권보장규범들은 법치국가적 헌법에 터잡은 요청일 뿐 당사자주의와 불가결한 관련은 없다.[2] 오히려 사안에 따라서는 참여권 보장 요청이나 공정한 재판 원칙으로부터 법관의 직권발동이 절실히 요구될 수도 있다. 영미식 당사자주의에 기초한 법해석을 표방하는 대표적인 개론서도, "당사자의 처분권을 인정하는 것이 소송추행의 주도권을 당사자에게 철저히 부여한 전형적인 당사자주의라고도 할 수 있다"고 하면서도 "소송추행을 과도하게 당사자에게 맡겨두는 것도 피고인·피의자의 권리보장, 즉 적정절차로 지지되는 당사자주의 관념에는 적합하지 않다"고 한다.[3]

65 (3) 결 어 요컨대, i) 형사재판에서 절차유지원칙이나 당사자주의를 형사소송(법)의 규범원리로 인식할 수는 없다는 점, ii) 처분불가능한 법치국가적 보호형식을 제공하는 효력규정의 위반은 오로지 진실이익이 고려된 형량의 결과로서만 불문에 부쳐질 수 있다는 점, iii) 유추금지원칙 또는 법률유보원칙에 비추어 형사절차에 민사소송법 제151조를 유추적용할 수 없다는 점에 비추어, 일정 사안에서 소송절차에 관한 이의권의 포기 그 자체를 하자치유의 단일기준으로 삼는 통설과 판례의 입장은 타당하지 않다고 하겠다.

---

1 H. Jung, *Nothing But the Truth? Some Facts, Impressions and Confessions about Truth in Criminal Procedure*, THE TRIAL ON TRIAL VOL.1 151 (2004); 심재우, "당사자주의와 직권주의", 고시계 제22권 제1호(1977), 12쪽.

2 배종대/이상돈 27쪽; 변종필, "형사소송구조 논의의 실천적 함의", 강원법학 제51권(2017), 596쪽; 이완규, "독일 형사소송상 직권주의의 재조명", 형사소송 이론과 실무 창간호(2009), 60쪽 이하 참조.

3 차용석/최용성 38쪽.

Ⅱ. 하자사안에서 책문권포기사실의 고려

생각건대, 책문권포기사실을 하자치유 여부의 판단에 반영하는 것 자체는 가능하며, 사안에 따라서는 필요할 수 있다. 그러나 지금의 판례와 같이 '책문권의 포기가 있는 경우 하자가 치유된다'는 법규칙이 되어서는 안 되며, 피고인과 변호인이 이의하지 않았다면 그 절차상 하자는 비교적 경미하거나 최소한 피고인에게 큰 불이익을 초래하지는 않을 것이라는 정도의 간접적 판단을 가능하게 하는 선에서 그쳐야 한다. 즉, 이의권포기는 비중평가에서 적법절차원칙의 무게를 가볍게 하는 소극적 근거 중 하나일 뿐, 진실규명원칙의 비중을 고평가할 적극적 근거로는 작용할 수 없다. 책문권포기가 있더라도, 그 소송행위의 효력을 인정함으로 얻을 수 있는 증거결과 또는 심증상의 이익이 존재하지 않는다면 하자치유를 인정할 수 없다고 함이 타당하다. 66

이의권포기가 이와 비슷하게 활용되는 소송법상 쟁점으로는 사생활영역에 관계된 증거의 증거능력 판단 문제가 있다. 대법원은 어떠한 증거가 개인의 사생활영역에 속하는 것인 때에는 형량을 통해 증거능력 인정 여부를 판단해야 한다고 하면서 그 형량에 고려해야 할 여러 사정 중 하나로 피고인의 증거동의를 들고 있는바,[1] 여기서 증거동의는 그 자체 증거능력인정의 충분조건은 아니다.

한편, 책문권이 포기된 사정을 형량에 고려하더라도, 지금의 판례와 같이 책문권포기 여부를 공판조서상 '변경청구 또는 이의할 점이 없다고 진술'이라는 기재의 유무를 기준으로 판단함은 부적절하다. 위와 같은 기재는 제54조 제3항의 변경청구권 및 이의제기권이 행사되지 않았다는 사실을 공증하여 차후 그에 대한 배타적 증명력을 부여하는 데 그 목적이 있다. 그런데 이 변경청구권 또는 이의제기권은, 위 조항의 법문에서도 명확히 드러나듯, 67

1 대법원 2013. 11. 28. 선고 2010도12244 판결: "국민의 인간으로서의 존엄과 가치를 보장하는 것은 국가기관의 기본적인 의무에 속하는 것이고 이는 형사절차에서도 당연히 구현되어야 하는 것이지만, 국민의 사생활 영역에 관계된 모든 증거의 제출이 곧바로 금지되는 것으로 볼 수는 없으므로 법원으로서는 효과적인 형사소추 및 형사소송에서의 진실발견이라는 공익과 개인의 인격적 이익 등의 보호이익을 비교형량하여 그 허용 여부를 결정하여야 한다. 이때 법원이 그 비교형량을 함에 있어서는 증거수집 절차와 관련된 모든 사정 즉, 사생활 내지 인격적 이익을 보호하여야 할 필요성 여부 및 그 정도, 증거수집과정에서 사생활 기타 인격적 이익을 침해하게 된 경위와 그 침해의 내용 및 정도, 형사소추의 대상이 되는 범죄의 경중 및 성격, 피고인의 증거동의 여부 등을 전체적·종합적으로 고려하여야 하고, 단지 형사소추에 필요한 증거라는 사정만을 들어 곧바로 형사소송에서의 진실발견이라는 공익이 개인의 인격적 이익 등의 보호이익보다 우월한 것으로 섣불리 단정하여서는 아니 된다."

어디까지나 "공판조서의 기재에 대하여" 하는 것이다. 이를테면 증인신문조서에 첨부된 녹취서 중 특정 부분이 실제 진술내용과 다르다는 취지의 이의진술이나, 공판조서에 기재된 소송절차가 전회기일에 아예 이루어지지 않은 것이거나 실제로 이루어진 바와는 그 내용이 다르다는 취지의 이의진술이 이에 해당한다. 이때 쟁점이 되어야 하는 것은 '전회기일에 이루어진 소송절차의 유형과 내용이 진실되게 기재됐는지'이지 '전회기일의 절차가 적법한지'가 아니다. 피고인·변호인이 '변경청구할 점과 이의할 점이 없다'고 진술하더라도 그것은 공판조서나 그 일부분인 증거목록, 증언녹취서 등의 기재에 실제와 다른 점이 없다는 취지일 뿐, 전회기일에 이루어진 소송절차의 위법을 문제삼지 않겠다는 취지로 해석될 수는 없다. 재판장이 전회기일의 위법을 특정해 피고인·변호인에게 발문하고, 그에 대해 이의 없다는 의견이 진술되어 조서에 기재된 경우에 한해 책문권포기사실을 인정함이 타당하다.[1] 피고인이 이의하지 않은 사실을 근거로 하자치유를 인정하려면 피고인 스스로 그 하자의 존재를 인지할 것이 당연히 전제되며,[2] 변호인의 조력이 있다고 해서 피고인이 이를 인지했으리라고 추정할 수도 없기 때문이다.[3]

1 김정한, "형사소송에서 책문권의 인정과 한계에 대한 실무적 고찰", 법학논총 제19권 제3호(2012), 112-113쪽; 신상현, "형사절차에서 피고인의 이의제기와 하자치유", 안암법학 제51권(2016), 169쪽.

2 신상현, 위의 논문, 159쪽.

3 신상현, 위의 논문, 160쪽.

제3절 규칙적용사안[1] §8

제1관 치유될 수 없는 하자

Ⅰ. 기소절차상 하자 사안의 특성

여타 소송행위의 하자치유 여부는 소송계속상태의 유지를 전제로 그것 1
을 무위로 돌린 후 다시 할 것인지의 문제이다. 가령 국민참여재판 대상사건에 관해 제1심법원이 의사확인절차 없이 통상절차로 공판을 진행한 경우, 제1심에서 이루어진 소송행위를 확정적으로 무효로 볼지, 아니면 항소심에서 피고인이 충분한 시간 숙고해 그러한 위법을 문제삼지 않을 의사를 명백히 표시했음을 이유로 하자가 치유된다고 할지는 결국 사건을 제1심으로 환송해 심리를 처음부터 다시 진행하게 할지의 문제라 할 수 있다[§13/10-20 참조]. 이때 우리는 그러한 절차반복에 터잡은 종국판결의 내용이 위법하게 이루어진 종전의 소송절차에 따른 종국판결의 내용과 결론상 큰 차이를 보이지 않는 경우를 자주 목도한다. 반면, 무효인 공소제기의 하자치유 여부는 언제나 형식재판을 통해 피고인을 절차에서 아예 해방시킬지 아니면 실체재판으로 나아갈지의 문제로서 법원에게 '전부(실체판결) 아니면 無(공소기각판결 및 구속피고인 석방)'의 선택을 강요하는 쟁점이다. 물론 공소기각판결은 기판력이 없으므로(제253조 제1항) 재기소가 가능하겠으나, 최소한 당해 절차에서는 무조건 판결주문의 차이를 가져온다.

적극적 실체진실주의와, 범죄예방을 통한 사회보호를 지향하는 효과지 2
향적 사유에서는 소위 실체진실의 발견과 형사소추를 통한 국가의 이익을 위해 (기술적 합리성의 관점에서) 가급적 많은 증거의 확보와 (처벌을 위한) 신속한 재판종결을 추구한다.[2] 이는 여타 소송행위보다도 특히 공소제기의 경우에 가급적 하자치유를 인정하려는 해석론으로 귀결된다. 여타 소송행위의 하자치유 문제에서 주로

---

1 이 절의 내용은 나기업, "형사소송에서 하자의 치유와 책문권포기", 저스티스 제201호(2024), 80–81쪽; "공소장일본주의 위반과 공소사실불특정의 소송법상 효과", 형사정책연구 제35권 제4호(2024), 6–9, 28–31쪽의 서술에 기반하고 있다.

2 변종필, "형사소송과 범죄투쟁, 그리고 인권", 비교형사법연구 제5권 제2호(2003), 940쪽.

사법자원의 효율적 운용이나 증거조사절차의 번잡함을 의식했다면, 공소제기의 하자치유 문제에서는 (무죄심증이 형성된 극소수의 경우를 제외하고) 이른바 '정의'와 (실체적) '진실'이라는 명분을 내세우게 된다. 그러나 다음에서 보듯 공소제기의 무효는 진실규명원칙과의 형량으로 치유될 수 없다.

Ⅱ. 법규칙으로서 형사소송법 제327조

3 공소제기가 무효인 경우의 법률효과에 관해서는 특별히 제327조가 규율하고 있으며, 그 문언상 "다음 각호의 경우에는 판결로써 공소기각의 선고를 하여야 한다"고 하여 형식재판을 지시하는 법규칙의 형태를 취하고 있다. 공소제기가 효력규정을 위반한 경우 유죄판결을 해서는 안 된다는 요청은 적법절차원칙 자체로부터도 곧바로 이끌어낼 수도 있으나 이는 단지 잠정적 성격만을 갖는바, 제327조는 그것을 공소기각판결의무라는 구체적·확정적 명령의 형태로 전환시킨다. 이처럼 입법자가 이미 원리간 우열관계를 정한 결과로써 위 규정을 제정한 이상,[1] 공소제기가 무효인 경우는 원리충돌사안에 해당하지 않으므로, 법원은 형량 없이 곧바로 공소를 기각해야 한다.

4 하자치유를 인정하지 않고 공소를 기각한다면 검사로서는 판결확정 후 재기소할 수 있는바, 이 경우 결과적으로 피고인이 더 긴 시간 재판을 받을 수 있음을 이유로, 그러한 공소기각판결은 피고인의 이익에 반해 부당하다고 하는 견해가 있다. 가령 공소장일본주의 위반의 하자치유 가부가 문제된 대법원 2009. 10. 22. 선고 2009도7436 (全)판결에서, 다수의견에 대한 보충의견들은 "대부분의 경우 피고인은 당해 소송절차에서 공소기각의 판결을 받더라도 다시 … 새로운 공소제기에 따라 재판을 받아야 할 것이 예상된다는 점을 감안하면, 오히려 무용의 절차를 반복함으로써 피고인의 이익에도 반하고 소송경제나 신속한 재판을 받을 권리 등 형사소송절차의 또 다른 이념을 지나치게 희생하는 결과를 초래하게 된다"거나,[2] "공소장일본주의에 위배된다고 하더라도 그 법률적 효력은 공소기각의 판결을 할 수 있는 데 그치고 새로이 이루어지는 공소제기에는 아무런 제한이 없다는 데 대하여 이견을 찾아볼 수 없는바, 그렇다면

---

1 변종필, "공소장일본주의 위반과 하자의 치유", 비교형사법연구 제18권 제3호(2016), 86쪽.

2 대법원 2009. 10. 22. 선고 2009도7436 (全)판결의 보충의견(대법관 김능환).

공소장일본주의의 취지가 당해 피고인에 대한 형사소추 자체를 절대적으로 부정하는 것이 아님은 명백하고, 오히려 다른 형사소송의 이념을 도외시한 채 이를 강조한다면 … 신속한 재판을 받고 싶어 하는 피고인의 불이익으로 귀착될 수 있다"고 한다.[1] 그러나 이러한 관점에는 다음의 이유에서 찬성할 수 없다.

i) 공소제기의 절차가 법률의 규정에 합치해야 한다는 것은 소송조건이다. 5 소송조건은 형사사법체계의 근간을 이루는 제도로서 그 흠을 이유로 하는 형식재판이 피고인에게 현실적으로 불리한지 유리한지에 따라 탄력적으로 검토될 성질의 것이 아니다. 앞서도 언급했듯 형사재판에서는 '피고인의 불행을 최대한 회피하거나 경감시키는 방향으로 행동하라'는 약자보호의 정언명령[2]이 작동하기는 하나[§7/30-32 참조], 법치국가원리 및 권력분립원칙상 그것은 어디까지나 소송법규가 그어 놓은 테두리 안에서 실천되어야 한다.

ii) 무엇이 피고인의 이익에 합치하는지는 법원이 쉽게 재단할 수 없다. 6 재기소를 감수하고라도 일단 공소기각판결을 받음으로써 피고인은 많은 것을 얻을 수 있다. 우선, 변호인과 함께 기록을 세심히 검토하고 사건을 다양한 관점에서 분석할 시간을 벌 수 있다. 또 자신에게 유리한 증거를 확보하거나 우호적 증인을 찾을 말미를 얻을 수 있다. 구속상태라면 풀려날 수 있고, 중형이 예상되는 사안이라면 신변을 정리하고 가족들과 시간을 보낼 여유를 조금이라도 더 가질 수 있다(더욱이 재판부가 적대적 예단을 드러냈다면, 공소기각으로 기피신청을 인용받는 것과 동일한 효과를 거둘 수 있다). 위 2009도7436 판결 사안에서 피고인과 변호인은 장기간 숙고 끝에 공소장일본주의 위반 주장이 이익이 된다고 판단해 이를 상소이유로 삼은 것이다. 그들에게 '그런 주장은 피고인의 불이익을 초래한다'고 응답함은 피고인·변호인을 분별력 없는 백치쯤으로 취급해야만 가능한 처사라 하겠다.

위 판결의 보충의견은 기소절차상 하자가 치유되지 않음을 이유로 공소기각판결을 할 경우 "i) 피고인이 자신의 죄책을 모두 인정하고 오로지 양형상 선처만을 바라고 있는 사안에서도 법원은 반드시 공소기각판결을 선고하여야 할 뿐 아니라, ii) 심지어 피고인과 검사 사이의 치열한 법정 공방 끝에 법원이 본안에 대하여 무죄 심증을 굳힌 경우에까지도 예외 없이 모두 공소기각판결을 하여야만 한다"고 하면서, "이러한 경우 검사의 재기소는 필연적일 수밖에 없는데, 7

1 대법원 2009. 10. 22. 선고 2009도7436 (全)판결의 보충의견(대법관 안대희).

2 변종필, 형사소송의 진실개념, 세종출판사(1999), 79-80쪽.

피고인에게 재차 재판절차에 응하도록 강제하는 것이 과연 헌법과 형사소송법의 정신에 부합하는 것인지 의문"이라고도 한다.[1] 그러나 i)은 정상변론만 하는 사건에서는 공소기각판결을 할 이유가 없다는 사고로서 취할 바 못되고, ii)에서 제기하는 문제는 '무죄판단을 해야 하나 형식재판우선설에 따라 공소기각을 선고한다'는 이유를 붙여 판결함으로 해결된다.[2] 확정된 형사판결의 증명력에 관한 확고한 법리[3]에 비추어 그 경우 피고인이 재기소의 위험에 내몰릴 위험은 크지 않다. 더욱이 위 판결 이후 법원은 하자치유가 인정되지 않아 공소기각판결을 해야 하는 사안에서도 피고인의 이익을 위해 특별히 무죄판결[4]을 선고할 수 있다고 판시했다.[5] 결국 위와 같은 관점은 어느 모로 보나 타당하지 않다.

제2관 강화된 논증부담

Ⅰ. 형식적 원리의 배제조건

8 법원리를 근거로 성문의 법규칙에 반하는(contra legem) 판단을 내려야 하는 경우도 있으나 이는 극히 제한적인 상황에서만 허용된다. 법원리들 중에는 구체적이고 특정한 내용의 결정을 적극적으로 요구하는 실질적 원리(material principle; substantive principle)뿐 아니라, 내용을 불문하고 적절하게

1 대법원 2009. 10. 22. 선고 2009도7436 (全)판결의 보충의견(대법관 안대희).

2 이를테면 수원지방법원 2020. 12. 23. 선고 2020고단332 판결.

3 대법원 2009. 12. 24. 선고 2009도11349 판결.

4 광주지방법원 2012. 8. 31. 선고 2012노704 판결: "사건의 실체에 관한 심리가 완료되어 공소사실이 무죄인 것으로 판단된 경우에는, 형식재판우선의 원칙을 기계적으로 관철하기 위하여 유죄도 무죄도 아닌 공소기각판결을 선고하는 것보다는 피고인의 결백을 공적으로 선언해주는 … 무죄의 실체판결을 선고할 수 있다. 이러한 경우에 독일연방대법원은 예외적으로 무죄판결을 선고하고 있[다](BGH, Urteil v. 12. Juni 1951 g. St. 1 StR 102/51, BGHSt 1, 231; Urteil v. 1. März 1955g. P. 5 StR 53/55, BGHSt 7, 256; Beschluss v, 19. 2. 1985 – 5 StR 36/85, NStZ 1985, 495)."

5 대법원 2015. 5. 14. 선고 2012도11431 판결: "사건의 실체에 관한 심리가 이미 완료되어 교특법 제3조 제2항 단서에서 정한 사유가 없는 것으로 판명되고 달리 피고인이 같은 조 제1항의 죄를 범하였다고 인정되지 않는 경우, 설령 같은 조 제2항 본문이나 제4조 제1항 본문의 사유가 있더라도, 사실심법원이 피고인의 이익을 위하여 교특법위반의 공소사실에 대하여 무죄의 실체판결을 선고하였다면, 이를 위법이라고 볼 수는 없다."

제정되어 사회적으로 효과적인 규범의 권위가 최대화되길 요구하는 형식적 원리(formal principle)[1]들도 존재한다. 정당한 권위로 제정된 법규칙은 준수되어야만 한다는 원칙이나 전통화된 실무를 근거 없이 회피해서는 안 된다는 원칙 등[2]이 그에 해당한다. 이러한 형식적 원리들 역시 최적화명령의 속성을 지니고 개별사안에서 실질적 원리와 충돌할 수 있으나, 실질적 원리에 대해 현저히 우월적 지위를 갖는다.[3] 가령 법적 안정성의 요구는 형식적 원리에, 정의의 요청은 실질적 원리에 속하는바,[4] “극단적 불의는 법이 아니다”라는 라드브루흐 공식은 양자 간 우열관계 확정의 대표적 예로서 극단적 불의의 임계값을 넘지 않는 한 형식적 원리에 우선권이 주어짐을 내포한다.[5]

법규칙에 대해 그 배후원리와 충돌하는 다른 (실질적) 원리로 인해 예외가 9
인정되려면, 개별사안에서 그 다른 법원리가 (해당 법규칙의 배후에 놓인 법원리보다 높은 비중을 지니는 것으로는 부족하고) 위와 같은 형식적 원리보다도 높은 비중을 가져야 한다.[6] 문언구속의 형식적 원리의 비중을 더 낮게 평가할 강력한 논거가 없다면 성문의 법규칙은 그와 반대의 결론을 요구하는 법원리에 우선한다.[7] 그 결과 법해석에서 법률문언에의 구속을 표현하는 논거는 다른 논거들에 우선순위를 둬야 할 합리적 근거가 제시될 수 없는 한 그 다른 논거들에 언제나 앞서기에, 명문의 법규칙에 반하는 판단에는 법관에게 더욱 무거운 논증부담이 부과된다.[8] 그처럼 형식적 원리까지 배제함으로써 법규칙에 예외를 부가하는 것 또한 법원리 간 우열관계 확정작업의 일종이라 할 수 있으나, 라드브루흐 공식에서 보듯 이는 극히 예외적이고 비정형적인 사안에서 제한적으로 행해질 것으로서 실질적 원리 간 충돌과는 다른 양상을 띠고, 또 이로써 규칙이 확정적 성격을 잃는 것도 아니다(이에 지금까지 ‘형량’이라고 할 때 형식적 원리에 대한 고려는 배제했으며, 법규칙 적용사안에서 형량은 가능하지도 필요하지도 않음을 전제로 논의했다).

1 R. Alexy, *Formal Principles*, 12 INT'L J. CONST. L. 511－524 (2014).
2 로베르트 알렉시(이준일 譯), 기본권이론, 한길사(2007), 133－134쪽.
3 R. Alexy, *Formal Principles*, 12 INT'L J. CONST. L. 516 (2014).
4 R. Alexy, *The Dual Nature of Law*, 23(2) RATIO JURIS 174 (2010).
5 R. Alexy, *Formal Principles*, 12 INT'L J. CONST. L. 517 (2014).
6 알렉시, 앞의 책, 133－134쪽.
7 알렉시, 앞의 책, 171쪽.
8 로베르트 알렉시(변종필/최희수/박달현 譯), 법적 논증 이론, 고려대학교출판부(2007), 334－348, 381－386쪽.

Ⅱ. 공소제기 무효사안의 경우

10 통상의 하자사안에서는 대체로 그 무효로 인한 법률효과에 관한 법규칙이 없으므로 관련된 법원리들 간 형량과정을 판결서에 거시함으로써 수소법원은 최소한의 논증의무를 이행했다는 평가를 받을 수 있다. 물론, 그 과정에서 고려된 각종의 기준이나 제반 사정이 적절한지 여부에 대한 판단은 상이할 수 있다. 반면, 공소제기가 위법하여 무효인 사안에서 하자치유를 인정함은 법규칙인 제327조와 정면으로 충돌한다. 이에 기소절차상 무효사유가 있는 사안에서 그 치유를 인정하는 판단의 정당화를 위해서는 제327조의 문언을 위반해서까지 실체재판을 해야 하는 중대한 사유가 있는지, 나아가 그것이 당해사안에서 법체계 내 형식적 원리로서 민주적 정당성을 가진 입법자의 결정권능의 원리[1]보다도 높은 비중을 갖는지를 설시하지 않으면 안 된다.

11 이러한 관점은 일정한 기소절차상 하자가 결심 즈음에서야 발견된 경우 책문권포기 등 특정한 사정을 이유로 하자치유를 인정해 제327조의 적용을 배제하는 판례의 태도와는 병립할 수 없다. 단지 피고인의 이의포기가 법규칙의 준수를 요구하는 형식적 원리나 권력분립원칙을 후퇴시킬 정도의 근거가 될 수 없음은 자명하다. 법규칙이 없는 여타 하자사안에서조차 이는 단지 적법절차원칙과 진실규명원칙 간 형량국면에서 전자의 비중을 가볍게 하는 여러 소극적 요소들 가운데 하나에 불과하다. 결국 공소제기의 무효를 치유하려면 법문에 반하는 결정을 내릴 수밖에 없는 이유를 상세히 논증하는 작업을 수행해야만 한다. 그러나 지금껏 대법원이나 하급심에서 그러한 요청을 준수하여 판결한 예는 찾아볼 수 없을뿐더러, 저자가 보기에 기소절차상 하자의 치유가 인정된 사례들 가운데 논증을 통해 그런 판단이 정당화될 만한 사례는 아직까지 나타난 바 없다.

---

1 로베르트 알렉시(박정훈 譯), "법체계와 실천이성", 법철학과 사회철학 제3집(1993), 98쪽.

제4절 요 약 §9

이 장에서는 하자치유의 근거 및 구체적 기준에 관한 총론적 논의를 전개해 다음과 같은 결론을 도출했다. 1

I. 법체계는 법규칙과 법원리로 구성되는바[§6/1-11 참조], 소송행위가 무효인 경우의 법효과가 구체적으로 규정되어 있는 경우는 규칙적용사안, 그러한 규정이 없는 경우는 원리충돌사안에 해당한다. 후자의 상황에서는 형량이 가능하고 요구되지만, 전자의 상황에서는 형량을 할 수 없다[§6/12-14 참조]. 2

II. 후자의 사안에서는 적법절차원칙의 대척점에서 하자치유를 인정하라고 지시하는 법원리가 무엇인지, 그리고 형량에서 기본적 우선순위는 어떻게 설정되어야 하며, 수소법원의 비중평가에 어떤 사정이 어떻게 고려되어야 하는지의 문제가 제기된다. 종래 학설·판례는 하자치유의 이론적 근거로서 이른바 '절차유지원칙'을 원용해 왔으나, 형사소송에서 이러한 개념을 인정함은 타당하지 않다[§7/1-11 참조]. 실무상 소송행위의 하자치유 여부는 결국 심증(형성)의 포기 여부로 연결되고, 그에 관한 절차참여자들 간 논의는 필연적으로 진실추구 문제와 결부되므로, 현실에서 하자치유 문제는 실체재판－형식재판 간, 또는 유죄판결－무죄판결 간 경계에서 적법절차원칙과 진실규명원칙 간 충돌국면으로 나타난다[§7/13-16 참조]. 방법론적 차원에서도 하자치유 문제는 위 두 원리 간 충돌의 문제로 파악될 수밖에 없는바, 적법절차원칙이 형사소송(법)의 기본원칙이자 그 자체 목적이기도 한 이상 개별사안에서 이를 후퇴시킬 만한 중요성을 갖는 원리는 진실규명요청밖에 없기 때문이다[§7/17-19 참조]. 3

무효사안에서 적법절차요청과 진실규명요청 간 충돌상황의 발생 여부는 여기서의 '진실'을 어떻게 정의하는지에 따라 달라질 수 있다[§7/20 참조]. 대응론적·실체적 진실개념은 정형화된 법규칙에 따라 재구성된 사안과 실체적 진실이 불일치할 수 있음을 전제한다[§7/21-23 참조]. 반면, 의사소통적·절차적 진실개념에서는 합리적 절차에 따라 확정한 사실관계를 곧 (형사소송에서의) 진실로 규정한다[§7/24-27 참조]. 사안에 따라서는, 전자에 의하면 두 원리 간 형량국면이 발생하지만 후자에 따르면 두 원리 모두 하자불치유를 지시할 수 있다[§7/28-29 참조]. 4

5 피고인보호의 이념 및 절차의 사법정형성 요청에 비추어, 형량에서는 적법절차원칙이 원칙적으로, 그리고 현저하게 우위를 지닌다고 보아야 한다[§7/30-37 참조]. 하자치유는 절차위반이 매우 경미하고 진실이익이 현저히 큰 사안에서 지극히 제한적으로만 인정되어야 하며, 소송절차의 시간적 발전이나 책문권포기 등 사정은 하자치유를 요구하는 적극적 근거가 아닌, 적법절차이익의 비중을 상대적으로 경미하게 평가하도록 하는 소극적 근거로만 작용할 수 있다[§7/38-43 참조]. 일부 사안에서 판례가 취하고 있는 책문권포기설은 피고인에게 불이익한 유추의 결과물로서 죄형법정원칙·법률유보원칙에 위배될 뿐 아니라, 책문권포기사실 자체를 하자치유의 유일한 기준으로 설정해 형량을 생략하는 방법론으로서 타당하다고 할 수 없다[§7/44-67 참조].

6 Ⅲ. 일반적 소송행위의 효력규정위반 사안과는 달리, 공소제기가 무효인 경우에 관해서는 법규칙인 제327조가 그 법적 효과를 확정적으로 지시하고 있다. 여기서는 입법자가 이미 비중평가를 마쳤으므로, 수소법원의 형량을 통한 하자치유는 인정될 수 없다[§8/1-7 참조]. 제327조를 위반해서라도 실체판결을 해야 하는 중대한 사유가 있고, 그것이 당해사안에서 법체계 내 형식적 원리로서 민주적 정당성을 가진 입법자의 결정권능의 원리보다도 높은 비중을 갖는다는 점에 대한 충분한 논증이 뒷받침된다면 그러한 하자치유도 정당화될 여지가 있으나, 현실에서 그런 사안은 좀처럼 생각하기 어렵다[§8/8-11 참조].

제4장[§10–12]

하자사안에서 법원의 조치

이 장에서는 하자 있는 소송행위의 종국적 효력을 긍정하거나 부정하는 판단이 구체적으로 어떠한 소송법상 조치로 연결되어야 하며, 해당 조치를 실행함에 있어 법원이 판결서에 그러한 결론을 어떻게 현출해야 하는지의 문제를 다룬다. 실무상 i) 하자가 치유되었다고 해야 할 사안에서 마치 하자가 잔존하는 것처럼 서술 또는 암시하거나 ii) 하자가 치유되지 않았다고 하면서도 정작 이를 해결하기 위한 유효·적절한 구제책을 취하지 않는 경우가 많고, 학계에서도 특별히 이에 대해 문제를 제기하지 않고 있다. 그러나 i)은 소송행위의 최종적 가치판단을 오도하는 것이고, ii)는 피고인에 대한 일종의 사법적 기만 내지 방임이라는 점에서 결코 타당한 처사라고 보기 어렵다. 이 장에서는 그러한 인식과 태도를 비판적으로 검토하고 각각의 경우에 대해 적절한 소송법상 처리방안을 제시하고자 한다.

특히 주목해야 할 지점은 ii)라고 할 수 있다. 법치국가적 형사소송에서 사법형식성은, 효력규정을 준수하지 못한 절차에 대한 무효선언뿐 아니라, 파손된 절차의 정당성과 염결성을 실질적으로 회복하는 후속적 대응까지도 요구한다. 무효선언 그 자체는 정형화요청에 부응하기 위한 일련의 수리작업의 출발점에 불과한 것이다. 하자 있는 소송행위의 효력을 최종적으로 부정하는 판단을 내리고도 정작 그에 대응하는 복구적 조치를 취하지 않거나 소홀한 미봉책으로 변통함은 궁극적으로 형사사법에 대한 신뢰를 침식하는 결과로 이어질 수 있다. 이는 추상적 규범평가면에서는 절차의 사법정형성을 표방하면서도 구체적 법률효과면에서는 형사사법의 기능적 효율성을 좇으려는 시도라 할 수 있겠으나, 그러한 이원적 방법론은 역설적으로 두 가지 가치가 동시에 추구될 수 없다는 사실만을 보여줄 따름이다.

제1절 하자가 치유된 사안에서의 조치

제1관 유효한 소송행위로의 취급

하자가 치유된 경우, 법원은 그 소송행위가 유효함을 전제로 소송절차를 진행해 판결해야 한다. 문제의 소송행위가 증거조사라면, 해당 증거결과를 사실인정의 자료로 사용할 수 있다.[1] 1

제2관 상소이유 아닌 법령위반과의 구별[2]

Ⅰ. 치유된 하자 ≠ 판결에 영향을 미치지 않은 위법

간혹 하자가 치유된 사안에서 i) 소송절차상 위법이 판결에 영향을 미치지 않았다고 하거나, ii) 하자가 치유됐다는 판단과 법령위반이 판결에 영향을 미치지 않았다는 판단을 병렬적으로 하는 예가 있다. 그러나 하자가 치유됐다면 위법상태가 해소·소멸된 것이므로, 위법상태가 상소심에서도 잔존하되 굳이 원판결을 파기할 필요까지는 없는 경우와는 구별해야 한다. 2

양자의 실천적 차이는 그러한 위법이 항소심이 아니라 제1심에서 발견됐을 때 수소법원이 어떻게 조치해야 하는지에 있다. i) 단순 법령위반, 즉 항소법원에 의해 파기될 정도는 아닌 위법을 인지한 경우, 제1심법원은 이를 무시해서는 안 되고 그 위법성을 제거해야 한다. 가령 증거능력 없는 증거를 조사했다면, 해당 증거 없이도 공소사실을 모두 유죄로 인정하기 충분하더라도(즉, 그 증거를 거시해 유죄판단을 함이 판결에 영향을 미친 위법은 아니라도) 그에 대해 배제결정(규칙 제139조 제4항)을 해야 한다.[3] 반 3

---

1 대법원 1974. 1. 15. 선고 73도2967 판결; 2010. 1. 14. 선고 2009도9344 판결; 2012. 7. 26. 선고 2012도2937 판결; 2022. 3. 17. 선고 2016도17054 판결.

2 이하는 나기업, "형사소송에서 하자의 치유와 책문권포기", 저스티스 제201호(2024), 65–66쪽의 서술에 바탕하고 있다.

3 부산지방법원 2017. 4. 6. 선고 2016고단6122 판결; 인천지방법원 부천지원 2020. 1. 8. 선고

면, ii) 소송행위가 무효이나 그 하자가 치유된 때에는 현상태에서 위법성이 존재하지 않으므로 제1심법원으로서는 그러한 제거행위를 할 필요가 없으며, 상소법원 또한 그 부분에 관해 법령위반이 없다고 판단하면 족하고 따로 판결에의 영향 여부를 검토할 일이 아니다.

Ⅱ. 예시: 부본송달 누락사안의 경우

1. 공소장부본송달 누락

4 공소장부본송달은 피고인의 방어권 및 변호인의 변론권 행사의 기본적 전제가 되는 사항이므로, 공소장부본을 아예 송달하지 않았거나[1] 구속사건에서 공소장부본을 교도소·구치소의 장이 아닌 교도관 개인을 수신자로 하여 송달함은 위법하고,[2] 그러한 송달누락상태하에 진행된 소송행위는 모두 무효이다. 그러나 공소장의 내용은 기록열람·등사로도 확인할 수 있는 것이고, 이에 피고인과 변호인이 이의를 제기하지 않고 변론권과 방어권을 충분히 행사한 결과 사실심리절차가 종료되어 심증이 형성됐다면, 그러한 위법으로 인해 소송절차를 처음부터 다시 진행할 이익보다는 실체재판의 이익이 더 크다고 할 수 있으므로, 진실규명요청에 따라 하자가 치유된다고 할 수 있다.

5 이에 관해 대법원 1992. 3. 10. 선고 91도3272 판결은 "공소장의 송달이 부적법하다 하여도 피고인이 제1심에서 이의함이 없이 공소사실에 관하여 충분히 진술할 기회를 부여받은 이상 판결결과에는 영향이 없어 그것이 적법한 상소이유가 된다고 할 수 없다"고 한다.[3] 그러나 이 경우 상소법원은 하자가 치유되어 소송행위가 효력이 있다고 해야지,[4] 위법상태가 잔존함을 전제로 그것이 판결에 영향이 없다고 할 일이 아니다. 가령 제1심 공판절차에서 사실심리 종료 직후 그러한 사실이 지적되더라도 수소법원은 굳이 공소장부본송달을 위해 변론을 재개해 절차를 다시 진행할 필요가 없고 그대로 결심하고 판결을 선고할 수 있는 것이다.

2019고단1135 판결.

1 대법원 2014. 4. 24. 선고 2013도9498 판결; 2024. 4. 16. 선고 2024도2979 판결.

2 대법원 1992. 3. 10. 선고 91도3272 판결.

3 대법원 1992. 3. 10. 선고 91도3272 판결.

4 서울고등법원 1975. 6. 26. 선고 75노432 판결.

2. 항소이유서부본송달 누락

대법원 1981. 9. 8. 선고 81도2040 판결은, "제361조의3 제2항은 항소한 6
소송관계인의 상대방으로 하여금 방어를 준비할 수 있는 기회를 주기 위한 것이므로, 검사의 항소이유서 부본을 피고인에게 송달하지 아니한 경우라 하더라도 그 방어의 기회를 박탈했다고 볼 수 없는 특별한 사정이 있는 경우에는 그 항소이유서의 부본을 송달하지 아니한 하자는 치유된 것으로 보아야 할 것인바, … 원심이 송달하지 아니한 검사의 항소이유서의 요지는 제1심의 피고인에 대한 형량은 너무 가벼워 부당하다는 것인데, 피고인 역시 항소이유로서 사실오인과 양형과중의 사유를 들고 있고, 원심은 쌍방의 항소를 변론 없이 기록에 나타난 양형의 조건이 되는 제반사항을 참작하여 한 제1심의 형의 양정이 적절하고 무겁거나 가볍다고 볼 수 없다 하여 쌍방의 항소를 기각하고 있으니, 검사의 항소에 대한 피고인의 방어권을 충분히 참작하였다고 보여져 그로 인하여 피고인에게 양형에 있어 불이익하게 변경된 바 없으므로, 원심의 위와 같은 하자는 치유되었다"고 판시하고 있다.[1]

생각건대, 검사가 제출한 항소이유서의 부본이 피고인측에 송달되지 않 7
았다면 항소심의 소송행위는 모두 무효이나(제361조의3 제2항), 피고인·변호인이 다른 경로로 그 내용을 확인했고 책문권행사 없이 방어권과 변론권을 충분히 행사했다면 하자치유를 인정할 수 있다. 그러나 위 사안에서 피고인은 판결시까지 검사의 항소이유가 무엇인지 알 수 없었고 책문권을 행사할 기회와 시간을 전혀 받지 못했다. 그리고 양형과중 주장에 상대방의 양형과경 주장이 이유없다는 취지가 당연히 포함돼있지도 않다(두 주장이 각기 다른 양형인자에 초점을 맞추고 있을 수 있기 때문이다).[2] 쌍방의 양형부당 항소가 모두 이유 없다는 사유는 위와 같은 절차상 위법을 치유할 근거가 될 수 없다.

위와 같은 사안에서는 하자치유를 인정할 수 없다고 본다. 대법원은 항 8
소이유서 송달누락의 하자가 치유되었다고 할 것이 아니라 단지 항소이유서 송달누락의 위법이 판결에 영향을 미치지 않았다고 설시했어야 했다.

---

1 대법원 1981. 9. 8. 선고 81도2040 판결.

2 김정한, "형사소송에서 책문권의 인정과 한계에 대한 실무적 고찰", 법학논총 제19권 제3호(2012), 113–114쪽.

위와 같은 쟁점이 불거진 것은 항소법원[1]이 제384조 제5항에 따라 변론 없이 항소를 기각했기 때문이다. 변론이 열렸더라면 피고인측은 공판정에서 검사의 항소이유서를 아직 송달받지 못했음을 지적하며 이를 송달받은 후 반론할 기회를 요청할 수 있었을 것이다. 현재 무변론항소기각판결은 자주 활용되지는 않기에[2] 위와 같은 사안은 흔치 않다.

별론으로, 무변론 항소기각판결 제도는 폐지해야 한다. 항소이유 없음이 명백하다는 판단이 틀렸을 가능성을 배제할 수 없거니와, 처단형의 상한이 선고된 사건에서 검사만 양형과경을 이유로 항소했거나 처단형의 하한이 선고된 사건에서 피고인만 양형과중을 이유로 항소한 경우라도 그 후 (항소법원의 직권 판단을 요하는) 새로운 사실이 드러나거나 사정변경이 발생할 수 있기 때문이다. 입법론상 이를 판결이 아니라 결정으로 규정해 선고절차까지도 생략할 수 있게 해야 한다는 견해가 있다고 하나,[3] 찬성하기 어렵다.

1 전주지방법원 1981. 6. 11. 선고 81노385 판결.

2 근래의 예로는 서울북부지방법원 2016. 7. 15. 선고 2016노63 판결; 2016. 7. 15. 선고 2015노2382 판결; 창원지방법원 2016. 11. 16. 선고 2016노2605 판결; 의정부지방법원 2017. 12. 18. 선고 2017노2874 판결.

3 서울고등법원 재판실무개선위원회, 형사 항소심 판결작성실무, 사법발전재단(2015), 65쪽.

제2절 하자가 치유되지 않는 사안에서의 조치 §11

제1관 무효를 전제로 한 심리

1 진실규명원칙과 적법절차원칙 간 형량으로 치유될 수 없는 하자를 인지한 경우, 법원은 해당 소송행위를 적법하게 다시 행하거나, 그 소송행위의 존재를 배제하고 절차를 진행해야 한다. 해당 소송행위가 증거조사라면 그 증거결과를 사실인정의 자료에서 제외해야 한다. 공소제기가 무효인 때에는 하자치유가 인정되지 않으므로, 수소법원은 기소절차상 효력규정이 발견되는 그 즉시 제327조 제2호에 따라 공소기각판결을 해야 한다.

2 공소제기의 무효원인 중 공소권남용(평등권을 침해하는 선별기소, 고의적인 이시추가기소 등)이나 범의유발형 함정수사는 (공소기각판결과는 달리, 확정시 기판력이 생기는) 면소판결의 사유로 보아야 한다는 견해가 있다.[1] 이는 제326조 각호의 사유는 소송추행의 이익이 없는 경우를 예시한 것이므로 기소절차상 하자가 중대하다면 동조를 유추적용할 수 있다는 관점을 전제한다. 생각건대 이러한 시각은 입법론으로는 의미가 있을 수 있다. 공소제기의 무효를 공소기각판결사유로 삼는 것이 보편타당한 절대적 지침은 아니기 때문이다. 대체적 견해는 공소기각사유보다 면소사유가 사건의 실체와 좀 더 밀접한 관련이 있다고 하지만, 별다른 실체심리 없이 면소사유를 확인할 수 있는 사안이 있는가 하면(동일사건에 관한 확정판결의 존재는 공소장과 선행판결문을 대조만 해도 알 수 있는 경우가 많다) 오랜 실체심리를 진행한 끝에 비로소 공소기각사유가 드러나는 사안도 있다는 점에서(전체 공소사실 중 친고죄에 해당하는 축소사실만 인정되는 사건에서 고소취소를 이유로 공소를 기각하는 판결은, 필연적으로 면밀한 증거조사를 거치게 된다) 둘의 구별은 상대적이다. 그리고 면소사유들 간에 공소기각사유와 구별되는 표지로서의 뚜렷한 공통점이 존재하는 것도 아닌데, 가령 i) 제326조 제1호, 제2호, 제4호 사유의 경우 헌법기관의 공권적 결정(사법부의 확정판결, 행정부 수반인 대통령의 사면, 입법부 또는 헌법재판소에 의한 형벌규정 폐지)과 관련되지만 제2호 사유의 경우 헌법규정과 관련이 없으며 공소시효제도가 실정

---

1 김기두, "함정수사", 월간고시 제114호(1983), 105쪽; 鈴木茂嗣 63쪽; 田口守一 413쪽; 井戸田侃 129－133쪽.

법상 절대적 제도인 것도 아니라는 점[1]에서 성격이 다르고, ii) 제2호 내지 제4호 사유는 당초 존재했던 실체심판가능성이 사후적으로 소멸했다는 점(이는 제327조 제5호, 제6호, 제328조 제1항 제1호의 공소기각사유도 공유하는 특성이다)에서 공통되나 제1호 사유는 실체재판 확정을 사유로 한다는 점에서 이질적이다. 이에 어떤 소송조건을 공소기각판결과 면소판결 중 어느 것과 결부시킬지는 정책적 문제에 속한다고 할 수 있다.[2] 그러나 형식재판사유는 열거적인 것이고,[3] 전술했듯 법관에 의한 소송조건의 입법을 허용함은 방법론적으로 부당한 만큼[§3/26 참조], 위와 같은 시각은 적어도 해석론으로는 수용하기 어렵다고 본다.

차용석 교수의 교과서가 위와 같은 시각을 취하고 있다고 설명하기도 한다.[4] 해당 교과서는 제326조 제1호의 면소사유에 관해 "유죄의 선고가 기간의 경과라든가 사면 등에 의하여 그 효력을 상실한 때에도 확정판결은 있으므로 이에 해당한다. 이중기소에서 뒤의 기소가 먼저 확정된 때에는 앞의 기소에 면소를 선고한다. 소년법의 보호처분도 이에 해당된다. 명문의 규정이 없더라도 면소와 같이 피고인에게 유익한 규정은 형식적·제한적으로 해석할 것이 아니고 유추적용이 가능하다."라고 기술하고 있다. 그런데 이는 동일사건의 실체에 관해 이미 공권적 결정이 내려졌다면 제326조 제1호를 유추적용할 수 있다는 취지일 뿐, 초법규적 면소사유를 인정할 수 있다는 취지는 아닌 듯하다. 위 서술로부터는 이를테면 i) 범칙금통고처분이 있는 사건에서는 도로교통법 제164조 제3항이나 경범죄처벌법 제8조 제3항과 같은 규정이 없더라도 면소판결을 해야 한다거나, ii) 보호처분확정으로 인해 기소금지효(소년법 제53조, 가폭법 제16조, 아학법 제33조, 성매매처벌법 제17조 제1항)가 발생한 사건에서 대법원판례와 같이 공소기각판결[5]을 할 것이 아니라 면소판결[6]을 해야 한다는 결론은 도출할 수 있으나, 기소절차상 하자가 중대한 사안에서 면소판결을 해야 한다는 결론까지 도출하기는 어렵다고 본다.

3 제1심 소송행위의 하자가 상소심에서 발견됐고 문제의 소송행위가 증거조사에 국한된 것으로서 그 하자로 인해 특정 증거에 증거능력이 부인되는

1 박미숙, 공소시효제도에 관한 연구, 한국형사정책연구원(2004), 93쪽.

2 윤영석, "면소판결의 본질과 일사부재리효", 비교형사법연구 제25권 제2호(2023), 244쪽; 임동규, "면소와 실체심리의 문제", 인도주의적 형사법과 형사정책, 동성사(2000), 273쪽.

3 이은모/김정환 766쪽; 임동규 709쪽.

4 윤영석, 앞의 논문, 243쪽; 이존걸, "면소판결사유의 범위", 한국콘텐츠학회논문지 제11권 제5호(2011), 303쪽.

5 대법원 1985. 5. 28. 선고 85도21 판결.

6 대구고등법원 1984. 11. 15. 선고 84노1003 판결.

경우, 상소법원은 해당 증거를 제외하고 판단해도 제1심의 결론을 유지할 수 있는지 여부를 검토해야 한다. 유지할 수 없으면 파기판결을, 유지할 수 있으면 법령위반이 판결에 영향을 미치지는 않았다는 이유의 상소기각판결을 해야 한다.[1]

제2관 제1심의 소송행위 전체가 무효인 경우[2]

제1심의 소송행위가 모두 무효이고 그것이 치유되지 않는 경우, 항소법 4
원의 조치로는 크게 i) 모든 소송행위를 항소심에서 다시 하는 것과 ii) 사건을 제1심으로 환송해 다시 심리·판결하게 하는 것의 두 가지를 생각해볼 수 있다. 판례는 사안에 따라 두 방법을 모두 활용하고 있다[§13 참조].[3]

제366조는 공소기각·관할위반의 재판이 법률에 위반되는 경우 사건을 5
제1심으로 환송하도록 규정하고 있다. 심급의 이익은 단지 각 심급에서의 재판을 받을 권리라는 형식적 의미를 넘어 그 심급에 고유한 절차적 권리를 충분히 향유하고 당해심급의 법원으로부터 사건의 전말에 대한 충분한 심리를 받을 이익이라는 실질적 의미를 갖는바, 공소를 기각할 사안이 아님에도 공소기각판결을 한 경우에는 (심급 자체를 건너뛴 것은 아니지만) 제1심에서 실체판결을 받을 이익이 침해됐기에 자판하지 않고 제1심으로 환송하게 한 것이다. 제1심의 소송행위가 전부 무효이고 그 하자가 치유되지도 않는 경우는 피고인에게 적법·유효한 소송행위에 기초한 제1심판결을 새로 받을 기회를 부여해 심급이익을 보전해줄 필요가 있다는 점에서 문제상황이 유사하다. 그렇다면 여기서도 제366조를 유추적용해 사건을 제1심법원으로 돌려보내는 것이 가장 적확한 해결책이다(책문권포기의 경우와 달리, 이는 피고인에게 유리한 유추적용이다). 항소심이 모든 소송행위를 새로 한 후 파기자판하여 타협함은 결과적으로 사실심의 종심인 항소심에 제1심의 역할을 맡김으로써 제1심 심급이익의 본질적이고도 중요한 부분을 박탈하는 소송진

1 변종필/나기업 613쪽.

2 이하는 나기업, "제1심의 소송행위가 모두 무효인 경우 항소법원의 조치", 저스티스 제204호(2024), 185–188쪽의 서술을 간추려 재구성한 것이다.

3 i)의 예로는 대법원 2014. 4. 24. 선고 2013도9498 판결; ii)의 예로는 대법원 2012. 4. 26. 선고 2012도1225 판결.

행이다.

6 헌법재판소 2010. 2. 25. 선고 2008헌바67 (全)결정은, 필요적변호사건임에도 변호인 없이 공판절차를 진행하여 소송행위가 모두 무효인 경우에 관해 "i) 제1심의 심리절차에서 사건의 실체에 대한 심리가 이루어졌고 소송절차의 하자는 항소심의 속심절차에 의하여 시정 · 보완될 수 있는 것이므로, 제1심에서 실체적인 심리가 전혀 이루어지지 아니한 공소기각 또는 관할위반의 재판과는 본질적인 차이가 있는 것이다. … ii) 사건을 원심법원으로 환송하지 않고 자판한다고 하더라도, 피고인으로서는 원심법원보다 경륜이 높거나 다수의 법관들로 구성된 항소법원에 의하여 원심절차의 법령위반이 해소된 상태에서 충실한 심리를 받을 수 있을 뿐만 아니라, 대법원에 상고할 권리도 보장되어 있으므로 재판의 적정이라는 관점에서 보더라도 재판청구권 또는 공정한 재판을 받을 권리를 침해한다고 보기 어렵다. … iii) 원심법원으로 환송하게 하는 것은 재판의 신속 및 소송경제의 측면에서도 무익한 절차의 반복에 지나지 아니하여 공공의 이익은 물론 피고인의 이익에도 반한다."라고 하여[1] 위와 같은 해석론이 허용되지 않는다는 듯한 입장을 취한 바 있다. 이는 필요적변호사건에서 변호인 없이 제1심을 진행한 위법을 파기환송사유로 삼지 않는 것이 위헌인지 여부에 대해 내려진 판단이기는 하나,[2] 그 설시내용에 비추어 제366조의 유추적용이 불가능하다는 결론 또한 위 결정에서 자연스럽게 도출될 것으로 여겨진다. 그러나 이러한 판단은 다음의 이유에서 수긍하기 어렵다.

7 먼저, 소송행위가 모두 무효인 경우에는 규범적 관점에서 실체심리가 있었다고 평가할 수 없다. 공판기일의 실체형성행위 전체가 무효라면 단지 사실적으로만 증거조사가 행해졌을 뿐, 소송법적으로 의미 있는 실체심리가 존재한다고는 할 수 없다. 개개 소송행위가 무효라면 이에 기초해 획득된 증거결과나 심증 역시 무효인 것이다. 항소심에서 모든 소송행위를 다시 하는 조

1 헌법재판소 2010. 2. 25. 선고 2008헌바67 결정.

2 헌법재판소 2010. 2. 25. 선고 2008헌바67 결정: "제1심에서 실체적 심리를 하지 아니한 경우에만 환송하여 제1심의 실체적 심리를 거치게 하고 제1심에서 필요적 변호절차를 위반한 경우에는 항소심에서 자판하게 한 것은 속심제 항소심 구조하에서 재판의 적정·신속 및 소송경제의 이념을 합리적으로 조화시키기 위한 입법자의 정책적 결단이 표현된 것이라 할 것이고, 입법형성권의 재량이 현저히 불합리하거나 자의적으로 행사되었다고 볼 수 없다. 제1심의 실체적 심리과정에서 필요적 변호절차를 위반하였더라도 항소심의 속심절차에 의하여 시정되고 보완될 수 있으므로, 제1심에 환송하여 다시 필요적 변호절차를 거치게 하지 않더라도 적법절차의 원칙에 위반된다거나 형사피고인의 공정한 재판을 받을 권리를 침해하였다고 볼 수 없다."

치가 제1심 소송절차상 하자의 “시정·보완”이라고 말할 수도 없다. 제1심 심급이익의 실질적 부분이 박탈되었다면, 그러한 위법은 오직 제1심에서 그러한 이익을 향유할 기회를 다시 제공하는 방법으로만 시정될 수 있기 때문이다. 결국 i)은 파기환송의 필요성과 정당성을 부인할 근거가 될 수 없다.

다음으로, 제1심보다 항소법원의 심리가 충실하기 마련이고, 대법원에 8
상고권도 보장되어 있다는 ii)의 논리는 심급이익 침해라는 위법이 갖는 의미를 지나치게 평가절하하는 것이다. 항소심재판부의 구성원이 제1심 재판부의 구성원에 비해 경륜이 높거나 수가 많다는 점은 제1심 심급이익의 실질적 침해상태를 해소할 만한 사정이 될 수 없다. 입법자는 기본적으로 항소심절차를 제1심에서 이루어진 공방·판단을 사후적으로 검증하거나 사건을 새로운 시각에서 평가하는 과정이 주축이 되도록 설계해 놓았고, 이에 제1심의 실체심리는 기본적으로 사안확정과 법률판단에 대한 소송주체의 주장 및 증거결과와 그에 대한 법원의 판단이 차후 항소법원에 의해 검증·수정될 수 있음을 염두에 두기 때문이다. 제1심의 변론전략은 의식적으로든 은연중에든 항소심이라는 제2선이 후방에 남아있다는 고려하에 수립되지만, 항소심에서의 변론전략은 그곳이 종심(終審)임을 전제로 수립된다. 가령 필요적변호사건에서 증거관계가 복잡하고 사실관계를 다툴 여지가 있는 경우, 공판절차 초기부터 변호인이 개입한다면 우선 제1심에서 무죄를 주장했다가 제2심에서 자백하며 감형을 요청하는 전략을 세울 수 있을 것이다. 그러나 제2심부터 비로소 변호인이 개입할 경우, 그 사건에서의 변론방향은 무죄주장 아니면 정상변론의 양자택일이 될 공산이 크다. 사실오인은 원칙상 상고이유로 삼을 수 없고, 대다수 사건에서 사안확정의 최종장은 항소심이기 때문이다.

끝으로, 원심법원에서 소송행위를 다시 행하게 함은 무익한 절차반복에 9
불과해 공공의 이익과 피고인의 이익에 반한다는 iii)은, 기능적합성에 매몰된 결과론적 사고로서 절차적 정당성과 사법정형성의 요청을 도외시하는 판단이다. 특히 환송을 통한 절차반복이 ‘피고인의 이익’에 반한다는 평가는 지극히 아전인수적인데, 전술했듯[§8/6 참조] 무엇이 피고인에게 이익되는 절차진행인지는 국가후견주의적 견지에서 법원이나 헌법재판소가 정하는 것이 아니라 피고인 스스로가 자신이 처한 구체적 상황에 비추어 변호인의 조력하에 판단하는 것이기 때문이다. 물론 법원은 장기간 누적된 실무경향에 터잡아 피고인에게 대체로 무엇이 유리하고 무엇이 불리하다는 추상적 판단은 할 수 있지만, 자판이 환송보다 피고인에게 이익이라고 평가할 경험적·실증적 근거는 없다. 집행유예나 벌금의 선고가 거의 확실한 자백사건의 불구속피고인은 환송을 거추장스러워 할 수도 있겠으나 일반화할 것은 못된다.

제3절 요 약 §12

하자가 치유된 경우 수소법원은 그 소송행위가 유효함을 전제로 심리해 1
판결해야 하고[§10/1 참조], 하자가 치유되지 않은 때에는 해당 소송행위를 다시 행하거나 그 존재를 배제하고 재판해야 한다[§11/1-3 참조]. 이 장에서는 그러한 위법이 상소심단계에서 발견된 경우 어떤 소송법상 조치가 행해져야 하는지의 문제를 중점적으로 다루었다. 저자의 결론은 다음과 같다.

I. 치유된 하자는 '판결에 영향을 미치지 않은 위법'과 다르다[§10/2-3 참조]. 2
가령 공소장부본송달 누락의 하자가 치유된 사안에서 '효력규정위반이 판결에 영향을 미치지 않았다'고 판단하거나, 상소이유서부본송달 누락의 하자가 치유되지는 않았으나 그것이 판결에 영향을 미치지는 않은 사안에서 '하자가 치유'되었다고 설시한 판례의 태도는 타당하다고 할 수 없다[§10/4-8 참조].

II. 제1심의 소송행위가 모두 무효이고 그것이 치유되지 않은 경우에는 3
실질적으로 심급의 이익이 총체적으로 침해됐다고 할 수 있다[§11/4-5 참조]. 이러한 위법은 파기자판으로 해소될 수 없으므로, 항소법원은 제366조를 유추적용해 사건을 제1심으로 환송하여 공판절차를 처음부터 다시 진행하도록 해야 한다[§11/6-9 참조].

제5장[§13-15]
적 용

이 장에서는 제2장에서 검토한 무효사안들 중 실무상 중요한 의의를 지니는 몇 가지 유형을 선별해 제3장·제4장에서 도출한 결론을 적용하고, 관련판례의 태도를 분석·검토하기로 한다. 먼저, i) 제1절에서는 원리충돌국면이 발생하는 사안 중에서도 특히 중요하다고 할 수 있는, 공판절차가 전체로서 적법하게 되기 위한 요건을 구비하지 못해 제1심의 소송행위가 모두 무효로 되는 사안을 다룬다. 여기서는 형량에서 진실규명이익이 적법절차요청보다 우위를 점할 수 없음에도 하자치유를 인정하거나, 하자치유를 부인하면서도 그 시정방법으로 항소법원의 파기자판을 제시하는 판례의 태도를 비판의 대상으로 삼는다. 다음으로, ii) 제2절에서는 규칙적용사안으로서 효력규정위반 또는 이중기소로 인해 제327조에 따라 공소기각판결을 선고해야 하는 사례를 살펴볼 것이다. 제327조의 법규칙으로서의 성격에 비추어 공소제기의 하자치유는 인정될 수 없다는 저자의 관점에 따르면 상당히 많은 쟁점들에 관해 통설·판례와 상이한 결론에 도달하게 되는바, 그 구체적 양상을 하자유형별로 조명하고자 한다.

종래 하자치유의 문제로 다뤄져 온 사안 가운데 소송행위가 불성립하는 것으로 보아야 하는 경우는 이곳에서 상세히 다루지 않는다. 가령 대법원은 공소장에 기명날인 또는 서명이 누락된 경우 공소제기가 무효라는 전제하에 검사의 서명추완으로 하자가 치유된다고 하나[§4/16 참조], 여기서는 공소제기 자체가 부존재하므로 하자치유를 논의할 수 없다. 그리고 하자치유가 인정되지 않는다는 점에 대해 학설과 판례가 일치되어 있는 쟁점도 여기서 굳이 언급하지 않는다. 이를테면 친고죄사건에서 고소가 없음에도 공소가 제기된 경우 추후 고소추완으로 하자가 치유되지 않는다는 점에 대해서는 현시점에서 달리 이견을 찾아보기 어려우므로, 이 장에서 별도로 설명하지 않는다.

제1절 원리충돌사안[1] §13

제1관 공판개정요건 흠결

Ⅰ. 필요적변호사건에서 변호인 없이 절차를 진행한 경우

1. 판례의 태도

필요적변호사건에서 사선변호인이 선임되어 있지 않음에도 국선변호인 1
선정 없이 심리해 판결한 경우, 해당 공판절차의 소송행위는 모두 무효이다. 대법원은 필요적변호사건임에도 제1심이 변호인 없이 공판절차가 진행된 사안에서 "이 사건은 제282조에 규정된 필요적변호사건에 해당되고 … 기록에 의하면 제1심의 공판절차는 변호인 없이 이루어졌음이 명백한바, 그렇다면 그와 같은 위법한 공판절차에서 이루어진 소송행위는 무효라 할 것이므로, 이러한 경우에는 원심으로서는 변호인이 있는 상태에서 소송행위를 새로이 한 후 위법한 제1심판결을 파기하고, 원심에서의 진술 및 증거조사 등 심리결과에 기하여 다시 판결하여야 할 것이다."라고 하여,[2] 항소법원이 모든 소송행위를 변호인 재정상태로 새로 해야 한다는 입장을 취하고 있다.

2. 검　토

헌법에서 유래된 변호인의 가장 본질적이고 기본적인 지위는 형사사법 2
절차상 열악한 지위에 놓인 피의자·피고인을 돕고 보호하는 보호자적 지위이다(진실의무로 표상되는 공익적 지위도 있으나, 이는 보호자적 지위의 한계로서 소극적 의미를 지닐 뿐, 그에 앞서는 적극적 지위는 아니다).[3] 변호인의 고유한 의의

---

1 이 절은 나기업, "제1심의 소송행위가 모두 무효인 경우 항소법원의 조치", 저스티스 제204쪽(2024), 180－200쪽의 서술에 기초하고 있다.

2 대법원 1995. 4. 25. 선고 94도2347 판결.
대법원 2024. 7. 11. 선고 2024도5566 판결: "제33조 제1항 제1호의 '피고인이 구속된 때'라고 함은 피고인이 해당 형사사건에서 구속되어 재판을 받고 있는 경우에 한정된다고 볼 수 없고, 피고인이 별건으로 구속영장이 발부되어 집행되거나 다른 형사사건에서 유죄판결이 확정되어 그 판결의 집행으로 구금 상태에 있는 경우 또한 포괄하고 있다."

3 강동욱 115쪽; 이재방, "변호사의 직무상 책임과 윤리의 충돌", 홍익법학 제8권 제3호(2007), 33－34쪽; 이재상/조균석/이창온 440쪽.

는 그가 민사상 위임계약에 따른 민사절차상 소송대리인이나 고소대리인과는 달리 피고인의 보호자라는 데 있으며, 필요적변호사건 제도는 중형이 예상되거나 피고인의 소송능력이 부족해 실질적 방어권행사가 특별히 요청되는 사건에 관해 피고인의 권리를 보호하고 공판심리의 적정을 기하고자 보호자로서 변호인의 출석을 개정·심리요건으로 설정한 것이다.[1] 필요적변호사건에서 피고인이 보호자 없이 제1심 재판을 받았다는 것은 그 판결의 결론여하를 떠나 그 자체 헌법적 요청에 반하므로 중대한 하자에 해당한다.

3 i) 형사소송의 진실을 구성적·절차적 개념으로 이해한다면[§7/24-29 참조], 필요적변호사건에서 변호인의 존재는 그 공판절차를 통한 사안확정이 소송상 진실로 승인되기 위한 가장 기본적인 의사소통적 조건에 속하는 이상, 위와 같은 하자사안에서 두 법원칙 간 형량은 성립조차 할 수 없다. 여기서는 양자 모두 소송행위가 종국적으로 무효라는 결론을 지시하므로 하자치유를 인정할 여지가 없다. 한편, ii) 대응론적·실체적 진실개념을 전제할 경우[§7/21-23 참조], 변호인 없이 진행된 공판절차에서 도달한 종국결론이 객관적 진실에 합치한다고 평가한다면 진실이익과 적법절차이익 간 형량국면이 발생할 수 있다. 그러나 제282조의 준수를 통해 확보되는 적법절차이익이 이를 포기함으로써 획득되는 진실이익보다 작다고 보기 어려우므로, 저울질을 거치더라도 하자치유를 인정할 수 없다는 결론에 도달하게 된다. 따라서 판례가 위와 같은 사안에서 하자치유를 인정할 여지를 남기지 않는 것은 어느 모로 보나 타당하다.

4 그러나, 항소법원이 모든 소송행위를 새로이 한 후 위법한 제1심판결을 파기하고, 원심에서의 진술 및 증거조사 등 심리결과에 기하여 다시 판결해야 한다는 설시에는 찬성할 수 없다. 전술했듯[§11/5 참조] 제1심 소송행위 전체가 무효이고 그 하자가 치유되지 않는 때에는 사건을 제1심법원으로 환송해 공판절차를 처음부터 다시 진행하게 함이 옳다. 위와 같은 사안에서 하자의 본질은 필요적변호사건임에도 피고인이 '제1심에서' 보호자인 변호인의 조력을 받지 못했다는 데 있는바, 항소심단계에서 변호인을 선임한 후 모든 소송행위를 새롭게 한다고 해서 그 항소심이 제1심이 되는 것은 아니다.

---

1 헌법재판소 2010. 2. 25. 선고 2008헌바67 결정.

Ⅱ. 위법한 궐석재판과 공소장부본송달 누락

1. 판례의 태도

5 **대법원은** "제1심이 공시송달로 피고인을 소환한 최초의 공판기일에 피고인의 불출석 상태에서 재판절차를 진행하였다면 그 소송절차는 법령을 위반한 것으로서, 이와 같은 위법한 공판절차에서 이루어진 소송행위는 효력이 없으므로, 이러한 경우 항소심은 피고인에게 공소장부본을 다시 송달하고 적법한 절차에 의하여 소송행위를 새로이 한 후 항소심에서의 진술과 증거조사 등 심리결과에 기초하여 다시 판결하여야 한다"**는 입장이다.**[1]

6 **나아가 판례는,** "제1심이 피고인에 대한 공소장부본의 송달 없이 공시송달의 방법으로 피고인에 대한 소환만을 한 다음 피고인이 출석하지 아니한 상태에서 그 진술 없이 공판절차를 진행하고 판결을 선고한 조치에는 소송절차상의 법령위반에 해당하는 위법이 있다. … 피고인이 실제로 이를 수령하거나 법정에 출석하여 다투었을 가능성은 거의 없었을 것으로 추정된다는 사정만으로 위와 같은 법령위반의 하자가 묵과될 수는 없다. 공시송달 자체가 피고인에 대한 직접 송달의 법적 의제이고, 비록 현실적인 수령가능성이 거의 없더라도 그와 같은 송달절차를 취하는 것은 소송절차의 완결성을 갖추게 하기 위한 필수요소로 보아야 할 것이기 때문이다."**라고 하면서,**[2] **이때** "제1심 공판절차에서 이루어진 소송행위는 효력이 없으므로 원심으로서는 적법한 절차에 의하여 소송행위를 새로이 한 후 원심에서의 진술과 증거조사 등 심리결과에 기초하여 다시 판결"**해야 한다고 한다.**[3]

2. 검　토

7 다음과 같은 점에서, 위 두 사안에서는 하자의 중대성에 비추어 그 치유를 인정할 수 없다. i) 궐석재판요건이 불비됐음에도 피고인 출정 없이 심리·판결한 것은 필요적변호사건에서 변호인 없이 공판절차를 진행한 것보다 더 심각한 하자라 할 수 있다. 위법한 궐석재판이 일부 기일에서만 있었다면 몰라도(i) 공전된 기일 또는 단순 쟁점정리 정도만 이루어진 기일이라면 '판결에 영향을 미치지 않은 위법'으로 취급할 수 있고, ii) 증거조사기일이었다면 그날의 증거조사를 무효로 돌려야 한다) 공판절차

1 대법원 2017. 1. 12. 선고 2016도17929 판결.
2 대법원 2013. 5. 23. 선고 2013도3462 판결.
3 대법원 2014. 4. 24. 선고 2013도9498 판결.

전체에서 발생했다면 이는 심급의 이익이 총체적으로 침해된 것이다.

8 한편, ii) 공판절차상 법적 청문권의 충실한 보장을 위해서는 그 전제로서 피고인이 자신과 관련된 사실관계나 법적 쟁점에 관한 사항을 숙지할 수 있게끔 해야 하는바, 이러한 요청은 법원의 일정한 고지의무를 형성하고, 공소장부본송달의무는 그중 가장 핵심이 되는 것으로서 그 이행은 이후 공판기일에서 소송행위의 유효조건이 된다.[1] 통상의 사안에서 공소장부본송달 누락의 하자가 책문권포기로 치유되는 것은 피고인 스스로 공소사실을 이미 인지하고 있는 상황에서 공판정에서 공소장을 수령해 그 내용을 충분히 숙지한 후 변론에 나아갔기 때문인데,[2] 공시송달로 제1심재판이 진행된 경우에는 그와 같은 사정이 존재할 수 없다. 결론적으로 판례가 위 경우 소송행위 전체가 무효라고 하고 하자치유를 언급하지 않는 것은 타당하다고 할 수 있다.

9 다만, 항소심이 모든 소송행위를 새로 한 후 파기자판해야 한다는 데는 동의하기 어렵다. 전술했듯 제366조를 유추적용해 제1심으로 환송함이 옳다고 본다[§11/5 참조]. i)의 경우, 항소법원이 자판한다면 피고인은 순전히 법원의 과오로 제1심 공판에 출정할 기회를 박탈당함으로써 실질적으로 사실심재판을 단심으로 받는 결과가 된다. ii)의 경우에도, 공소사실이 피고인에게 고지되지 않은 채 그의 불출석하에 제1심재판이 진행된 이상 파기자판은 심급의 이익을 침해하는 것이다.

제2관 국민참여재판 관련규정 위반

I. 국민참여재판 의사확인절차 누락

1. 판례의 태도

10 제1심법원이 피고인에게 국민참여재판 희망의사 여부 자체를 묻지 않고서 통상절차로 재판을 진행해 판결한 경우에 관해, 대법원 2012. 4. 26. 선고 2012도1225 판결은 "피고인이 국민참여재판을 원하는지에 관한 의사의 확인절

---

1 변종필, "형사소송과 법적 청문", 인권과 정의 제245호(1997), 93-94, 106쪽 참조.

2 이를테면 인천지방법원 2017. 8. 23. 선고 2017노2113 판결.

차를 거치지 아니한 채 통상의 공판절차로 재판을 진행하였다면, 이는 피고인의 국민참여재판을 받을 권리에 대한 중대한 침해로서 그 절차는 위법하고 이러한 위법한 공판절차에서 이루어진 소송행위도 무효라고 보아야 한다"고 하면서도 [§3/69-7 1 참조], "피고인이 항소심에서 국민참여재판을 원하지 아니한다고 하면서 위와 같은 제1심의 절차적 위법을 문제삼지 아니할 의사를 명백히 표시하는 경우에는 그 하자가 치유되어 제1심 공판절차는 전체로서 적법하게 된다고 봄이 상당하고, 다만 국민참여재판제도의 취지와 피고인의 국민참여재판을 받을 권리를 실질적으로 보장하고자 하는 관련규정의 내용에 비추어 위 권리를 침해한 제1심 공판절차의 하자가 치유된다고 보기 위해서는 … 피고인에게 국민참여재판절차 등에 관한 충분한 안내와 그 희망 여부에 관하여 숙고할 수 있는 상당한 시간이 사전에 부여되어야 할 것이다."라고 하여 피고인이 책문권포기 및 국민참여재판 불희망의사를 명확히 표시한 경우 하자가 치유된다는 입장을 취했다.[1]

이후 대법원 2012. 9. 13. 선고 2012도7760 판결은 항소심에 이르러 피고인이 국민참여재판 희망의사를 표시함으로써 하자치유가 인정되지 않는 경우 항소법원은 사건을 제1심으로 환송해야 한다고 하였다.[2] 하급심에서는 그러한 환송의 근거는 제366조의 유추적용이라고 부연하고 있다.[3] 11

의사확인절차 누락사안에서는 진실개념을 실체적인 것으로 파악하든 절차적·의사소통적인 것으로 파악하든, 진실규명요청과 적법절차원칙 간 형량국면이 발생하게 된다. 국민참여재판이 비록 현행 형사사법체계가 보유한 가 12

1 대법원 2012. 4. 26. 선고 2012도1225 판결; 2012. 9. 13. 선고 2012도7760 판결; 2013. 1. 31. 선고 2012도13896 판결; 2013. 9. 26. 선고 2013도7609 판결; 2014. 6. 12. 선고 2013도10776 판결; 2018. 7. 20. 선고 2018도7036, 2018전도50(병합) 판결.

2 대법원 2012. 9. 13. 선고 2012도7760 판결: "원심으로서는 제1심법원이 피고인에 대하여 국민참여재판을 원하는지에 관한 의사를 확인하였는지 여부를 먼저 심리한 다음, 만약 제1심법원이 이를 확인하지 않았다면 앞서 본 법리에 따라 피고인에게 국민참여재판절차 등에 관한 충분한 안내를 하고 그 희망 여부에 관하여 숙고할 수 있는 상당한 시간을 부여한 후 그럼에도 피고인이 국민참여재판을 원하지 않으면서 제1심의 절차적 위법을 문제삼지 아니할 의사를 명백히 표시하는 등 제1심의 공판절차상 하자가 치유되었다고 볼 수 있는 사정이 있는지를 판단하여 결국 그 하자가 치유되지 않는 경우에 해당하면 제1심 공판절차에서 이루어진 소송행위를 무효라고 보아 직권으로 제1심판결을 파기하고 사건을 제1심법원으로 환송하였어야 한다."

3 대구고등법원 2012. 6. 14. 선고 2012노40 판결; 부산고등법원 2013. 2. 8. 선고 2022노462 판결; 서울고등법원(춘천) 2015. 4. 22. 선고 2015노9 판결; 광주고등법원 2016. 5. 3. 선고 2016도60 판결; 서울고등법원 2018. 11. 1. 선고 2018노1156 판결; 2019. 10. 25. 선고 2019노80 판결; 2020. 7. 23. 선고 2020노287 판결 등.

장 엄격하고 치밀한 형태의 소송절차[1]이기는 하지만, 통상의 공판절차 또한 진실규명을 위한 의사소통적 조건을 충분히 갖추고 있고, 실제로 현행 국민참여재판법이 배심원평결에 기속력을 부인하는 것 역시 직업법관의 심증이 배심원의 평결에 앞서 (형사 소송상) 진실로 평가될 수 있음을 전제한 것으로 볼 수 있기 때문이다. 대법원이 필요적변호사건에서 변호인 없이 제1심을 진행한 경우 하자치유를 인정하지 않는 반면 국민참여재판 대상사건에서 의사확인절차를 누락한 채 제1심을 진행한 경우 하자치유를 인정하는 것은, 제1심의 소송행위를 유효한 것으로 취급하고 그 실체심리결과를 유지함으로써 획득되는 진실이익을, 헌법상 기본권인 변호인의 조력을 받을 권리를 침해하고 제282조, 제283조 위반상태를 방치함으로서 포기되는 적법절차이익보다는 작게, 국민참여재판 대상사건에서 국참법 제8조 위반상태를 해소함으로써 획득되는 적법절차이익보다는 (책문권포기를 조건으로) 크게 평가하기 때문이라고 할 수 있다. 즉, 판례는 국민참여재판 희망의사를 확인하지 않은 것 자체를 소송행위의 무효사유[2]로 취급하면서도, 그 절차를 누락함으로 피고인이 입는 실질적 불이익이나 절차상 권리침해의 정도가 필요적변호사건에서 변호인 없이 심리·판결했거나 궐석재판이 불가함에도 피고인의 출정 없이 사실심리절차를 진행한 경우[§13/1-9 참조]에 비견할 바는 되지 않는다고 보아, 피고인이 진지한 의사에 기해 그러한 하자를 문제삼지 않을 의사를 표시하면 하자가 치유될 수 있다고 하는 것이다. 도식화하면 국민참여재판 의사확인절차 누락사안에서는 기본적으로 적법절차이익이 근소우위상태에 있되, 책문권포기로써 진실이익의 근소우위상태로 전환된다는 시각이라 할 수 있다.

13 증인신문절차상 하자에 관해서는 피고인과 변호인이 차회기일에 '변경할 점과 이의할 점이 없다'고 진술할 경우 책문권포기로 하자가 치유된다고 하는 것과 대조적으로,[3] 판례는 국민참여재판 의사확인절차 누락사안에 관해서는 다른 기준을 제시하고 있다. 여기서 대법원은 i) 피고인이 그러한 절차상 위법을 문제삼지 않을 의사를 명백히 표시할 것과, 그에 앞서 ii) 피고인에게 국민참여재판절차 등에 관한 충분한 안내와 그 희망 여부에 관해 숙

---

1 신동운, "양형판단과 형사항소심의 구조", 서울대학교 법학 제57권 제4호(2016), 220쪽.

2 강동욱, "국민참여형사재판의 개시에 관한 논의", 법학논총 제37권 제2호(2013), 341쪽.

3 대법원 2010. 1. 14. 선고 2009도9344 판결; 2012. 7. 26. 선고 2012도2937 판결 등.

고할 수 있는 상당한 시간이 부여될 것을 요구하고 있다. 이는 책문권포기 여부를 공판조서상 "변경청구 또는 이의할 점이 없다고 진술"이라는 기재 유무만으로 판단하는 것보다 한층 진일보된 기준이라고 할 수 있다.

구체적 사안에서 하자치유 여부를 판단하는 방법론에 관해서는 대법원 14
2012도1225 판결의 설시내용과 그 이후의 판결 및 실제 실무운용 간에 미묘한 간극이 있는 듯 보인다. 위 판결이 "피고인이 항소심에서 국민참여재판을 원하지 아니한다고 하면서 위와 같은 제1심의 절차적 위법을 문제삼지 아니할 의사를 명백히 표시하는 경우에는 그 하자가 치유된다"고 하는 것은, 국민참여재판 불희망의사와 제1심의 절차적 위법을 문제삼지 않겠다는 의사 모두가 표시된 경우에 한해 하자치유를 인정하겠다는 취지라 할 수 있다. 이에 따르면 항소법원은 국민참여재판 희망의사가 있는지 여부 및 제1심의 절차적 위법에 대해 이의가 있는지를 모두 물어보아, 피고인이 전자에 대해서는 불희망의사를, 후자에 대해서는 이의 없다는 의사를 표시한 경우에 한해 통상절차를 진행할 수 있다. 그러나 실제로는 i) 국민참여재판 희망의사와 제1심에 대해 이의를 제기할 의사 모두를 발문해, 피고인이 불희망의사와 이의 없다는 의사를 모두 밝혔음을 이유로 하자치유를 인정하는 예[1]와 ii) 국민참여재판 희망의사(이제라도 국민참여 재판을 원하는지)만을 발문해, 원하지 않는다고 대답하면 하자치유를 인정하고 통상절차에 따른 심리를, 원한다고 대답하면 파기환송판결을 하는 예가 모두 존재한다. 후자는 다시 불희망의사를 밝힌 사실 자체를 근거로 치유를 인정하는 예[2]와 불희망의사표시를 곧 제1심의 위법을 문제삼지 않겠다는 의사표시로 평가해 치유를 인정하는 예[3]로 나뉜다.

그런데 ii)의 경우 국민참여재판 희망의사가 있다는 이유만으로 제1심법 15
원으로 환송하는 것은 위 2012도1225 판결의 판시에 부합하나, 불희망의사가 있다는 이유만으로 하자치유를 인정하고 통상절차를 진행하는 것은 그 판시내용에 부합한다고 볼 수 없다. 국민참여재판 희망의사는 곧 책문권행사라

---

1 대법원 2014. 6. 12. 선고 2013도10776 판결; 2019. 1. 31. 선고 2018도17505 판결; 광주고등법원(제주) 2013. 7. 3. 선고 2013노28 판결; 서울고등법원(춘천) 2016. 7. 13. 선고 2015노157 판결; 서울고등법원 2021. 3. 18. 선고 2020노1750 판결; 2023. 5. 3. 선고 2023노688 판결 등.

2 대법원 2014. 1. 29. 선고 2013도14719 판결; 서울고등법원 2022. 9. 30. 선고 2022노1095 판결; 2022. 10. 28. 선고 2022노2063 판결 등.

3 대법원 2012. 6. 14. 선고 2011도15484 판결; 부산고등법원(창원) 2016. 1. 27. 선고 2015노270 판결 등.

할 수 있지만,[1] 책문권행사가 곧 국민참여재판 희망의사의 표시인 것은 아니며, 책문권포기는 불희망의사를 포함하지만 불희망의사가 책문권포기를 포함하는 것은 아니기 때문이다.

2. 검 토

16 대법원의 태도와 같이 책문권포기를 이유로 하자치유를 인정하는 관점을 승인하더라도, 항소법원은 '의사확인절차 누락의 위법을 다툴 것인지'만 물어보면 족하며, '지금이라도 국민참여재판을 원하는지'를 발문함은 적절치 않다. 국민참여재판은 제1심의 절차형식이고, 국참법 제8조 또한 제1심에서 피고인에게 국민참여재판 희망의사를 숙고할 권리가 보장되어야 한다는 취지의 규정으로서 제1회 공판기일 전까지 그 의사를 표시할 기회를 보장하고 있다. 제1심에서 의사확인절차가 누락된 경우, 피고인은 '이미 결정한, 국민참여재판 희망의사를 표시할 기회'가 아닌, '국민참여재판 희망여부에 관해 제1심 제1회 공판기일 전에 숙고할 기회'를 박탈당한 것이다. 따라서 책문권포기로 하자치유를 인정하는 입장하에 항소법원의 온당한 처리는 '이제라도 국민참여재판을 받고 싶은지'가 아니라 '국민참여재판 희망여부를 제1심에서 숙고할 기회를 얻고 싶은지'를 묻는 것이다. 그 질문이야말로 가장 핵심이며, 국민참여재판 희망의사 여부 자체는 환송심 재판장에 의해 최초 발문되면 족하다. 더욱이 항소심에서 국민참여재판 희망여부를 물어 피고인이 이를 긍정한다는 이유로 사건을 제1심으로 환송한다면, 환송심에서 피고인이 번의해 국민참여재판 불희망의사를 표시할 경우[2] 상당히 불합리한 소송상황이 된다는 점도 염두에 두지 않을 수 없다. 제1심 제1회 공판기일 전에는 피고인은 언제든 번의할 수 있으므로 이러한 결과를 두고 피고인을 비난할 수는 없으나(번의가 없더라도 제1심법원이 배제결정 또는 통상절차회부결정을 하는 경우가 적지 않다) 결과적으로 피고인에 의해 절차가 농단당한 모습이 된다. 항소심에서는 의사확인절차 누락이라는 위법을 다툴 의사가 있는지만을 묻고(국민참여재판 희망의사를 표하지 않고 단지 제1심의 의사확인절차 누락 그 자체만 문제삼는 것이 무익하거나 부당한 주장이라고 할 수도 없다), 국민참여재

1 희망의사를 밝히고 있다는 이유만으로 파기환송한 예로 서울고등법원 2014. 6. 13. 선고 2014노359 판결; 2017. 10. 26. 선고 2017노2307 판결; 2018. 11. 29. 선고 2018노2500 판결; 2019. 10. 25. 선고 2019노80 판결; 2020. 1. 16. 선고 2019노2383 판결; 2020. 5. 14. 선고 2020노175 판결; 2020. 12. 10. 선고 2020노1742 판결.

2 이를테면 서울고등법원 2019. 9. 27. 선고 2019노1052 판결; 대전고등법원 2023. 1. 20. 선고 2022노410, 2022전노56(병합) 판결 등.

판 희망여부는 환송심에서 최초 확인해야 그런 광경이 연출되지 않는다.

> 공소장부본을 송달받은 날로부터 7일 이내에 국민참여재판 희망의사가 기재된 서면을 법원에 제출해야 하며, 미제출시 국민참여재판을 원하지 않는 것으로 간주된다(국참법 제8조 제2항, 제3항). 위 기간이 경과한 이후에 국민참여재판 희망의사를 표시한 경우에도 유효한 국민참여재판 희망의사가 있는 것으로 보아 국민참여재판을 진행할 수 있는지에 관해 i) 불가능하다는 견해, ii) 가능하다는 견해, iii) 7일 이내에 희망/불희망 의사를 서면으로 제출한 경우에는 국민참여재판을 진행할 수 있으나, 불희망간주의 경우에는 진행이 불가하다는 견해가 있다. 대법원은 ii)의 입장이며,[1] 본문의 설명도 ii)의 관점을 전제한다.[2]

17 다음으로, 국민참여재판 의사확인절차를 누락하고 제1심을 진행한 하자가 책문권포기로 치유된다는 관점 자체가 타당하지 않다. 생각건대 판례가 책문권포기를 이유로 하자치유를 인정하는 것은, 의사확인절차 누락을 비교적 경미한 하자라고 전제하고, 법문상 국민참여재판은 피고인의 의사에 반해서는 할 수 없으며 피고인의 책문권포기는 그 자체로 동법에서 규정하고 있는 국민참여재판을 받지 않을 의사에도 해당한다는 점을 고려한 태도라 할 수 있다. 그러한 판단에는 i) 통상의 공판절차 또한 진실규명을 위한 의사소통적 조건을 충분히 갖추고 있다는 점, ii) 현행 국참법이 배심원평결에 기속력을 부인하는 것(국참법 제48조 제4항 및 제49조 제2항)은 직업법관의 심증이 배심원의 평결에 앞서 소송상의 진실로 평가될 수 있음을 전제한 결과라고 볼 수 있다는 점,[3] iii) 피고인이 희망의사를 밝히더라도 수소법원이 배제결정을 할 수 있고, 현행법상 국민참여재판 자체가 임의적 절차로서 거의 활용되지 않는 소송형식이라는 점 등이 고려됐을 것으로 보인다. 이들은 분명 의사확인절차 누락을 상대적으로 경미한 하자로 보이게 하는 측면이 있다.

> 전술했듯 국민참여재판은 현행 형사사법체계가 보유한 가장 엄격하고 치밀한 형태의 재판절차[4]라 할 수 있으나, 그 결과물인 배심원의 평결에 기속력이 인정되지 않

1 대법원 2009. 10. 23.자 2009모1032 결정.

2 김용찬, "국민참여재판 회부시까지의 절차에 관한 고찰", 저스티스 제116호(2010), 76-83쪽; 권순민, "국민참여재판의 신청과 배제에 관한 연구", 법학논총 제38권 제4호(2014), 168-173쪽 참조.

3 이러한 입법 및 인식방법의 문제점에 관해 상세히는 이정민, "국민참여재판에서의 축소사실인정", 형사판례연구 18(2010), 547쪽 이하 참조.

4 신동운, "양형판단과 형사항소심의 구조", 서울대학교 법학 제57권 제4호(2016), 220쪽.

기 때문에 실무상 이용률이 매우 낮다. 가령 2008년부터 2022년까지 총 240,833건의 국민참여재판 대상사건 중 불과 9,439건(3.91%)에서만 국민참여재판 신청이 있었고, 그중 다시 2,285건에 대해서는 배제결정이 있었다.[1] 특히 성범죄사건의 경우, 무죄추정원칙에 반하는 위헌적인 성인지감수성 법리[2]가 기승을 부리는 현실에서, 한때는 배심원의 무죄평결을 통해 직업법관의 유죄추정에 입각한 판단을 저지하고자 국민참여재판을 신청하는 예가 종종 있었다. 그러나 만장일치 또는 압도적 다수의 무죄평결을 무시하고 유죄를 선고하는 예가 다수 축적되었기로,[3] 지금은 그런 목적으로도 선뜻 활용되지 않는다.

고유한 의미의 배심제도는 배심원단의 평결에 법관이 기속됨을 불가결의 요소로 하므로, 평결에 권고적 효력만 인정되는 현행 국민참여재판제도는 엄밀히 배심제라 하기도 어렵다. 영미의 형사사법체계가 배심원 평결에 기속력을 부여하는 것은 사법부에 대한 견제장치를 마련하고 형사재판의 공정성에 대한 신뢰를 확보하며 직업법관의 사실인정 부담을 경감하기 위함인데, 현행 국민참여재판은 그중 어느 것 하나도 제대로 이뤄내지 못하고 있기에 법원, 검사, 변호인, 피고인 모두에게 외면되고 있다. 기속력의 부여가 헌법상 법관의 재판을 받을 권리(헌법 제27조 제1항)에 저촉되어 위헌이라는 견해도 있으나 동의하지 않는다.

18 그러나 다음 이유에서, 의사확인절차 누락은 그 자체 심각한 절차위반으로서 중대·명백한 하자이며, 책문권포기는 이를 치유할 사정이 될 수 없다. 먼저, i) 국참법은 국민참여재판 개시를 직권사항으로 설정하거나 회부결정에 앞서 단지 피고인의 의견을 들어야 한다고만 규정하고 있지 않다. 동법은 국민참여재판에 관해 신청주의를 채택하는 전제하에(국참법 제5조 제2항), 제8조에서 의사확인을 해야 한다는 취지 및 의사표현의 구체적 방법(같은 조 제1항, 제2항), 불희망의사 간주 및 의사번복 제한(같은 조 제3항, 제4항)을 규정하면서 구체적 사항을 대법원규칙에 위임하고 있고, 이에 따라 국참규칙은 안내서 송달제도(국참규칙 제3조 제1항), 안내서의 방식(같은 조 제2항), 안내서 제출시의 통지(같은 조 제3항 내지 제5항), 의사가 불분명한 경우의 심문제도(국참규칙 제4조)를 규정하고 있다. 이처럼 상세한 규율체계는 의사확인절차가 단순히 피고인의 편의를 배려하는 장치를 넘어, 국민참여재판 대상사건의 심리

---

1 임성민, 국민참여재판의 현황 및 활성화 방안에 관한 연구, 사법정책연구원(2024), 62, 233쪽.

2 대법원 2018. 4. 12. 선고 2017두74702 판결; 2018. 10. 25. 선고 2018도7709 판결; 2019. 9. 9. 선고 2019도2562 판결; 2019. 12. 12 선고 2019도5797 판결 등.

3 이를테면 부산지방법원 2018. 7. 27. 선고 2018고합205 판결; 광주지방법원 2019. 1. 15. 선고 2018고합455 판결; 대전지방법원 2019. 12. 10. 선고 2019고합266 판결; 창원지방법원 2020. 10. 23. 선고 2020고합11 판결 등.

가 전체로서 적법하게 되기 위한 정형화된 틀로 설정되어 있음을 보여준다. 이를테면 최종변론(제303조)이 단지 피고인의 주관적 진술권에 지나지 않는 것이 아니라 결심 및 판결선고가 적법하게 되기 위한 객관적 정당화조건이고, 이에 피고인·변호인 중 어느 일방에게라도 최후진술기회를 부여하지 않는 경우 이의유무를 불문하고 파기사유가 되듯,[1] 국민참여재판 의사확인절차 역시 공판절차의 적법성과 정당성을 담보하는 전제조건으로서 그 누락은 책문권포기 여부와 무관하게 파기사유가 된다고 보아야 한다. 오히려 의사확인절차는 소송절차의 유형을 결정하기 전 피고인에게 의견을 밝힐 단 한 번의 기회를 보장하는 단락이고, 여기서 피고인이 표명하는 의사는 법원에게 일정한 의무나 구속을 부과하는 만큼(희망의사를 밝히면 그에 대한결정의무가, 불희망의사를 밝히면 회부금지효가 생긴다), 이를 빠뜨림은 (변론종결 외에는 그 자체 특별한 절차상 효력을 발생시키지 않는) 최후변론 누락보다도 중한 하자라 볼 수도 있다.

다음으로, ii) 국참법 제8조 제1항은 수소법원이 국민참여재판 희망의사 19
를 "반드시 확인하여야 한다"고 규정하는 한편, "피고인의 국민참여재판을 받을 권리가 최대한 보장되도록 하여야 한다"고 강조하고 있다. 형사법은 물론 대한민국의 법령 전체를 기준으로 보더라도 '반드시', '최대한'과 같은 강한 어조의 표현은 이례적이다. 이러한 부사를 법문에 삽입한 것은 해당 규정에 의해 추구되는 절차에 특별히 중요한 의미를 부여하고, 이를 준수하지 않은 절차의 적법성을 인정하지 않겠다는 입법적 결단이라고 할 수 있다. 이러한 강조의 근저에는, 국민참여재판은 사법의 민주적 정당성을 강화하고 투명성을 높임으로써 국민으로부터 신뢰받는 사법제도를 확립하려는 취지하에 도입된 만큼, 국민참여재판과 관련된 소송행위에는 통상의 소송절차의 그것보다 더욱 강한 형식구속 요청이 제기된다는 사고가 자리하고 있다고 본다.

이상과 같이 의사확인절차를 (부수적 의미만을 갖는 기술적 수단이 아닌) 공판절차의 불가결한 정당 20
화조건으로 이해한다면, 국민참여재판이 임의적 절차이고 배심원평결에 기속력이 없어 실무상 제 역할을 못하는 현실이나, 피고인이 이의를 제기하지 않고 국민참여재판을 원치 않는다는 사정은, 원리간 형량[§7 참조]에서 의사확인절차 누락으로 침탈된 적법절차이익의 무게를 낮추는 데 유의하게 기여하지 못한다고 보아야 한다. 애초에 어떠한 하자에 소송행위 전체를 무효로 돌릴

1 대법원 2018. 3. 29. 선고 2018도327 판결.

정도의 중대성을 인정하는 것과, 책문권포기만으로 그러한 하자가 치유될 수 있다고 보는 것은 양립불가능하다. 판례와 같이 책문권포기를 이유로 하자치유를 인정할 것이라면 차라리 처음부터 의사확인절차의 누락을 소송행위 전체의 무효사유로 보지 않고 단순 상소이유(판결에 영향을 미친 법령위반)로만 취급하는 편이 정합적이다. 소송행위 전체를 무효로 돌릴 정도의 하자라면 이미 저울의 팔은 처음부터 적법절차원칙의 방향으로 현저히 기울어져 있기에, 책문권포기로는 그 방향을 반전시킬 수 없다. 결론적으로 여기서는 피고인에게 의사를 물을 것도 없이 제366조를 유추적용해 사건을 원심으로 환송함이 옳다고 하겠다.

Ⅱ. 국민참여재판신청에 대한 결정의 누락

1. 판례의 태도

21 대법원 2011. 9. 8. 선고 2011도7106 판결은 국민참여재판 대상사건에서 피고인이 국민참여재판을 신청했음에도 제1심법원이 아무런 결정 없이 공판절차를 진행했고 항소법원 또한 이를 문제삼지 않은 사안에서 제1심의 소송행위는 모두 무효라고 하면서, "이러한 제1심법원의 소송절차상의 하자는 직권조사사유에 해당하므로, 원심법원으로서는 비록 피고인이 이러한 점을 항소사유로 삼고 있지 않다 하더라도 이를 살펴 직권으로 제1심판결을 파기하였어야 함에도 불구하고 원심법원은 이러한 제1심판결의 위법에 대하여 아무런 심리, 판단을 하지 아니한 채 피고인의 항소를 기각하고 말았으니, 이러한 원심법원의 판단에도 국민참여재판을 받을 권리 및 소송절차상의 하자에 관한 법리를 오해하여 판결에 영향을 미친 위법이 있다"는 설시와 함께 사건을 제1심으로 환송했다.

22 앞서 본 2012도1225 판결[§13/10-15 참조]과 달리 위 판결은 하자치유 여지를 남기지 않았다. 그러나 하급심에서는 위와 같은 사안에서 통상 '피고인이 항소심에서 국민참여재판 희망의사를 밝힌 이상 그 하자가 치유되지 않는다'고 하여, 불희망의사를 밝히면 하자가 치유될 수 있는 것처럼 설시하고 있다.[1]

---

1 서울고등법원 2014. 2. 11. 선고 2013노4025 판결; 광주고등법원 2013. 5. 2. 선고 2013노52 판결; 2013. 7. 25. 선고 2013노160 판결; 2016. 3. 31. 선고 2015노601, 2015전노53 판결; 대구고등법원 2020. 5. 7. 선고 2019노639 판결 등.
서울고등법원 2014. 2. 11. 선고 2013노4025 판결: "원심은 피고인이 국민참여재판을 원하는 의사를 명백히 표시하였는데도 그에 대한 배제결정을 하지 않은 채 통상의 공판절차로 재판을 진행하였으므로, 이는 피고인의 국민참여재판을 받을 권리에 대한 중대한 침해로서 원심의 절

2. 검 토

위 판결 사안에서 제1심법원은 국민참여재판 신청에 대해 아무런 결정을 하지 않았음은 물론, 애초에 피고인에게 안내서 송달 등 국민참여재판 의사확인절차도 거치지 않았다. 만약 제1심법원이 안내서를 적법하게 송달해 국민참여재판 신청을 받고도 배제결정 없이 통상절차를 진행했다면, 국민참여재판 의사확인절차 자체를 누락한 사안과 비교할 때 피고인의 입장에서 하자가 상대적으로 덜 중하다고 여길 수 있다. 의사확인절차 누락사안에서는 애초에 국민참여재판 희망여부를 밝힐 기회조차 부여되지 않았기 때문이다. 23

그러나 수소법원의 과실 또는 비난가능성의 측면에 초점을 맞춘다면, 의사확인절차는 거쳤으나 배제결정과 회부결정을 둘 다 하지 않고 통상절차를 진행한 것이 더 중한 하자라 할 수도 있다. 의사확인절차 누락사안에서는 하자를 의식조차 못한 상태로 통상절차를 진행한 반면, 여기서는 국민참여재판 신청이 이루어진 사실을 명확히 인지하고도 이를 무시하고 아무런 응답 없이 통상절차를 진행한 것이기 때문이다. 물론 배제결정서가 없고 공판조서에 배제결정의 취지 또한 기재되어 있지 않을 뿐 실제로는 재판부가 피고인에게 국민참여재판으로 진행하지 않을 것임을 알렸거나, 피고인이 신청철회의사를 밝혔지만 조서에 적히지 않았거나, 소송분위기상 재판부와 피고인·변호인 간에 국민참여재판을 배제하고 진행한다는 점에 대한 암묵적 이해가 있는 상황도 생각해볼 수 있겠지만, 그러한 경우까지 고려해 논의할 수는 없다. 24

결국, 의사확인절차 누락사안과 배제·회부결정 누락사안 간 하자의 중대성 정도를 비교하기는 어렵다. 2011도7106 판결이 따로 하자치유 가능성을 열어두지 않고 있는 것은 긍정적으로 평가할 만하다. 이 경우 하자치유가 인정될 수 있는 것처럼 설시하는 하급심의 태도는 적절하다고 할 수 없다. 25

한편, 배제결정 누락의 하자를 치유할 수 있다는 입장을 취하는 경우에도, 하급심 선례들처럼 '지금이라도 국민참여재판 희망의사가 있는지'를 물음은 적절치 않다. 이미 피고인은 국민참여재판 희망의사를 제1심에서 밝혔고, 이미 표시된 희망의사는 제1심 제1회 공판기일 이후에는 번복할 수 없으므로(국참법 제8조 제4항), 항소심에서 재삼 의견을 물을 이유가 없으며 가사 피고인이 26

차는 위법하고, 이러한 위법한 공판절차에서 이루어진 소송행위도 무효이다. 당심에서 피고인이 국민참여재판을 희망한다는 의사를 밝힌 이상 그 하자가 치유되지도 않는다."

불희망의사를 표시하더라도 효력이 없다고 보아야 한다. 하자치유를 인정할 것이라면 여기서도 항소법원은 단지 책문권을 포기할 것인지 여부만 발문하면 족한 것이다.

제2절 규칙적용사안 §14

제1관 효력규정을 위반한 공소제기

Ⅰ. 공소장일본주의 위반[1]

1. 판례의 태도

공소장일본주의란, 공소를 제기할 때 관할법원에 공소장(및 규칙 제118조 제1항이 정한 서류)만 1
을 제출해야 하고, 그 밖에 사건에 관해 법원의 예단(豫斷)을 유발할 수 있는 서류·물건을 첨부하거나 그 내용을 인용해서는 안 된다는 요청을 말한다. 직접적인 명문의 규정은 없으나 판례는 공소장일본주의 위반을 제327조 제2호의 공소기각사유로 취급하고 있다. 다만 대법원 2009. 10. 22. 선고 2009도7436 (全)판결이 제1심 증거조사절차가 마무리되어 심증이 형성된 후에는 공소장일본주의 위반을 다툴 수 없다고 한 이래로, 실무상 공소장일본주의 위반을 이유로 하는 공소기각판결은 증거조사절차 종료 전 책문권이 행사된 사안에서만 선고된다.[2] 증거조사절차 종료 후 결심 전,[3] 결심 후 선고 전,[4] 상소 후[5]의 공소장일본주의 위반 주장은 배척되고 있다.

---

1 이하의 내용은 나기업, "공소장일본주의 위반과 공소사실불특정의 소송법상 효과", 형사정책연구 제35권 제4호(2024), 9－28쪽 중 하자치유 관련 서술에 기초하고 있다.

2 대법원 2015. 1. 29. 선고 2012도2957 판결; 2020. 10. 15. 선고 2018도18888 판결; 2020. 10. 15. 선고 2019도12170 판결; 2022. 8. 19. 선고 2021도15677 판결; 서울서부지방법원 2015. 4. 10. 선고 2012노139 판결; 전주지방법원 정읍지원 2016. 12. 7. 선고 2016고합29 판결; 광주지방법원 순천지원 2018. 10. 18. 선고 2018고합85, 2018고합98 판결; 2019. 7. 29. 선고 2017고단1688 판결; 수원지방법원 2019. 8. 30. 선고 2019노3354 판결.

3 서울중앙지방법원 2012. 12. 13. 선고 2011노4328 판결; 인천지방법원 부천지원 2016. 6. 3. 선고 2015고단3227 판결.

4 인천지방법원 2013. 11. 29. 선고 2013노1460 판결.

5 대법원 2009. 11. 26. 선고 2009도7567 판결; 2010. 2. 11. 선고 2009도8947 판결; 2012. 8. 30. 선고 2012도5220 판결; 2015. 5. 14. 선고 2015도2217 판결; 2016. 1. 28. 선고 2015도17384 판결; 2016. 7. 22. 선고 2013도8779 판결; 2021. 4. 29. 선고 2021도2565 판결; 2019. 4. 11. 선고 2019도1467 판결; 수원지방법원 2019. 7. 1. 선고 2018노7936 판결; 2021. 12. 1. 선고 2021노4402 판결; 대전지방법원 2023. 11. 22. 선고 2022노875 판결 등.

'공소장일본주의(公訴狀一本主義)'가 일본식 표현이라는 이유로 '공소장한장주의',[1] '공소장단독주의',[2] '공소장단일주의'[3] 등 대체용어를 제시하기도 한다. 그러나 앞서 언급했듯 한자어의 지역적 유래를 이유로 그 사용을 억제함은 심히 부적절할 뿐더러[§3/17 참조], '一本'은 조선에서도 사용했던 말이다.[4] 저자는 이 용어를 고쳐쓸 필요가 없다고 생각하지만, 만약 고쳐야 한다면 그 이유는 i) 공소장은 엄밀히 '一本'이 아니라 '數本' 제출되고(제254조 제2항), ii) 규칙 제118조 제2항의 법적 성격상 이념적 태도를 뜻하는 '主義'라는 말과는 어울리지 않는다는 데서 찾아야 할 것이다.

2 위 판결에는 다수의견에 비해 하자치유 범위를 다소 좁게 설정하는 별개의견과, 하자치유를 인정하지 않는 반대의견도 있다. 그리고 다수의견·반대의견에 각각 보충의견이 있으며, 반대의견에 대한 보충의견은 다수의견·별개의견은 물론 다수의견에 대한 보충의견에 대해서까지 반론을 제기한다. 그러나 논의의 집중을 위해 여기서는 다수의견을 중심으로 다룬다.

3 (1) 공소장일본주의의 규범적 성격에 대한 판단 다수의견은 "형사소송법은 피고사건에 대한 실체심리가 공개된 법정에서 검사와 피고인 양 당사자의 공격·방어활동에 의하여 행해질 것을 요구하는 당사자주의와 공판중심주의 원칙 및 공소사실의 인정은 법관의 면전에서 직접 조사한 증거만을 기초로 이루어져야 한다는 직접심리주의와 증거재판주의 원칙 등을 채택하고 있다는 점 등을 아울러 살펴보면, 공소장일본주의는 위와 같은 형사소송절차의 원칙을 공소제기의 단계에서부터 실현할 것을 목적으로 하는 제도적 장치로서 우리나라 형사소송구조의 한 축을 이루고 있다. 공소장일본주의에 관한 규칙 제118조 제2항은 바로 이러한 법리를 명문화한 것인 이상, 법원은 물론 소추기관인 검사 역시 형사재판의 운용에 있어서 그 취지가 충분하게 기능을 발휘할 수 있도록 최대한 노력을 기울일 의무가 있다."라고 한다. 공소장일본주의의 배후에 직접주의와 증거재판주의 등 원리가 존재하고 있다고 하면서도, 규칙 제118조 제2항의 규정내

1 김인회 236쪽.

2 차용석/최용성 299쪽.

3 최영승 197쪽.

4 조선왕조실록 중 "선조실록" 97권, 선조 31년 2월 16일 신미 4번째; "선조실록" 200권, 선조 39년 6월 29일 병인 9번째; "숙종실록" 제27권, 숙종 20년 11월 212일 을유 3번째; "숙종실록" 제39권, 숙종 30년 2월 6일 병자 2번째; "정조실록" 제1권, 정조 즉위년 7월 22일 신묘 1번째; "고종실록" 제28권, 고종 28년 2월 8일 임인 1번째 등.

용을 확정적 명령이 아닌, '그 취지가 충분하게 기능을 발휘할 수 있도록 최대한 노력을 기울여야 하는' 최적화명령으로 파악하는 것이다.

나아가 다수의견은 "형사소송법은 과연 어떤 경우에 검사의 공소제기가 공소장일본주의에 위배되었다고 볼 것인지 그리고 그 법적 효과가 무엇인지, 특히 어떤 경우에 공소장일본주의의 위배가 제327조 제2호에 정한 '공소제기의 절차가 법률의 규정에 위반하여 무효인 때'에 해당한다고 볼 것인지 등에 관하여 아무런 규정을 두고 있지 않다"고 하면서, "공소장일본주의 역시 우리나라 형사절차에 있어서 당사자주의적 요소를 반영하는 원칙의 하나인데, 형사소송법에는 그와 상호충돌 관계에 있는 직권주의적 요소에 관한 여러 규정들이 있으므로 이러한 규정들과 조화를 이루도록 해석할 필요가 있고 나아가 공소장일본주의가 형사재판의 운용 전반에 미치는 영향 등도 고려하여야 할 것이므로 이러한 제반 사정을 감안하여 공소범죄사건에서 실체적 진실발견과 적법절차보장이라는 형사소송이념을 실현할 수 있도록 그 구체적인 기준을 설정하지 않으면 안 된다"라고 한다. 공소장일본주의 위반의 법적 효과에 관해 아무런 규정이 없다고 하여 이 문제를 판결하기 어려운 사안, 즉 법규칙 없는 사안에서의 법적 결정 문제로 취급하는 것이다. 수소법원의 판단에 공소장일본주의라는 '법원리'가 작용할 수 있되, 그 외에 다른 규범원리들도 함께 고려될 수 있고, 원리충돌로 인해 공소장일본주의의 적용이 배제될 수 있다는 관점이라 할 수 있다. 4

이러한 시각은 별개의견이나 반대의견에서도 나타난다. 별개의견은 "반대의견에 따르면 공소장일본주의라는 원칙만을 지나치게 강조한 나머지 우리 형사소송절차가 추구하는 다른 원칙이나 가치들과 조화를 이루지 못하고 부적절한 결과를 초래할 수 있음을 지적하여 둔다."라고 하여, 다수의견과 마찬가지로 공소장일본주의를 다른 원칙이나 가치들과 조화를 이루어야 할 '원칙'으로 보고 있다. 반대의견도 공소장일본주의가 "당사자주의 구조를 기본으로 하는 우리 형사소송절차에서 공판중심주의, 증거재판주의, 직접심리주의 및 무죄추정의 원칙을 실현하기 위한 중요한 원칙"이라 하여 같은 입장이다. 다만 반대의견은 "형사소송절차에는 실체적 진실발견보다 더 우선하는 가치를 가지는 원칙들이 있다. 공소장일본주의가 추구하는 재판의 공정이라는 가치 역시 실체적 진실발견보다는 더 우선하는 의미를 가지는 것이므로 재판의 공정과 관련된 공소장일본주의의 기능 발휘를 위해서는 실체적 진실발견의 요청은 일부 양보할 수밖에 없다."라고 하여, 그 중요성을 반대의견이나 별개의견에 비해 가중적으로 평가한다.

5 (2) 하자치유 가부에 대한 판단 위와 같은 전제하에 다수의견은 이른바 '공소장일본주의 원칙'의 적용이 다른 원리로 인해 배제될 수 있다고 하면서, 그 우열관계 확정기준을 다음과 같이 제시하고 있다. "ⓐ 공판준비절차는 공판중심주의와 집중심리의 원칙을 실현하려는 데 그 주된 목적이 있으므로, ⓑ 공소장일본주의 위배를 포함한 공소제기 절차상의 하자는 이 단계에서 점검함으로써 위법한 공소제기에 기초한 소송절차가 계속 진행되지 않도록 하는 것이 바람직하다. ⓒ 뿐만 아니라, 형사소송법은 공소장변경제도를 인정하여, 검사는 법원의 허가를 얻어 공소사실의 동일성을 해하지 아니하는 한도에서 공소장에 기재한 공소사실 또는 적용법조의 추가·철회 또는 변경을 할 수 있고, 법원 역시 심리의 경과에 비추어 상당하다고 인정할 때에는 공소사실 또는 적용법조의 추가 또는 변경을 요구하여야 한다고 규정하고 있다(제298조 제1항, 제2항). 이러한 공소장변경제도는 실체적 진실발견이라는 형사소송이념을 실현하기 위한 직권주의적 요소로서 형사소송법이 절차법으로서 가지는 소송절차의 발전적·동적 성격과 소송경제의 이념 등을 반영하고 있는 것이므로, ⓓ 이러한 점에서도 공소장일본주의의 적용은 공소제기 이후 공판절차가 진행된 단계에서는 필연적으로 일정한 한계를 가질 수밖에 없다. … ⓔ 공소장일본주의에 위배된 공소제기라고 인정되는 때에는 그 절차가 법률의 규정에 위반하여 무효인 때에 해당하는 것으로 보아 공소기각의 판결을 선고하는 것이 원칙이다. 그러나 공소장 기재의 방식에 관하여 피고인 측으로부터 아무런 이의가 제기되지 아니하였고 법원 역시 범죄사실의 실체를 파악하는 데 지장이 없다고 판단하여 그대로 공판절차를 진행한 결과 증거조사 절차가 마무리되어 법관의 심증형성이 이루어진 단계에서는 소송절차의 동적 안정성 및 소송경제의 이념 등에 비추어 볼 때 이제는 더 이상 공소장일본주의 위배를 주장하여 이미 진행된 소송절차의 효력을 다툴 수는 없다."[1]

6 "－므로"라는 표현에서 알 수 있듯, ⓐ는 ⓑ의, ⓒ는 ⓓ의 근거로 활용되고 있다. 그리고 ⓑ와 ⓒ가 함께 ⓔ라는 결론을 지지한다. 그런데 아래에서 보듯, 다수의견의 논증은 여러 의문점을 남긴다.

1 다수의견에 찬성하는 견해로는 양동철, "개정 형사소송법상의 공소장일본주의", 경희법학 제45권 제1호(2010), 333－334쪽; 이상현, "공소장일본주의의 비교법적 분석", 법조 제60권 제2호(2011), 154－157쪽.

ⓑ는 "공소장일본주의 위배를 포함한 공소제기절차상의 하자는 공판준비절차 단계에서 점검함으로써 위법한 공소제기에 기초한 소송절차가 계속 진행되지 않도록 하는 것이 바람직하다"고 한다. 이는 i) '공소장일본주의 위반은 공판준비절차에서 반드시 점검해야 하고 이를 간과하면 판결에 영향을 미친 위법이 된다'는 취지보다는, ii) '공소장일본주의 위반을 다툴 수 있는 시점은 가급적 공판준비절차 종료시까지로 설정되어야 한다'는 취지에 가까워 보인다. 그 직후 ⓒ·ⓓ에서 "뿐만 아니라, 형사소송법은 공소장변경제도를 인정하여, … 소송절차의 발전적·동적 성격과 소송경제의 이념 등을 반영하고 있는 것이므로, 이러한 점에서도 공소장일본주의의 적용은 공소제기 이후 공판절차가 진행된 단계에서는 필연적 한계를 가질 수밖에 없다."라고 함으로써 ⓑ와 ⓒ·ⓓ를 '뿐만 아니라'라는 첨가관계 접속어로 연결시키기 때문이다. 만약 i)을 의도했다면 ⓑ를 설시내용에 포함시킬 이유가 없다. 7

문제는 그와 같은 내용으로 파악된 ⓑ는 ⓐ('공판준비절차는 공판중심주의와 집중심리원칙의 실현에 주된 목적이 있다')로부터 논리적으로 도출될 수 없다는 것이다. 주지하듯 집중심리원칙과 공판중심주의는 진실규명요청의 공판절차상 표현형태이고, 기소절차상 하자로 인한 형식재판은 적법절차 실현을 위한 장치이다. 공판준비절차제도를 통해 실현하고자 하는 집중심리원칙이나 공판중심주의의 내용과 적법절차원칙 간에 특별한 중첩이나 교집합은 없다. 애초에 공판중심주의는 그 자체 독자적 규범내용을 보유하는 독립된 법원칙이라 할 수 없고,[1] 집중심리주의의 경우 공판절차의 기본원칙으로서 원리이기는 하나 그 안에 효력규정의 규범력을 일정한 경우 포기할 수 있음을 추론가능케 하는 요구는 들어있지 않다. 8

ⓒ에서 ⓓ를 도출함에도 의문이 있다. '현행법상 공소장변경제도가 인정되고 있고, 이는 소송절차의 발전적·동적 성격의 표현으로서 소송경제 달성에 기여한다'는 명제에서는 '공소장일본주의의 적용은 공판절차가 진행된 단계에서 일정한 한계를 가질 수밖에 없다'는 명제가 도출되지 않기 때문이다. 9

공소장변경제도의 존재로부터 공소장일본주의의 적용한계를 이끌어내는 방법에는 크게 두 가지가 있다. 첫째는 i) '공소장에 없었던 예단형성적 기재가 공소장변경을 통해 어차피 법원에 현출될 수 있는데 그 경우 공소기각사유가 되지 않는다는 점에

1 변종필/나기업, "직접주의와 공판중심주의·전문법칙의 관계", 법조 제71권 제3호(2022), 77–78쪽.

비추어, 최초 공소장에 예단형성적 기재가 있다고 해서 무조건 공소기각판결을 함은 형평에 어긋난다'고 하는 것이다. 그러나 그런 취지라면 '직권주의적 요소', '소송절차의 발전적·동적 성격', '소송경제의 이념'을 거론할 이유가 없다. 더욱이 공소장변경은 대개 심리중 드러난 바에 부합하도록 공소사실을 추가·철회·변경하는 식으로 이루어지며, 사실심의 구체적 진행에 앞서는 예단형성적 공소장변경은 일반적이지 않다. 둘째는 ii) '공소장변경제도의 존재에 비추어 현행법상 소송절차의 발전적·동적 성격 및 소송경제의 이념이 인정되므로, 공소장일본주의의 적용에도 그러한 발전적·동적 성격 및 소송경제이념이 고려되어야 한다'고 하는 것이다. 그러나 절차의 역동성과 소송경제를 강조하는 데 공소장변경제도를 원용함은 불필요하게 거창한 면이 있다.

10 ⓑ·ⓓ 각각에 대해 설득력 있는 근거제시가 없는 것에 더해, 이들로부터 ⓔ를 도출하는 데도 의문이 있다. ⓑ·ⓓ는 일정한 경우 하자가 치유될 수 있다는 근거가 될 뿐 그 기준을 어떻게 설정해야 하는지에 대해서는 말해주지 않기 때문이다. ⓔ는 하자치유의 객관적 요건으로서 책문권포기를, 시간적 요건으로서 증거조사절차 종료시를 들고 있는데, 이렇게 보는 근거에 대해 다수의견은 일언반구도 없다.

특히 시간적 요건에 관해 별개의견이 "법관의 심증은 증거조사 이전에 공소장일본주의를 위반한 공소장을 통하여 형성될 수도 있는 것이고, 이와 같은 공소장을 통하여 생긴 선입관과 그 후의 증거조사가 결합하여 형성될 수도 있는 것이다. … 이미 심증형성이 이루어진 단계에서는 더 이상 공소장일본주의 위배를 다툴 수 없다는 다수의견의 논거는 공소장일본주의를 형해화시킬 우려가 있어서 선뜻 동의하기 어렵다. … 다수의견에 따르면 공소장일본주의 위반의 정도가 중대하여 법관이나 배심원의 공정하고 중립적인 심증형성에 심각한 장애를 초래하는 정도에 이른 경우라도 피고인이나 변호인이 초기에 적절하게 대응하지 못한 상태에서 제1심 증거조사절차를 마치게 되면 그 구제방법을 박탈함으로써 공소장일본주의의 취지를 상당 부분 무력화시킬 수 있다."라고 지적함에도, 다수의견이나 그 보충의견에서 이에 대한 진단이나 반론은 찾아볼 수 없다.

11 어쨌든 다수의견의 설시는 '공소장일본주의 위반은 가급적 공판준비절차에서 다투는 것이 바람직하고(ⓐ·ⓑ), 형사소송의 발전적·동적 성격과 소송경제이념상 공소장일본주의의 적용은 공판절차가 진행된 단계에서는 일정한 한계가 있으므로(ⓒ·ⓓ) 피고인의 이의제기나 법원의 직권지적 없이 사실

심리절차가 마무리된 경우 그 하자가 치유된다(ⓔ)'는 취지로서 아래와 같이 간추려진다. 정합적 근거제시로 뒷받침되는 결론이 아님을 쉽게 알 수 있다.

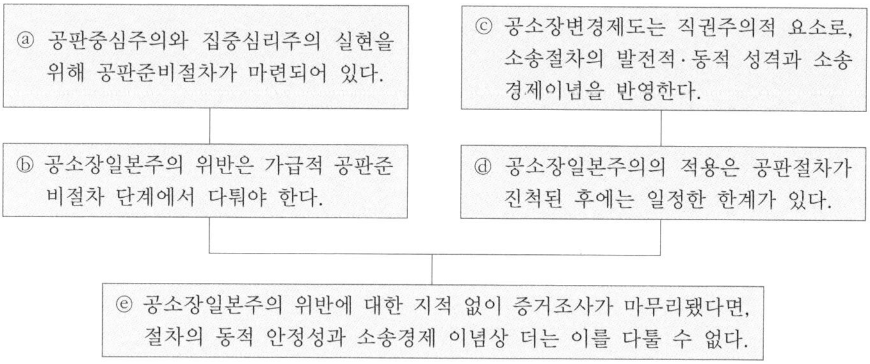

3) 서두에서 다수의견은 '공소장일본주의 원칙'과 충돌하는 법원리가 무엇인지를 명확히 밝히지 않았다. 다수의견은 "공소장일본주의 역시 우리나라 형사절차에 있어서 당사자주의적 요소를 반영하는 원칙의 하나인데, 형사소송법에는 그와 상호충돌 관계에 있는 직권주의적 요소에 관한 여러 규정들이 있으므로 이러한 규정들과 조화를 이루도록 해석할 필요가 있고 나아가 공소장일본주의가 형사재판의 운용 전반에 미치는 영향 등도 고려하여야 할 것이므로 이러한 제반 사정을 감안하여 공소범죄사건에서 실체적 진실발견과 적법절차보장이라는 형사소송이념을 실현할 수 있도록 그 구체적인 기준을 설정하지 않으면 안 된다"고 하여, 공소장일본주의를 당사자주의라는 법원칙의 파생원리인 것처럼 소개하면서 그와 경쟁관계에 있는 타 원리는 직권주의로부터 도출되는 것처럼 기술했다[§14/4 참조].[1] 하지만 막상 결론부에서 다수의견은 '공소장일본주의 원칙'과 충돌관계에 있는 원리 또는 가치로서 "소송절차의 동적 안정성 및 소송경제의 이념"이라는, 소송구조론 자체와는 별다른 관련성을 갖지 않는 개념을 제시했다[§14/5 참조]. 12

판례상 '이념'이나 '주의'라는 말이 통상 원칙이라는 뜻으로 사용되고 있음을 고려하면 다수의견은 이런 요청을 형사소송(법)의 법원리로 이해하는 13

1 공소장일본주의가 당사자주의로부터 요청된다는 견해에 대한 비판으로는 백형구, "공소장일본주의", 고시계 제49권 제9호(2004), 61쪽. 저자도 이 비판에 동의한다.

듯하다. 그러나 설시내용 어디에도 과연 당사자주의, 소송절차의 발전적·동적 성격, 소송경제의 요청 등이 그 자체 독립된 법원칙 내지 형사소송절차가 지향해야 할 '이념'인지에 대한 고찰의 흔적은 보이지 않는다. 앞서도 언급했듯 당사자주의는 법원리가 아니다[§7/63 참조]. 그리고 소송절차의 발전적·동적 성격은 그 자체 추구해야 할 목적이 아니라 소송절차 자체가 필연적으로 갖는 태생적 특징에 불과하며, 이른바 절차유지원칙이라는 표현으로 식별되는 절차지속의 요구가 형사소송(법)이 추구해야 할 법원리 내지 규범적 지향점이 될 수는 없다. 소송경제 또한 재판규범이라고 보기 어렵다.

14 다만, 다수의견이 정말로 절차상 편익만을 의식해 하자치유를 인정했다고는 보이지 않는다. 하자가 치유되는 시점을 "증거조사절차가 마무리되어 법관의 심증형성이 이루어진 단계"로 보고 있기 때문이다. 비록 "소송절차의 동적 안정성 및 소송경제의 이념 등에 비추어 볼 때"라고 하지만, 다수의견이 진정으로 보호하고자 하는 것은 증거조사절차에 따른 증거결과와 그에 따라 형성된 법관의 심증이고, 이를 유지해야 한다는 당위는 결국 실체진실주의 또는 진실규명원칙으로부터 도출된다. 적나라하게 드러나있지는 않지만 다수의견이 제시하는 하자치유기준에는 진실이익과의 형량결과가 반영되어 있는 것이다. 이미 확보된 증거결과와 그에 따라 형성된 심증을 유지할지 아니면 포기할지의 기로에서 다수의견은 전자를 택했다고 할 수 있다.

2. 검 토

15 규칙 제118조 제2항은 법문상 법규칙의 형태를 취하고 있다.[1] 규칙 제118조는 제1항에서 공소장에 첨부가능한 서류를 열거적으로 규정한 후 첨부의무를 규정하고 있고, 제2항에서 그 이외의 나머지 서류 일체의 첨부·인용금지를 규정하고 있는바, 이처럼 대상을 구체적으로 특정해 검사에게 구체적 의무를 부과함은 원칙수준보다는 규칙수준에서 나타나는 전형적 형태라 할 수 있다. 따라서 위 판결과 같이 공소장일본주의를 형사소송(법)의 법원리로 보는 태도는 적절하다고 볼 수 없다.

16 문제는 형사소송법이 대법원규칙 위반에 대해 직접적 법효과를 규정하지 않는다는 것이다. 군형사사건의 경우 군사법원법 제296조 제6항이 공소장

---

1 변종필, "공소장일본주의 위반과 하자의 치유", 비교형사법연구 제18권 제3호(2016), 78쪽.

일본주의를 직접 규정하고 있기에 그 위반을 제382조 제2호의 공소기각사유(“공소제기의 절차가 법률의 규정을 위반하여 무효일 때”)로 포섭하는 데 어려움이 없다. 또 일본의 경우 공소장일본주의가 형사소송법 제256조 제6항에 규정되어 있고 동법 제338조 제4호의 문언상 ‘법률’이라는 표현이 없기에 역시 그러한 문제가 발생하지 않는다. 반면 우리나라의 일반형사사건에서 공소장일본주의는 형사소송규칙에만 규정되어 있고 이를 위반한 경우의 효과를 직접적으로 규율하는 조항이 존재하지 않는다. 규칙 제118조 제2항이 효력규정인지조차도 형식상 분명하지 않은 것이다. 다수의견이 공소장일본주의의 법적 효과가 무엇인지에 대해 형사소송법이 아무런 규정을 두고 있지 않다고 하면서 공소장일본주의 위반사례를 원리충돌사안으로 다루는 것도 이와 무관하지 않다고 보인다.

> 다수의견(및 그에 대한 보충의견)이 공소장일본주의가 형사소송규칙에 규정돼있다는 이유로 그것이 효력규정이 아니라거나 그 위반이 기소절차상 하자가 아니라는 판단으로 나아가지는 않는다. 그러나 공소장일본주의 위반시 공소기각판결을 해야 한다는 요청을 확정적 명령으로 받아들이지 않는다는 것 역시 분명해 보인다.

생각건대 규칙 제118조 제2항 위반을 ‘직접 이유로 해서는’ 제327조 제2호의 공소기각판결을 할 수 없다. 전술했듯[§3/32 참조] 형식재판사유에 관한 규정은 엄격히 해석해야 하며, 제327조 제2호에서 말하는 ‘법률’이란 국회가 입법한 형식적 의미의 법률을 뜻함이 법문상 자명하기 때문이다. 공소제기의 절차에 관한 효력규정, 즉 위반시 공소제기를 무효로 만드는 규정에 헌법이나 대법원규칙의 규정까지 포함된다고 해석할 수는 없다.[1] 그러나 공소장일본주의 위반은 ‘법률의 규정’인 검찰청법 제4조 제3항에 위반되기에 결국 제327조 제2호의 공소기각사유에 포섭된다고 본다. 17

공소장에 예단형성적 첨부·인용이나 기재를 금하는 것은 적법절차원칙의 파생원리인 공정한 재판 원칙으로부터 도출되는 규범적 요청이다. 규칙 제118조 제2항은 단순히 증거의 첨부·인용만을 금지하고 있지만, 그 밖에 예단형성적 사항의 기재(여사기재)를 금해야 한다는 것 또한 위 원리로부터 도출된다. 반대의견도 적절히 지적하듯, 첨부·인용된 증거의 내용이나 예단형성적 여사기재를 접한 기억은 법관의 뇌리에 남아 공판절차가 진행되는 내내 18

1 나기업, “공소제기의 무효”, 법조 제72권 제6호(2023), 165쪽.

심증형성과정에 간섭한다. 법관은 그 기억을 사건관계인의 진술과 대조하거나 피고인이 제출하는 증거 또는 양형자료를 선입견을 가지고 바라보게 된다. 직업법관이 특별히 그러한 예단을 재판에 반영하지 않기 위한 고도의 훈련을 받지는 않으며 그러한 훈련이 현실적으로 가능하지도 않고, 그렇다고 법관이 일반인인 배심원에 비해 태생적으로 그러한 능력이 탁월하다고 볼 이유도 없다. 그리고 법관 스스로 그것을 안 읽은 셈 치겠다고 결심함은 정박효과(anchoring effect; 배가 닻을 내리면 움직일 수 없듯, 인간의 사고도 처음 제시된 이미지나 기억에 사로잡히면 새로운 정보를 수용하지 않거나 부분적으로만 수정하게 된다)[1] 및 사고억제의 역설적 효과(paradoxical effects of thought suppression; 어떠한 사고를 억제하려는 시도는 오히려 그러한 사고의 빈도를 증가시킨다)[2]로 인해 무용한 시도로 돌아갈 수밖에 없다. 요컨대, 공소장에 증거를 첨부·인용하거나 예단형성적 사항을 기재함은 법관에게 강제로 예단을 심는 행위로서 그 자체 공정한 재판 원칙에 반하며, 이는 '법률의 규정'인 검찰청법 제4조 제3항 위반으로 포섭되어 제327조 제2호의 공소기각사유가 된다고 보아야 한다.

공소장일본주의 위반사건에서 검사는 공소를 취소해야 하며, 이처럼 규칙 제118조 제2항 위반을 스스로 시정하기 위해 공소를 취소한 사안에서는 제329조의 재기소 제한이 적용되지 않는다는 견해가 있다.[3] 대법원 2024. 8. 29. 선고 2020도16827 판결은, 그러한 공소취소로 공소기각결정이 고지되어 확정된 후 다시 공소가 제기된 사건에서 제327조 제4호의 공소기각판결을 선고한 원심의 결론[4]을 수긍한 바 있다. 다만 해당 판결에서는 공소취소장에 구체적 이유가 기재되어 있지 않다는 점을 중요한 논거로 들었기에,[5] 공소취소장에 공소장일본주의 위반을 시정하기 위해 공소를 취소한다는 취지가 기재된 경우에도 대법원이 그러한 판단을 할지는 불분명하다.

---

1 김상준, 무죄판결과 법관의 사실인정, 경인문화사(2014), 353-356쪽; 대전지방법원 2022. 5. 25. 선고 2021노3842 판결; 2023. 8. 9. 선고 2021노3113 판결; 2024. 1. 10. 선고 2022노2177 판결; 2025. 2. 5. 선고 2024노432 판결 등.

2 D. Wegner et al., *Paradoxical Effects of Thought Suppression*, 53 J. Personality & Soc. Psych. 5-13 (1987); 이용승/원호택, "사고 억제의 역설적인 효과에 관한 연구 개관", 심리과학 제7권 제1호, 서울대학교 심리과학연구소(1998), 1-5쪽.

3 윤동호, "기소변경주의의 의미와 한계", 비교형사법연구 제27권 제2호(2025), 290쪽.

4 서울중앙지방법원 2019. 5. 24. 선고 2018고합675 판결; 서울고등법원 2020. 11. 19. 선고 2019노1408 판결.

5 대법원 2024. 8. 29. 선고 2020도16827 판결: "검사는 선행사건에서 공소취소장에 공소취소의 이유에 관하여 아무런 기재를 하지 아니하였고, 검사가 공소취소를 한 이유가 무엇인지에 관한 사실관계가 명확하게 인정된다고 보기도 어렵다. 따라서 이 사건에서는 검사가 선행사건에서 공소를 취소한 구체적인 사유가 무엇이었는지는 고려될 수 없고, 제329조의 법문에 충실하게 공소취소 후 재기소의 요건이 충족되는지 여부에 관하여만 판단할 수밖에 없다."

전술했듯 제327조 제2호의 법규칙으로서의 성격에 비추어 공소제기의 절차가 위법하여 무효인 경우 법원은 불문곡직 공소기각판결을 해야 하고 하자치유는 인정할 수 없다[§8 참조]. 따라서 공소장일본주의 위배사안에서 단지 진실규명요청을 이유로 하자치유를 인정함은 허용되지 않는다.[1] 결국 수소법원은 그러한 하자를 언제 인지했든 공소기각판결을 해야 한다.[2] 공소시효는 공소기각판결이 확정된 때로부터 다시 진행하므로, 시효임박사건의 경우 검사는 공소기각판결의 확정을 기다려 지체없이 재기소할 수 있다. 19

Ⅱ. 공소사실의 불특정[3]

1. 판례의 태도

대법원은 공소장 기재 공소사실이 불특정된 하자가 일정한 경우 보정을 통해 치유될 수 있다고 있다. 구체적으로, i) 공소사실이 전혀 특정되지 않았다면 하자의 치유를 인정할 수 없지만, ii) 공소사실 중 일부만 불특정됐다면 검사가 공소장변경을 통해 이를 보정함으로써 하자가 치유될 수 있다고 한다. 학계에서도 판례의 이러한 입장에 찬동하는 관점이 다수설[4]이며, 불특정의 정도를 불문하고 공소를 기각해야 한다는 관점[5]은 소수에 불과한 듯하다. 전자의 입장은 다시 법원이 그러한 보정을 꼭 요구해야만 하는 것은 아니라는 견해[6]와, 보정을 요구할 의무가 있다는 견해[7]로 나뉜다. 20

---

1 일본 최고재판소 1952. 3. 5. 선고[昭和25(あ)1089], 형집 제6권 제3호, 351쪽: "공소범죄사실에 관해 재판관에게 예단을 일으킬 우려가 있는 사항을 기소장에 기재함은 허용되지 않으며, 이러한 사항을 기소장에 기재한 경우 그로 인해 생긴 위법성은 성질상 치유할 수 없다고 해석함이 상당하다."

2 같은 결론으로 강철하, "공소장일본주의에 관한 법적 쟁점과 해석방향", 법학논집 제19권 제4호(2015), 283쪽. 김대성, "공소장일본주의의 실효성 확보를 위한 고찰", 아주법학 제8권 제3호(2014), 262－263쪽; 김인회 242쪽; 배종대/이상돈 §71/19; 백형구, "공소장일본주의", 고시계 제49권 제9호(2004), 68쪽; 손동권/신이철 425쪽; 신동운 594쪽; 차용석/최용성 305쪽; 홍영기, "공소장일본주의 위반으로서 여사의 기재", 법조 제66권 제3호(2017), 868－871쪽.

3 이하의 내용은 나기업, "공소장일본주의 위반과 공소사실불특정의 소송법상 효과", 형사정책연구 제35권 제4호(2024), 32－41쪽 중 하자치유에 관한 서술에 기초하고 있다.

4 신동운 580－581쪽; 이재상/조균석/이창온 §33/14; 이창현 189쪽; 임동규 315쪽 등.

5 김혁돈, "모발감정결과에 의한 공소사실의 특정", 형사소송 이론과 실무 제8권 제2호(2016), 104－105쪽; 이은모, "공소사실특정과 관련된 몇 가지 문제점에 대하여", 한양법학 제10집(1999), 41－42쪽.

6 김인회 288쪽; 백형구, "피고인 및 공소사실의 특정", 고시계 제29권 제8호(1984), 181쪽.

7 손기호, "마약류 약물사범과 공소사실의 특정", 형사판례연구 5(1997), 280－290쪽; 황일호,

⑴ 공소장 기재 공소사실의 불특정

21 ㈎ 보정 기회를 부여해야 하는 경우 우선, 대법원은 "공소장의 기재사실 중 일부가 명확하지 아니한 경우에는 법원은 검사에게 석명을 구하여 만약 이를 명확하게 하지 아니한 때에 공소사실의 불특정을 이유로 공소를 기각함이 상당하다"고 한다(ⓐ).[1] 이는 오래 전부터 일본판례가 취해 오고 있는 입장이기도 하다.[2]

판례가 이를 명시적으로 하자치유의 문제라고 언급한 바는 없어 그러한 공소제기가 무효이되 보정을 통해 하자가 치유된다고 보는지, 아니면 불확정적 상태에 있다가 보정이 없으면 비로소 무효로 된다는 취지인지는 불분명하다. 다만 소송법에서 유동적 무효의 개념을 인정할 수 없으므로 전자의 관점으로 취급함이 타당할 것이다.

22 위와 같은 설시가 반드시 피고인에게 불이익한 취지로만 나오지는 않는다. 원심의 유죄판결을 공소사실불특정을 이유로 파기환송할 때에도 같은 법리가 등장하기 때문이다.[3] 그러나 이 법리의 본질이자 핵심은 어디까지나 '공소사실이 불특정된 때에도 곧바로 공소를 기각해서는 안 되고, 검사에게 공소장변경을 통해 하자를 치유할 기회를 주어야 한다'는 데 있다.[4] 위 법리에 입각해 유죄판결을 파기하는 경우에도 그 취지는 석명을 통해 공소사실을 특정한 후 다시 판단하라는 것이지 바로 공소를 기각하라는 것은 아니다.[5]

23 ㈏ 보정 없이 공소를 기각해야 하는 경우 한편, 판례는 "공소의 제기 혹은 유지의 편의를 위하여 범죄의 일시·장소 등을 지나치게 개괄적으로 표시함으로써 사실상 피고인의 방어권행사에 지장을 가져오는 경우에는 제254조 제4항에서 정하고 있는 구체적인 범죄사실의 기재가 있는 공소장이라고 할 수 없다. 공소사실이 특정되지 아니한 부분이 있다면 그 부분에 대해서는 공소를 기각할

"모발감정결과에 기한 공소사실의 특정", 법학논문집 제32집 제1호(2008), 72쪽.

1 대법원 1983. 6. 14. 선고 82도293 판결; 2016. 1. 28. 선고 2015도17384 판결; 2020. 3. 12. 선고 2019도3572 판결 등.

2 일본 최고재판소 1958. 1. 23. 선고[昭和28(あ)5569], 형집 제12권 제1호, 34쪽.

3 대법원 2018. 12. 13. 선고 2018도15373 판결; 2022. 11. 17. 선고 2022도8257 판결.

4 대법원 2006. 5. 11. 선고 2004도5972 판결; 2021. 2. 25. 선고 2020도3694 판결.

5 석명의무위반을 이유로 파기환송된 후 파기환송심에서 공소장변경으로 공소사실이 특정되어 실체판결이 내려진 예로 부산지방법원 2016. 9. 8. 선고 2016노1553 판결; 의정부지방법원 2017. 10. 23. 선고 2017노996 판결. 파기환송심에서 공소사실이 특정되지 않아 공소기각판결이 내려진 예로 대구지방법원 2023. 12. 20. 선고 2023노1502 판결.

수밖에 없다."라고 하면서,[1] 불특정의 정도가 심한 일부 사안에서는 보정기회 부여 없이 바로 공소를 기각하고 있다(ⓑ).[2] 이 경우 대법원은 주로 "공소장에 구체적인 공소사실의 기재가 없어 그 공소제기의 절차가 법률의 규정에 위반하여 무효"라는 표현을 사용한다.[3]

어떤 경우가 ⓐ에 속하고 어떤 경우가 ⓑ에 속하는지가 명확히 구분되지 24
는 않는다. 그리고 어떠한 판례사안이 ⓐ와 ⓑ 중 어디에 해당하는지를 식별하기도 쉽지만은 않다. ⓑ로 분류되는 판례 대부분은 원심의 공소기각판결을 상고심에서 확정한 경우인데, 원심에서 공소사실불특정을 이유로 곧바로 공소를 기각한 것인지 아니면 특정을 요구했음에도 적절한 조치가 없어 공소를 기각한 것인지는 재판서 기재만으로는 알기 어렵기 때문이다. 또 근래에는 ⓑ와 같이 공소장에 구체적인 공소사실의 기재가 없다고 판단하면서도 ⓐ와 같이 보정을 통한 하자치유가 인정된다고 설시한 예도 있다.[4] 다만 항소법원이 실체판단을 한 사안에서 원심으로의 파기환송 없이 상고심에서 곧바로 공소를 기각한 예가 있는 것을 보면[5] 판례상 석명 없이 공소를 기각할 수 있는 경우가 인정되고 있다고 보아도 무리는 없을 듯하다. 문헌에서도 판례의 태도를 이원적 입장으로 이해하는 서술을 어렵지 않게 찾을 수 있다.[6]

---

1 대법원 2021. 11. 11. 선고 2021도11454 판결.

2 대법원 1975. 6. 24. 선고 75도346 판결; 1980. 7. 22. 선고 79도2246 판결; 1982. 12. 14. 선고 82도2448 판결; 1984. 2. 28. 선고 84도85 판결; 1984. 5. 22. 선고 84도471 판결; 1985. 10. 22. 선고 85도1449 판결; 2000. 11. 24. 선고 2000도2119 판결; 2007. 8. 23. 선고 2006도5041 판결; 2008. 3. 14. 선고 2008도418 판결; 2009. 5. 14. 선고 2008도10885 판결; 2012. 1. 27. 선고 2011도14247 판결; 2017. 2. 21. 선고 2016도19186 판결; 2022. 12. 29. 선고 2020도14662 판결.

3 대법원 1995. 3. 24. 선고 95도22 판결; 1996. 2. 13. 선고 95도2121 판결; 2009. 3. 12. 선고 2008도11187 판결; 2011. 5. 13. 선고 2008도10116 판결.

4 대법원 2023. 4. 27. 선고 2023도2102 판결: "공소의 제기 혹은 유지의 편의를 위하여 범죄의 일시·장소 등을 지나치게 개괄적으로 표시함으로써 사실상 피고인의 방어권 행사에 지장을 가져오는 경우에는 제254조 제4항에서 정하고 있는 구체적인 범죄사실의 기재가 있는 공소장이라고 할 수 없다. 공소사실이 특정되지 아니한 부분이 있다면, 법원은 검사에게 석명을 구하여 특정을 요구하여야 하고, 그럼에도 검사가 이를 특정하지 않는다면 그 부분에 대해서는 공소를 기각할 수밖에 없다."

5 대법원 1997. 8. 22. 선고 95도984 판결.

6 강명수, "저작권법 위반행위에 있어 전자적 형태로 제출된 범죄일람표와 공소제기의 성부", 형사법의 신동향 제58호(2018), 390쪽[다만, 판례예시 중 일부(2008도11813; 2010도17052; 2023도2735)의 관련성에는 의문이 있다]; 김혁돈, "모발감정결과에 의한 공소사실의 특정", 형사소송 이론과 실무 제8권 제2호(2016), 104쪽; 이은모, "공소사실특정과 관련된 몇 가지 문제점에 대하여", 한양법학 제10집(1999), 14-15쪽; 이은모/김정환 398쪽; 이창현 188쪽.

25 (2) 공소장변경허가신청서 기재 공소사실의 불특정 판례는 공소제기 당시에는 공소사실이 특정돼 있었으나 공소장변경으로 인해 불특정상태가 초래된 경우에도 제254조 제4항 위반을 이유로 공소기각판결을 해야 한다는 입장이다. 특히 기소 당시 특정된 범행일시에 피고인의 알리바이가 밝혀지고 달리 정확한 범행일시를 파악할 수 없어 공소사실 중 범행일시를 '일자불상경'으로 바꾸는 공소장변경이 행해진 사안에서 그리 판단하고 있다.[1]

2. 검 토

26 (1) 기소 당시 불특정된 경우의 처리 공소장 기재 공소사실이 특정되지 않은 경우, 불특정의 정도가 중대하다면 곧바로, 중대하지 않다면 보정이 없을 것을 조건으로 공소를 기각해야 한다는 관점의 배후에는 형량적 사고가 자리한다. 이를 보여주는 예로는 그러한 보정이 피고인보호와 소송경제의 요청(재기소에 따르는 번거로움의 방지)을 조화하기 위함이라는 설명[2]이나 절차유지원칙상 타당하다는 설명[3]을 들 수 있다. 그러나 재기소의 번거로움을 방지할 필요성은 형량에서 적법절차원칙의 대척원리로 고려될 수 있는 법규범이라고 할 수 없다[§7/8-12 참조]. 그리고 진실이익이 문제되는 경우가 있더라도, 입법자가 제327조 제2호에서 이를 공소기각사유로 규정함으로써 이미 형량을 끝낸 이상 기소절차상 하자로 인한 무효는 법원의 형량으로는 치유될 수 없다. 요컨대, 제254조 제4항과 제327조 제2호의 규정을 법규칙으로 보는 이상, 공소사실이 특정되지 않은 경우는 공소제기의 절차가 제254조 제4항의 규정에 위배되어 무효인 때에 해당하므로, 그 정도가 중하든 지엽적이든 법원은 (석명으로 보정을 명할 것 없이) 불문곡직 공소를 기각해야 한다. 아울러 이와 같이 본다면, 공소장일본주의 위반에 대해 예외 없이 공소기각판결을 선고할 경우 검사가 공소장의 공소사실을 일부러 부실하게 기재할 우려가 된다는 비판[4]은 타당하지 않게 된다.

---

1 부산고등법원(창원) 2021. 8. 25. 선고 2021노170 판결(대법원 2021. 11. 11. 선고 2021도11454 판결); 대구지방법원 2023. 5. 12. 선고 2022노2950 판결(대법원 2023. 8. 31. 선고 2023도6885 판결); 부산고등법원(울산) 2024. 8. 8. 선고 2022노163 판결.

2 배종대/이상돈 §70/11; 신동운 581, 711쪽.

3 손동권/신이철 142쪽.

4 이상현, "공소장일본주의의 비교법적 분석", 법조 제60권 제2호(2011), 156쪽.

공소장일본주의 위반이든 공소사실불특정이든 하자치유를 인정하지 않는 방향으로 판례를 변경할 경우, 초기에는 공소기각판결로 인해 절차가 해소되는 사례가 빈번히 발생할 것이다. 그러나 장기적으로는 하자치유를 너그럽게 인정하는 견해를 취했을 때와 비교해 공소사실특정에 필요한 기재와 불필요하게 예단만 형성하는 기재 간 구별을 위해 더욱 정밀한 검토가 이루어지고, 사례가 축적되면서 실무상 기준이 수립되어 예측가능성이 확보되리라 본다. 현실에서 사실기재가 어느 선까지 공소사실특정에 필요불가결하고 어느 선부터 공소장일본주의 위반인지가 불분명한 것은 역설적으로 대법원이 하자치유를 너무 너그럽게 인정하는 데도 그 원인이 있다. 이로써 개별사안에서 쟁점화될 실익이 줄어들고, 소송주체의 주장이나 판단이 이루어질 여지 또한 그만큼 축소되기 때문이다.

교과서에서는 대체로 '소송행위 추완'과 '소송조건 추완'을 분리해 각각 독립된 항목으로 서술하면서, '공소사실 추완'을 '소송행위 추완'의 하위목차로 배치한다. 그리하여 '소송조건 추완' 부분에서는 검사의 공소제기를 규제하기 위해 소송조건 추완은 허용되지 않는다고 하면서,[1] '공소사실 추완' 부분에서는 불특정된 공소사실은 공소장변경으로 보정될 수 있다고 한다.[2] 이러한 경향이 언제 어디서 기원했는지는 알기 어려우나 현재 일부 예외[3]를 제외한 대부분의 개론서들이 그와 같이 설명하고 있다. 이처럼 공소사실특정과 형식적 소송조건이 별개인 것처럼 기술함은 타당하다고 할 수 없다. 소송조건은 실체재판의 전제조건이고, 형식재판사유를 열거한 규정은 소송조건을 뒤집어 표현한 것이므로,[4] 위반시 공소기각사유가 되는 효력규정의 준수는 그 자체 소송조건이다. 그렇다면 제254조 제4항에 따라 공소장에 공소사실을 특정해야 한다는 것도 소송조건이므로,[5] '소송조건의 추완이 허용되지 않는다'는 서술과 '기소 당시 불특정된 공소사실을 공소장변경으로 보정할 수 있다'는 서술은 양립할 수 없다. 개론서상 소송조건의 추완에 관한 위와 같은 서술은 주로 친고죄나 전속고발범죄에서 고소·고발의 추완 문제를 염 27

1 김인회 278쪽; 손동권/신이철 142쪽; 신동운 689쪽; 이재상/조균석/이창온 §34/11; 이창현 199쪽; 임동규 107쪽 등.

2 김인회 288쪽; 손동권/신이철 151쪽; 신동운 710쪽(580–581쪽도 참조); 이재상/조균석/이창온 §33/14; 이창현 190쪽; 임동규 122쪽 등.

3 이은모/김정환 142, 160, 399쪽.

4 조기영, "소송조건에 관한 연구", 서울대학교 박사학위논문(2006), 97쪽.

5 이승준, "배임죄의 손해 산정", 서울법학 제24권 제3호(2016), 80쪽.

두에 둔 것이나 이는 소송조건을 지나치게 협소한 틀에 가두는 강학방식이다.

> 소송절차 일반론 부분에서 소송조건의 추완과 공소사실불특정의 치유를 모두 부정하면서도 정작 공소편에서는 공소사실불특정이 보정으로 치유될 수 있다고 기술하는 예가 적지 않다.[1] 양자를 모두 부정하여 서술의 논리일관성을 확보하는 예는 소수에 불과하다.[2]

28 소송조건 추완 가부는 결국 공소제기가 위법하여 무효일 때 문제의 법률규정에서 요구하는 바를 보정함으로써 하자가 치유되는지의 문제로서 제327조 제2호 적용영역에 특유한 논제라 할 수 있다. '소송조건의 추완은 허용되지 않는다'는 명제는 '기소절차상 하자는 사후적으로 치유될 수 없다'는 명제의 변형된 표현에 지나지 않는다. 이를 소송절차 일반론 부분의 원론적 메아리로만 남겨두지 않고 공소제기 무효사안에 실천적으로 관철한다면, 공소사실이 특정되지 않은 사안에서는 문답무용 공소를 기각해야 한다는 것 외에 다른 결론은 있을 수 없다고 하겠다.[3]

29 (2) 후발적 불특정 사안에서의 처리 기소 당시에는 공소사실이 특정되어 있었으나 공소장변경으로 인해 불특정상태가 초래된 경우는 문제상황이 다르다. 제327조 제2호의 공소기각판결은 '공소제기'가 위법무효인 경우에 하는 재판이지 '공소장변경'이 위법무효인 경우에 하는 재판이 아니기 때문이다. 기소 당시 공소사실이 피고인의 방어권행사에 지장이 없을 정도로 특정되어 있었다면 이미 제254조 제4항 위반을 이유로 하는 공소기각판결은 할 수 없게 된 것이며, 그 후 공소장변경으로 공소사실불특정상태가 초래됐다 해서 그러한 결론이 달라질 수는 없다고 본다.

30 생각건대, 제254조 제4항은 공소제기와 공소장변경에 두루 적용되는 효력규정이고, 이를 위반한 공소장변경허가결정은 무효이다. 따라서 법원은 그러한 공소장변경허가신청을 기각해야 하며, 설령 허가결정을 했더라도 수소법원은 그것이 무효임을 전제로 변경 전 공소사실에 대해 심판함이 옳다.[4]

---

1 배종대/이상돈 §31/16-20, §36/26, §70/11; 배종대/홍영기 §6/17, §7/6, §32/12.

2 이은모/김정환 142, 160, 399쪽.

3 같은 지적으로 이은모, "공소사실특정과 관련된 몇 가지 문제점에 대하여", 한양법학 제10집(1999), 42쪽; 김혁돈, "모발감정결과에 의한 공소사실의 특정", 형사소송 이론과 실무 제8권 제2호(2016), 104-105쪽.

4 일본 최고재판소 1954. 2. 25. 선고[昭和27(あ)251], 형집 제92호, 705쪽 참조.

대법원은 "공소장변경허가결정에 위법사유가 있는 경우에는 공소장변경허가를 한 법원이 스스로 이를 취소할 수 있다"고 하나,[1] 앞서 언급했듯 형사재판에서 취소란 허용될 수 없고, 이 경우 취소결정은 무효선언적 의미만 있을 뿐 그 자체 형사절차상 어떠한 형성적 효력을 발휘하지는 않는다고 본다[§3/39 참조].

Ⅲ. 위법한 공소제기결정

1. 판례의 태도

대법원 2010. 11. 11. 선고 2009도224 판결은, "ⓐ 법원이 재정신청서에 재정신청을 이유 있게 하는 사유가 기재되어 있지 않음에도 이를 간과한 채 제262조 제2항 제2호 소정의 공소제기결정을 한 관계로 그에 따른 공소가 제기되어 본안사건의 절차가 개시된 후에는, 다른 특별한 사정이 없는 한 이제 그 본안사건에서 위와 같은 잘못을 다툴 수 없다고 할 것이다. ⓑ 그렇지 아니하고 위와 같은 잘못을 본안사건에서 다툴 수 있다고 한다면 … 제262조 제4항의 규정취지에 위배하여 형사소송절차의 안정성을 해칠 우려가 있기 때문이다. ⓒ 또한 위와 같은 잘못은 본안사건에서 공소사실 자체에 대하여 무죄, 면소, 공소기각 등을 할 사유에 해당하는지를 살펴 무죄 등의 판결을 함으로써 그 잘못을 바로잡을 수 있는 것이다. ⓓ 뿐만 아니라 본안사건에서 심리한 결과 범죄사실이 유죄로 인정되는 때에는 이를 처벌하는 것이 오히려 형사소송의 이념인 실체적 정의를 구현하는 데 보다 충실하다는 점도 고려하여야 한다."라고 한 바 있다. 이 판결 이후 대법원은 재정신청의 요건·절차에 관한 법률규정 위반을 간과해 이루어진 공소제기결정의 하자를 본안공판절차에서 다툴 수 없다는 입장을 확고히 견지하여, 이를테면 i) 재정신청대상이 아닌 사건에 대한 공소제기결정,[2] ii) 권한 없는 자의 재정신청을 인용한 결정,[3] iii) 피의자에게 재정신청사실을 통지하지 않고 한 공소제기결정[4]에 의한 기소는 무효가 아니라고 한 바 있다. 31

1 대법원 1989. 1. 24. 선고 87도1978 판결.
2 대법원 2017. 11. 14. 선고 2017도13465 판결.
3 대법원 2014. 4. 10. 선고 2012도1741 판결.
4 대법원 2017. 3. 9. 선고 2013도16162 판결.

32 앞서 본 2009도7436 (全)판결의 그것에 비해[§14/11 참조], 위 2009도224 판결의 논증은 비교적 간결한 편이다. 도해하면 다음과 같다.

ⓑ 공소제기결정의 위법을 공판에서 다투는 것은 제262조 제4항의 입법 취지에 반한다.

ⓒ 공소사실 자체에 무죄판결·형식재판의 사유가 있다면, 해당 재판으로 재정결정상 하자를 바로잡을 수 있다.

ⓓ 그러한 사유가 없다면 유죄판결을 함이 정의에 부합한다.

ⓐ 재정결정의 위법성은 공소제기 후 본안절차가 개시된 후에는 다른 특별한 사정이 없는 한 공소기각사유가 되지 않는다.

33 대법원은 ⓑ, 즉 재정심리절차상 흠을 이유로 공소를 기각함은 공소제기결정에 불복할 수 없다고 규정한 제262조 제4항의 취지에 반한다는 이유를 가장 처음 그리고 특히 강조해 언급하며, 여기서 ⓒ와 ⓓ는 “또한”이나 “뿐만 아니라”라는 접속어와 함께 일종의 보론처럼 등장한다. 그러나 재정결정에 대한 불복권자로 등장할 수 있는 소송관계인은 어디까지나 재정신청인과 검사에 국한되며, 피의자는 경우에 따라 단지 심문의 대상이 될 수 있을 뿐이다.[1] 제262조 제4항 역시 그러한 전제에서 재정신청인은 기각결정에 불복할 수 있지만 검사는 공소제기결정에 불복할 수 없다고 규정한 것이다. 따라서 위 규정의 취지와 규범내용은 공판단계에서 피고인이 공소제기결정의 위법성을 다툴 수 있는지 여부와는 전혀 관련이 없다.

34 한편, ⓒ는 공소사실 자체에 대해 무죄판결·형식재판 사유가 있는지를 살펴 해당사항이 있으면 그에 따른 재판을 함으로써 ‘그 잘못을 바로잡을 수 있는 것’이라 한다. 그러나 재정결정의 위법성은 그 자체 독립된 하자로서 공소사실 자체에 내재된 형식재판사유와 하등의 연관성이 없다. 공소제기결정의 ‘잘못을 바로잡을 수 있는’ 방법은 그 결정의 위법성 자체를 이유로 공소를 기각하는 것밖에는 없다.

35 저자가 보기에 제262조 제4항의 취지나 공소사실 자체에 내재된 무죄·형식재판사유에 관한 언급은 카무플라주이고 대법원의 진의는 ⓓ에 있다. 당

1 김재중/이훈, “재정신청 대상 아닌 사건에 대한 재정결정의 효력”, 법학연구 제26권 제4호 (2018), 130쪽.

벌적 사건임에도 공소제기결정의 흠결을 문제삼아 처벌을 유보함은 정의에 반한다는 범죄투쟁사고야말로, ⓐ를 도출하는 가장 강력하고 직관적인 논거라 할 수 있다. 나아가 ⓑ·ⓒ·ⓓ 중 형식논리적 오류 없이 결론부로 이어지는 것도 ⓒ밖에는 없다.

ⓐ는 일견 재정결정상 하자가 공소제기로 치유된다는 시각처럼 보인다. 36
그러나 어차피 공소제기결정이 이루어진 경우 그 사건에 관해 공소가 제기되는 것은 당연한 수순이므로, 위와 같은 관점은 처음부터 재정신청의 요건·절차에 관한 법률규정을 훈시규정으로 보는 것과 큰 차이가 없다. 공소제기가 당연히 예정되어 있는 사안에서 기소사실 자체를 하자치유의 근거로 삼는 것은 애당초 무효원인이 없다고 하는 것이나 마찬가지다.

2. 검 토

여기서도 저자의 결론은 동일하다. 기소강제절차는 기소독점주의에 대 37
한 예외로서 수사종결에 대한 피의자의 신뢰를 깨뜨려 그를 공판정에 세울 수 있는 단락이므로 엄격한 형식성이 요구되고, 재정결정의 요건과 절차에 관한 형사소송법 규정은 모두 효력규정이다. 그리고 사건재기 및 공소제기는 재정법원의 기소결정에 따른 필연적 결과다. 그렇다면 재정결정의 위법성은 곧 공소제기의 위법무효로 연결되어 제327조 제2호의 공소기각사유를 구성하며,[1] 진실규명이익을 고려해 하자를 치유함은 허용되지 않는다.

Ⅳ. 공소장 간인 누락

1. 판례의 태도

전술했듯[§3/29 참조] 대법원 2021. 12. 30. 선고 2019도16259 판결은 공소장에 38
간인이 누락된 사안에서 "공소제기 검사의 간인이 없더라도 이 사건 공소장은 유효하므로 이 사건 공소장 제출에 의한 공소제기는 그 절차가 법률의 규정에 위반하여 무효인 때에 해당한다고 할 수 없다"고 하여 그러한 하자가 효력규정위

1 같은 생각으로 조기영, "재정결정에 대한 불복여부 및 재정결정상 하자의 법적 효과", 법조 제59권 제10호(2010), 131－135쪽; 김양섭, "법률상의 방식을 위반한 재정신청을 인용하여 공소제기결정을 한 잘못을 그 본안절차에서 다툴 수 있는지 여부", 대법원판례해설 제86호(2011), 716쪽의 주 24; 김재중/이훈, "재정신청 대상 아닌 사건에 대한 재정결정의 효력", 법학연구 제26권 제4호(2018), 131－136쪽.

반이 아니라고 판단했다.[1] 반면, 그 원심판결인 의정부지방법원 2019. 10. 17. 선고 2019노1092 판결은, 간인누락은 무효사유이고 하자치유도 불가하다는 시각에서 다음과 같은 설시로 공소를 기각했다. "검사의 간인이 누락된 공소장 제출에 의한 공소제기에 대하여는 공소기각판결을 선고함이 마땅하다. i) 공소제기절차의 하자추완은 원칙적으로 제1심까지만 가능하다. … 항소심에서 공판의 첫 단추인 공소제기상 하자까지 시정을 허용하거나 항소법원이 검사에게 추완을 요구해야 한다고 해석하는 것은 사후심적 운영을 저해한다. 그리고 피고인의 방어권 행사 등 여러 소송행위와 달리(친고죄에서 제1심 선고일 전까지만 고소취소의 사정을 반영시킬 수 있음; 정식재판청구의 취하는 제1심 선고일 전까지 가능함) 검사에게만 항소심 판결선고 전까지 추완을 허용할 이유는 없다. 특히, 공소제기의 기본이 되는 하자에 대하여는 더욱 그렇다. … ii) 교합이내 ㅑ 불가능한 상태에서는 간인 추완을 요구할 수 없다. 문서에 간인을 요구하는 이유는 진정성립에 대한 신용성 확보 수단이기 때문이다. 그런데 이 사건과 같이 이미 간인 일부가 제1쪽 이면에만 남아 있는 경우에는 제2쪽 표면에 나머지 간인을 교합이 되도록 추가할 수 없다. 설령, 제1쪽 이면과 제2쪽 표면에 새로운 간인을 찍는 것을 비롯하여 별지2 범죄일람표 말미까지 같은 간인을 날인한다고 하더라도, 제1쪽 이면에 이미 남아 있는 반쪽짜리 간인은 그대로 있어 공소장 제2쪽 이하가 뒤바뀌었다는 신용성 훼손은 치유되지 않는다."[2]

2. 검 토

39 앞서 언급했듯이[§3/30 참조] 간인누락은 효력규정위반이다. 따라서 애초 무효사유가 없다고 본 대법원판결보다는, 하자 있는 공소제기로 취급해 그 치유를 논의한 항소심판결의 방법론이 그나마 타당하다고 본다. 다만 공소제기의 무효는 제1심에서도 치유될 수 없다고 봄이 옳다. 그리고 친고죄사건의 고소취소나 약식명령에 대한 정식재판청구의 취하가 제1심 판결선고 전까지 가능한 것은 형사소송법이 명문으로 정한 효과이므로, 이를 하자치유 여부 판단에 원용함은 적절하지 않다.

---

1 대법원 2021. 12. 30. 선고 2019도16259 판결.

2 의정부지방법원 2019. 10. 17. 선고 2019노1092 판결.

Ⅴ. 피고인 불특정과 성명모용

1. 판례의 태도

성명모용으로 인해 공소장에 검사가 의도하지 않은 다른 자의 이름이 40
적힌 경우, 제254조 제3항 제1호에 위반해 피고인이 특정되지 않았으므로 일응 공소제기가 무효로 되나, 그러한 하자는 검사의 피고인표시정정을 통해 해소된다는 것이 판례의 입장임은 전술했다[§3/18-23 참조].

2. 검 토

성명모용사건에서 피고인은 피모용자(공소장에 기재된 자)로 확정되므로 제254조 제3 41
항 제1호 위반의 문제는 발생하지 않고, 애초에 효력규정위반 자체가 존재하지 않는다고 봄이 타당함을 제2장에서 설명했다[§3/24-27 참조]. 그런데 판례와 같이 모용자를 피고인으로 보는 관점을 취하더라도, 피고인표시정정을 통해 하자 치유를 인정함은 옳다고 할 수 없다. 모용자가 피고인이 된다고 전제한다면, 합당한 결론은 성명모용사실이 밝혀지는 그 즉시 법규칙인 제327조 제2호에 따라 공소기각판결을 선고해야 하며 검사가 표시정정신청을 하더라도 이를 무시해야 한다는 것이다. 피고인이 불특정된 공소장을 제출한 이후에 표시정정의 방법에 의한 인적사항의 특정을 허용함은 타당하지 않다.

설령 공소제기의 무효가 형량을 통해 치유될 수 있다고 하더라도, 성명 42
모용사안에서는 하자치유를 인정할 수 없다고 본다. 공소장에 타인의 인적사항이 기재되었다면 이는 단순히 누락·오기 정도의 흠을 넘어 인물의 동일성 자체가 인정되지 않을 만큼의 중대하고 명백한 오류가 있는 상황이고,[1] 공소사실에 비유하자면 공소장변경으로는 해결이 안 될 수준으로 사실관계가 부정확하게 기재되어 있어 석명 없이 공소기각판결을 해야 하는 상태[§14/23-24 참조]와 다르지 않기 때문이다. 1980년대까지 대법원은 성명모용사안에서 모용자만이 피고인이며 피모용자는 피고인이 아니라는 전제에서 공소장 불특정을 이유로 공소기각판결을 해야 한다는 입장이었고 별도로 하자치유는

1 나기업, "형사소송에서 피고인의 확정과 불일치의 문제", 법학논총 제39권 제3호(2019), 246－247쪽.

인정하지 않았는데,[1] 지금의 판례[§3/23 참조][2]보다는 그나마 타당한 태도라고 생각된다.

Ⅵ. 친고죄사건에서 고소의 부존재

1. 판례의 태도

43 대법원은 친고죄에서 피해자의 고소가 없거나 고소가 취소됐음에도 친고죄로 기소되었다가 그 후 당초에 기소된 공소사실과 동일성이 인정되는 비친고죄로 공소장변경이 허용된 경우 그 공소제기의 흠은 치유되고,[3] 친고죄로 기소된 후에 피해자의 고소가 취소되더라도 제1심이나 항소심에서 당초에 기소된 공소사실과 동일성이 인정되는 범위 내에서 다른 공소사실로 공소장변경을 할 수 있다고 한다.[4] 나아가 그러한 법리는 반의사불벌죄에서 피해자의 처벌불원의사표시(또는, 처벌희망 의사표시의 철회)가 있는 경우에도 적용된다고 한다.[5]

2. 검 토

44 그러나, 어떠한 행위가 친고죄에 해당하는 범죄의 구성요건에 해당한다고 판단하고도 고소 없이 이를 기소했다면 그 시점에서 이미 공소제기는 무효이고, 공소장변경을 통한 하자치유는 허용되지 않는다고 봄이 옳다.

---

1 대법원 1982. 10. 12. 선고 82도2078 판결: "ㅇㅇ가 피고인의 성명, 본적, 주소등 인적사항을 모용하였기 때문에 검사가 피고인을 ㅇㅇ로 오인하여 공소를 제기하였다. … ㅇㅇ에 대한 공소로서는 위 공소장의 기재는 동 ㅇㅇ를 특정할 수 없는 것이어서 이 사건 공소는 공소제기의 방식이 제254조의 규정에 위반하여 무효라고 할 수밖에 없[다]."

2 대법원 1993. 1. 19. 선고 92도2554 판결.

3 대법원 1996. 9. 24. 선고 96도2151 판결.

4 대법원 1990. 1. 25. 선고 89도1317 판결.

5 대법원 2011. 5. 13. 선고 2011도2233 판결.

제2관 이중기소

I. 이중기소 후 공소장변경으로 두 사건의 공소사실이 달라진 경우

1. 판례의 태도

제327조 제3호는 "공소가 제기된 사건에 대하여 다시 공소가 제기되었을 때"를 공소기각사유로 규정하고 있다. 이에 따라, 이미 기소된 피고인에 대해 동일지방법원에 동일사건으로 다시 공소가 제기된 경우에는 후행사건에 대해 공소를 기각해야 한다(다만, 하나의 공소장에 동일사건이 중복기재된 것은 이중기소가 아니라 단순 오기에 불과하므로 공소기각사유가 아니다). 가령 상습사기죄로 기소되어 재판을 받고 있는 피고인에 대해 그 사건의 공소사실에 포함되지 않은 별개의 사기범행이 동일지방법원에 단순사기죄로 기소된 경우, 그 단순사기사건의 재판부는 제327조 제3호에 따라 공소를 기각해야 한다.[1] 그런데 이에 관해 대법원은 "기소당시에 이중기소된 위법이 있었다 하여도 그 후 공소사실 및 적용법조가 적법하게 변경되어 새로운 사실의 소송계속상태가 있게 된 때에까지 그 이중기소된 위법상태가 계속 존재하게 된다고 볼 것은 아니라 할 것"이라고 한다.[2] 나아가 선행사건이 공소취소된 경우에도, 역시 이중기소상태가 해소되었으므로 수소법원은 실체판결을 할 수 있다고 한다.[3] 45

2. 검 토

제327조 제3호는 (제2호와 마찬가지로) 이중기소상태의 발생이라는 법률요건과 공소기각판결이라는 법률효과를 지시하는 법규칙이다. 따라서 동일지방법원에 동일사건으로 공소장이 접수된 경우 후행사건의 수소법원은 곧바로 공소기각판결을 해야 하며, 공소장변경이나 선행사건의 공소취소 등에 의한 하자의 치유는 허용될 수 없다. 특히 선행사건이 공소취소된 사건에서는, 공소기각 46

---

1 대법원 2001. 7. 24. 선고 2001도2196 판결.

2 대법원 1989. 2. 14. 선고 85도1435 판결.

3 서울중앙지방법원 2018. 12. 21. 선고 2018고합489 판결(대법원 2019. 11. 28. 선고 2019도13901 판결): "선행사건에서 피고인의 이 사건 피해자에 관한 공소가 취소되고, 그 기각결정이 확정된 이상 더 이상 이중기소된 위법상태는 존재하지 않으므로, 이 사건 공소는 '공소가 제기된 사건에 대하여 다시 공소가 제기된 경우'에 해당하지 않는다."

의 재판(선행사건에 대한 공소기각결정, 후행사건에 대한 공소기각판결) 확정 후 새로이 공소를 제기할 경우 제327조 제4호의 공소기각사유가 된다고 보아야 한다. 즉, 다른 중요한 증거가 발견되지 않는 이상 실체재판의 가능성이 완전히 소멸한다.

Ⅱ. 이중기소된 두 사건이 상상적경합·포괄일죄 관계에 있는 경우

1. 판례의 태도

47 대법원은, 사건의 동일성이 없음을 전제로 각각 기소된 2개의 사건이 심리 도중 동일사건 관계에 있음이 드러난 경우, 수소법원은 후행기소에 의해 선행기소에서 누락된 범죄사실을 추가하는 취지의 공소장변경이 이루어진 것으로 보아 양자를 하나의 범죄사실로 정리해 실체판결을 선고해야 하고, 따로 공소기각판결을 할 필요는 없으며, 원칙상 검사에게 후행기소가 공소장변경의 취지인지를 발문해야 하나 그러한 석명절차를 거치지 않더라도 위법한 것은 아니라고 한다.

48 구체적으로 보면, 우선 i) "상상적경합관계에 있는 공소사실 중 일부가 먼저 기소된 후 그 나머지 공소사실이 추가기소되고 이들 공소사실이 상상적경합관계에 있음이 밝혀진 경우라면, 그 추가기소에 의하여 전후에 기소된 각 공소사실 전부를 처벌할 것을 신청하는 취지가 포함되었다고 볼 수 있어, 공소사실을 추가하는 등의 공소장변경과는 절차상 차이가 있을 뿐 그 실질에 있어서 별 차이가 없다. 따라서 법원으로서는 석명권을 행사하여 검사로 하여금 추가기소의 진정한 취지를 밝히도록 하여 검사의 석명에 의하여 추가기소가 상상적경합관계에 있는 행위 중 먼저 기소된 공소장에 누락된 것을 추가·보충하는 취지로서 1개의 죄에 대하여 중복하여 공소를 제기한 것이 아님이 분명해진 경우에는, 그 추가기소에 의하여 공소장변경이 이루어진 것으로 보아 전후에 기소된 공소사실 전부에 대하여 실체판단을 하여야 하고 추가기소에 대하여 공소기각판결을 할 필요가 없다."라고 한다.[1] 다음으로, ii) "검사가 포괄일죄인 일부 범행을 먼저 기소하고 다시 나머지 범행을 추가로 기소하여 이를 병합하여 심리하는 과정에서 전후에 기소된 각각의 범행이 모두 포괄하여 하나의 죄를 구성하는 것이 밝혀진 경우, 비록 포괄일죄로 공소장을 변경하는 절차가 없었다거나 추가기소의 공소장

---

1 대법원 2012. 6. 28. 선고 2012도2087 판결.

제출이 포괄일죄를 구성하는 행위로서 먼저 기소된 공소장에 누락된 것을 추가·보충하는 취지의 것이라는 석명절차를 거치지 아니하였다 하더라도, 법원은 전후에 기소된 범죄사실 전부에 대하여 실체판단을 할 수 있고, 추가기소된 부분에 대하여 공소기각판결을 할 필요는 없다고 할 것인바, 이러한 경우 검사의 추가기소는 실질적으로 먼저 기소된 공소장에 누락된 것을 추가·보충하는 취지의 공소장변경에 해당한다."라고 한다.[1]

위와 같이 보는 근거에 대해 대법원은 "공소장변경제도는 피고인의 방어권행사를 실질적으로 보장하려는 당사자주의적 견지에서 … 피고인이 예상하지 아니한 처벌을 받는 불이익을 방지하려는 것인데, 포괄일죄가 추가기소되는 경우에도 구체적으로 추가적으로 심판대상이 되는 사실이 명확히 제시되어 피고인이 방어하여야 할 대상이 분명히 한정되므로 이를 공소장변경으로 보더라도 방어권행사에 아무런 지장이 없고, 이중기소의 경우 공소기각판결을 하도록 규정한 제327조 제3호의 취지는 동일사건에 대하여 피고인으로 하여금 이중위험을 받지 아니하게 하고 법원이 2개의 실체판결을 하지 아니하도록 함에 있는 것이나 포괄일죄의 일부 사실이 2차례에 걸쳐 기소된 것을 공소장변경으로 보아 전부에 대하여 실체판단을 하고 추가기소된 사실에 대하여 공소기각판결을 하지 아니하더라도 동일법원에서 병합하여 심리하는 이상 피고인이 이중위험에 처할 수는 없고 1개의 판결이 선고될 것이기 때문에 2개의 실체판결이 날 가능성도 배제할 수 있게 되므로 아무런 문제점이 없으며, 또한 이를 허용하는 것이 절차유지의 원칙이나 소송경제에도 부합할 것이기 때문"이라 한다.[2] 49

2. 검 토

대법원의 입장은 법규칙인 제327조 제3호에 대해 단지 실무상 편의만을 이유로 예외를 창설하는 해석론으로서 찬성하기 어렵다. 형사소송법이 이중 50

1 대법원 2015. 3. 20. 선고 2015도706 판결: "이 사건 제2공소제기는 이 사건 제1공소제기 당시 공소장에 누락된 것을 추가·보충하는 취지의 공소장변경에 해당하고, 따라서 특가법위반(허위세금계산서교부등)의 점에 대한 공소제기일은 이 사건 제1공소제기일인 2014. 1. 9.로 보아야 한다. 그렇다면 특가법위반(허위세금계산서교부등)의 점에 대하여는 개정된 형법이 시행되기 전에 공소가 제기되었으므로 원심이 위 범행에 대하여 벌금을 병과하는 경우 노역장유치에 관하여는 구 형법 제70조를 적용하였어야 할 것이다. 그럼에도 원심은 이와 달리 특가법위반(허위세금계산서교부등)의 점에 대하여 벌금 25억원을 병과하면서 노역장유치에 관하여 개정된 형법 제70조를 적용하였다. 이러한 원심의 판단에는 노역장유치에 관한 법령을 잘못 적용한 위법이 있다."

2 대법원 1996. 10. 11. 선고 96도1698 판결.

기소를 공소기각사유로 규정한 것은 근본적으로 이중기소가 그 자체 위법한 공소제기라는 규범적 평가의 표현이며, 두 개의 실체판결이 선고될 위험이 없어졌다는 결과론적 고려로 그러한 위법성이 치유된다고 할 수는 없다. 이 경우에도 법원은 제327조 제3호에 따라 공소기각판결을 해야 한다.

51 더욱이 선행기소와 후행기소의 범죄사실 간에 사건의 동일성이 인정된다는 이유로 공소제기를 공소장변경으로 의제함은 그 자체 소송행위의 형식적 확실성을 심각하게 해치는 방법론이다. 그리고 공소장변경은 본래 검사의 신청과 법원의 허가결정으로 이루어지는바, 대법원의 입장은 후행기소 자체만으로도 공소장변경이 된 것으로 간주한다는 점에서도 문제가 있다.[1]

---

1 변종필/나기업 554–555쪽. 대법원이 공소장변경을 의제하는 것은 아니라는 견해가 있다[노태악 編, 주석 형사소송법 Ⅲ, 한국사법행정학회(2022), 773쪽(송민경 집필부분)]. 그러나 위 판결은 분명 추가기소를 공소장변경으로 의제하고 있다.

제3절 요 약 §15

이 장에서는 제2장에서 언급한 무효사례 중 일부에 관해 제3장·제4장의 1
논의내용을 적용하여 다음과 같은 결론을 도출했다.

Ⅰ. 대법원은, 제1심법원이 i) 필요적변호사건에서 변호인 없이 공판절차 2
를 진행했거나[§13/1 참조], ii) 궐석재판의 요건이 불비됐음에도 피고인 불출석 상태에서 제1심 공판절차를 진행했거나[§13/5 참조], iii) 공소장부본을 송달하지 않은 채 궐석재판으로 재판을 진행했거나[§13/6 참조], iv) 국민참여재판 대상사건에서 의사확인절차를 누락했거나[§13/10-15 참조], v) 국민참여재판 신청에 대한 배제결정이 없음에도 회부결정을 하지 않은 채 통상절차로 심리한 경우[§13/21-22 참조], 해당 공판절차에서 이루어진 소송행위는 모두 무효라고 한다. 나아가 그중 iv)를 제외한 나머지에 대해서는 하자치유를 인정하지 않고 있으며, 특히 v)의 경우 항소법원은 언제나 사건을 제1심으로 환송해야 한다고 한다. 이처럼 i) 내지 iii)에서 하자치유를 인정하지 않고 v)의 경우 항소심이 파기환송을 해야 한다는 판단은 타당하다[§13/2-3, 7-8, 23-26 참조]. 그러나 판례가 i) 내지 iii)에서 항소법원이 파기자판해야 하고[1] iv)에서 피고인이 이의하지 않으면 하자가 치유된다고[2] 하는 데는 찬성할 수 없다. 위와 같은 위법을 발견한 상소법원은 언제나 제366조를 유추적용해 사건을 제1심으로 환송해야 한다[§13/4, 9, 16-20 참조].

Ⅱ. 공소제기가 위법·무효인 경우 법원은 언제나 공소기각판결을 해야 3
한다. 가령 i) 공소장일본주의를 위반해 기소되었으나 증거조사절차 종료 전까지 아무도 이를 문제삼지 않은 경우 책문권포기로 하자가 치유된다는 것이 대법원의 입장이다[§14/1-14 참조].[3] 그러나 공소장일본주의 위반은 검찰청법 제4조 제3항에 위반한 공소제기이므로 수소법원은 이를 인지하는 즉시 공소를 기각해야 하며, 그 흠결의 발견시점이 언제인지에 따라 결론이 달라진다고 할 수 없다[§14/15-19 참조]. ii) 판례는, 공소장에 공소사실이 특정되지 않은 경우 공소제

---

1 대법원 1995. 4. 25. 선고 94도2347 판결; 2017. 1. 12. 선고 2016도17929 판결; 2014. 4. 24. 선고 2013도9498 판결.

2 대법원 2012. 4. 26. 선고 2012도1225 판결.

3 대법원 2009. 10. 22. 선고 2009도7436 (全)판결.

기는 무효이나, 이후 법원의 석명에 따라 검사가 공소장변경을 통해 공소사실을 특정함으로써 그 하자가 치유되고[§14/20-24 참조],[1] 당초 특정돼 있던 공소사실이 공소장변경을 통해 불특정된 경우 법원은 공소기각판결을 해야 한다고 한다[§14/25 참조].[2] 그러나 공소제기 당시 공소사실이 특정되지 않았다면 법원은 곧바로 공소를 기각해야지 검사의 보정을 허용해서는 안 되며[§14/26-28 참조], 공소장변경허가결정을 통해 불특정상태가 초래된 경우 법원은 변경 전의 공소사실에 대해 판결해야 한다[§14/29-30 참조]. iii) 대법원은 고등법원이 내린 공소제기결정에 법률위반이 있더라도 공소기각사유가 되지 않는다고 하나[§14/31-36 참조],[3] 이 또한 공소제기의 절차가 법률의 규정에 위배되어 무효인 때에 해당하고 하자는 치유될 수 없다고 보아야 한다[§14/37 참조]. iv) 공소장에 간인 등이 누락된 경우 대법원은 그 공소제기의 효력을 인정하지만[§14/38 참조], 이는 효력규정위반으로서 공소기각사유가 된다고 봄이 옳다[§14/39 참조]. v) 판례는 성명모용사건에서 모용자가 피고인이라는 전제하에 공소제기가 무효라고 하면서 표시정정을 통한 하자치유를 인정하는바[§14/40 참조],[4] 이 경우 피모용자가 피고인으로 확정되므로 공소제기는 처음부터 유효하다고 봄이 타당하지만, 설령 판례의 입장과 같이 모용자가 피고인이 된다고 가정하더라도 법원은 곧바로 공소기각판결을 해야 하고 피고인표시정정을 기다릴 이유가 없다[§14/41-42 참조]. vi) 친고죄사건에서 고소권자의 고소가 없음에도 공소가 제기된 경우, 비친고죄의 범죄사실로 공소장변경이 이루어지면 그러한 하자가 치유된다는 것이 판례의 태도이나[§14/43 참조],[5] 이 역시 불문곡직 공소기각판결을 해야 할 사안이다[§14/44 참조]. vii) 동일지방법원에 동일사건으로 두 개의 공소장이 접수됐더라도, 두 사건이 일죄 또는 상상적경합 관계에 있거나, 공소장변경허가결정으로 두 사건의 공소사실이 달라진 때에는 실체재판을 해야 한다는 것이 대법원의 입장이다[§14/45, 47-49 참조].[6] 그러나 그러한 경우에도 후행사건의 수소법원은 언제나 제327조 제3호에 따라 공소를 기각해야 한다[§14/46, 50-51 참조].

---

1 대법원 2016. 1. 28. 선고 2015도17384 판결.

2 대법원 2016. 1. 28. 선고 2015도17384 판결.

3 대법원 2010. 11. 11. 선고 2009도224 판결.

4 대법원 1993. 1. 19. 선고 92도2554 판결.

5 대법원 1996. 9. 24. 선고 96도2151 판결.

6 대법원 1989. 2. 14. 선고 85도1435 판결; 2012. 6. 28. 선고 2012도2087 판결.

제6장[§16]

결 론

1 중추신경계는 눈에 보이지 않고 일상에서 그 존재가 인식되는 일도 드물지만 신체의 감각·운동·생체기능 등을 조절하고 통합하는 중요한 역할을 한다. 형사절차법에서는 소송행위의 가치판단이 그에 대응한다. 표면에 잘 드러나지 않고 자주 쟁점화되지 않을 뿐 사실은 형사소송의 모든 국면이 이와 연결된다. 증거능력이나 기판력 등 쟁점이 근육과 피부에 생기는 이상이라면, 소송행위의 가치판단에 관한 쟁점은 중추적 조절기능의 이상에 해당한다. 하자치유 문제는 그중에서도 중핵을 이루는 것으로서 형사소송이론의 정교함 정도 및 형사사법실무의 정형화 정도와 밀접하게 관련돼 있다. 무효인 소송행위의 하자치유 여부는 단순 기술적·합목적적 판단을 넘어 형사소송법의 목적과 기본원칙들 간 우선순위와 비중에 대한 평가를 요하는 논제이다. 그럼에도 이에 관한 깊이 있는 연구는 활발히 이루어지지 않는다. 개론서들은 하자치유 문제를 비롯한 소송행위의 가치판단에 관한 총론적 내용을 도입부에서 제시하고 있지만 그 분량은 대체로 열 페이지를 넘지 않으며, 각론적 쟁점과의 연계는 거의 시도되지 못하고 있다. 현재의 형사절차법 이론은 중추신경계 질환으로 인한 병변을 단순한 피로감이나 감각 이상으로 치부하고 그 원인을 추적하지 않는 의료행위처럼, 소송행위의 하자치유 문제를 개개 사안에서의 산발적·국소적 현상으로 취급해 주변화하는 경향이 강하다.

2 이러한 문제의식에 터잡아, 본서에서는 형사소송에서 하자의 치유에 관한 통일적·체계적인 이론적 기초를 제시하고 이를 현실의 구체적 소송상황에 적용하고자 하였다. 방법론적으로 그 작업은, i) 법체계에는 법규칙 외에 그와 질적으로 구별되는 법원리도 포함되어 있고, ii) 판결하기 어려운 사안에서의 법적용은 법원리 간 형량을 통해 이루어져야 하는 반면, iii) 법규칙이 존재하는 사안에서는 그러한 형량이 불요부당하다는 인식에 정초해, 하자사안을 원리충돌사안과 규칙적용사안으로 분별하여 고찰하는 방식으로 수행되었다.

3 비실증주의 법체계모델이 그 자체 구체적 사안에서 하자치유 여부에 관해 확실한 답을 제공하지는 않는다. 그러나 이는 i) 개별 실정법규정이 없더라도 하자사안에서 법관은 여전히 법(원리)에 구속된 규범적 판단의 주체라는 점과, ii) 여기서 법정책적 논거나 비용편익분석에 근거한 순수 합목적적 계산은 개입할 여지가 없다는 점을 전제로 법적 결정이 내려지게끔 한다는

데 의의가 있다. 두 원리 간의 상대적 비중에 관한 법이론을 수립하는 것은 가능하지 않지만, 법관은 각 원리에 따른 결론들 가운데 정당한 하나의 답이 존재함을 사유상 전제해야 하고, 판단의 전제가 된 원리의 선택과 그 비중에 대한 논거를 분명히 제시함으로써 자신의 견해가 바로 그 '정당한 하나'임을 논증해야 하며, 이로써 법적용은 필연적으로 그에 비례해 객관성을 지니게 된다. 따라서 위와 같은 모델이 형사재판실무에 적용된다면, 많은 무효사안에서 너그럽게 하자치유를 인정하면서 상세한 근거제시를 생략하는 실무현실은 상당한 변화를 맞이할 수밖에 없다. 이 책에서 제시된 쟁점별 결론들은 그 변화의 프로토타입적 형상이라 할 수 있다.

4 형사재판의 소송행위 상당수는 절차·실체 양면에서 종국판결에 도달하는 데 핵심적 기능을 수행하는 만큼, 무효사유가 있더라도 그 효력을 인정하려는 경향은 지극히 자연스럽다. 일정한 경우 하자를 불문에 부칠 수 있다는 관념은 소송행위 개념의 역사만큼이나 오래된 것이다. 그러한 시도는 대체로 검사나 법원에 의해 행해지며 많은 사안에서 쉽게 그리고 충분한 심사숙고 없이 성공에 이른다. 원리충돌사안에서는 절차위반이 경미한 데 반해 진실규명의 필요성은 절실한 경우에만 하자치유가 인정되고, 규칙적용사안에서는 언제나 하자치유가 인정되지 않는다는 저자의 관점은, 이 같은 현실 속에서는 가혹하리만큼 엄격하고 융통성 없는 태도로 비칠 수 있다. 그러나 진정 경계해야 할 것은 형식적 엄격성이나 비효율성이 아니라 효력규정의 규범력을 쉽사리 포기해 버리는 기능주의적 취급방식이다. 형사사법제도는 정형화된 원칙들을 존중한다는 점에서 비로소 일상생활의 제재와 구분되는바, 하자치유기준을 범인의 신속한 처벌이나 절차속행의 필요성을 의식해 느슨하게 설정함은 필연적으로 형사소송법의 많은 보호형식을 파괴하고, 사적 제재와 사법작용의 간극을 좁혀 형사절차의 도덕적 우월성에 손상을 가한다. 효율성 논리를 앞세운 무비판적 실용주의에 맞서 법적 형식을 일관되게 존중할 때, 형사소송은 단순 기술적 도구를 넘어 비로소 자유주의적 법치국가의 이상을 실현하는 핵심적 제도로 기능하게 된다. 이에 이 책에서는 절차의 정형성을 강조하는 이론적 태도하에 종래의 주류적 방법론을 비판적으로 검토하고, 다수의 소송법적 쟁점에서 통상의 설명과는 상이한 견해를 제시한 것이다. 저자의 논지를 최종적으로 간추려 정리함으로써 글을 마무리하기로 한다.

Ⅰ. 하자치유 문제는 논리적으로 소송행위가 무효인 경우에만 제기될 수 5
있다. 소송행위가 처음부터 유효하거나 본질적 성립요건을 갖추지 못해 아예 부존재하는 때에는 하자치유를 상정할 수 없다. 많은 사안에서 학설과 판례는 무효로 평가되어야 할 행위를 애당초 유효한 것으로 간주하거나, 무효 아닌 행위를 무효로 오인해 하자치유 가부를 논의해 왔다. 이는 개념적 혼란에 기초한 부적절한 접근이며, 형사사법이 요구하는 엄정한 논증태도와는 거리가 먼 것이다.

Ⅱ. 소송행위가 무효인 사안을 규율하는 일반적 법규칙은 존재하지 않기 6
에, 통상 소송행위에 관해 하자치유 문제가 불거지는 경우 수소법원은 원리충돌상황에 맞닥뜨리게 된다. 이때 적법절차원칙의 대척점에서 하자의 치유를 지시하는 법원리가 무엇인지 문제되는바, 종래 학설·판례는 그 자리에 이른바 '절차유지원칙'이 있다고 설명해 왔으나, 이는 법정책적 구호에 불과할 뿐 재판규범이라 할 수 없으며, 형사소송에서 그러한 개념을 인정하는 것 자체가 부적절하다.

Ⅲ. 실무상 소송행위의 하자치유 여부는 결국 그때까지 형성된 심증을 7
포기할지의 기로에서 문제된다. 그 배면에는 실체재판-형식재판 사이 또는 유죄판결-무죄판결 사이 경계에서 적법절차와 진실규명의 각 요청 간 양자택일국면이 존재한다. 한편, 방법론적·당위적 차원에서도 하자치유 문제는 위 두 원리 간 충돌문제로 파악될 수밖에 없는바, 적법절차원칙이 형사소송(법)의 존재론적 기초를 구성하는 기본원칙이자 그 자체 목적이기도 한 이상, 개별사안에서 이를 후퇴시킬 만한 중요성을 갖는 대항원리는 진실규명요청밖에는 없기 때문이다.

Ⅳ. 두 원칙 간 충돌여부는 진실규명요청의 내용을 어떻게 파악하는지에 8
따라 달라질 수 있다. i) 대응론적·실체적 진실개념에 터잡은 실체진실주의에서는 정형화된 규칙에 따라 재구성된 사안과 '진실' 간 불일치가능성을 전제하는 반면, ii) 의사소통적·절차적 진실개념을 취하는 입장에서는 합리적 절차에 따라 확정한 사실관계만을 '진실'로 규정한다. 사안에 따라서는, i)의 관점에서는 진실규명과 적법절차의 각 요청 간 형량국면이 발생하지만 ii)의 관점에서는 두 원리 모두 하자불치유를 지시할 수 있다. 인식론적 한계상 형사소송의 진실은 객관세계에 존재했던 실체를 인식·발견하는 방식으로 밝혀지는 것이 아니라 주어진 법적·제도적 틀 안에서 절차참여자들의 상호작용을 거쳐 (관여법관의 확신을 통해) '형성'되는 것이라는 점에서 ii)의 시각이 타당하다.

9 V. 피고인보호이념과 사법정형성의 요청상 형량에서는 적법절차원칙이 기본적으로 선차적 지위를 부여받는다. 하자치유는 절차위반이 매우 경미하고 진실이익이 현저히 큰 사안에서 엄격히, 제한적으로만 인정되어야 한다. 형사소송법도그마틱을 범죄투쟁의 효율성이나 비용편익분석 관점에 따라 전개하는 방법론은 필연적으로 하자치유를 관대하게 인정해 신속히 재판을 종결하려는 태도로 귀결되나, 이는 공판절차를 형사정책의 하위수단으로 전락시키는 결과를 초래할 뿐이다. 그리할 경우 형사소송은 본연의 권리보장적 임무와 기능보다는 사회통제수단으로서의 성격이 강조된 빛깔을 띠게 된다.

10 VI. 일부 사안에 관해 학설과 판례는 피고인의 책문권포기가 있으면 기계적으로 하자치유를 인정하는 입장을 취하고 있다. 그러나 책문권포기는 형량에서 적법절차원칙의 비중을 상대적으로 가볍게 평가하게 하는 제한적 역할만 수행할 수 있을 뿐, 그 자체 하자치유의 충분조건은 될 수 없다. 당사자주의에 기대어 그러한 방법론을 정당화하는 견해가 있지만, 당사자주의가 형사재판의 구조에 대한 평가적·성격규정적 용어를 넘어 형사사법이 적극적으로 지향해야 할 법원리이자 재판규범이라고 할 수는 없으며, 설령 규범원리성을 인정한다 해도 그로부터 책문권포기를 하자치유의 근거로 삼는 결론을 도출할 수는 없다.

11 VII. 한편, 일반적 소송행위의 효력규정위반 사안과는 달리, 공소제기가 무효인 경우에 대해서는 법규칙인 제327조가 그 법적 효과를 확정적으로 지시하고 있다. 여기서는 입법자가 이미 비중평가를 마쳤으므로, 수소법원의 형량을 통한 하자치유는 불가능하다. 법원은 언제나 공소기각판결을 해야 하고, 개별사안의 특수성을 이유로 제327조의 적용을 회피해 유죄판결을 해서는 안 된다. 이를테면 공소장일본주의 위반, 공소사실불특정, 위법한 재정결정 등 무효원인이 있는 사안에서 관대하게 하자치유를 인정하는 판례의 태도는 타당하다고 할 수 없다.

12 VIII. 만약 제1심의 소송행위가 모두 무효이고 그것이 치유되지 않았다면, 실질적으로 심급의 이익이 총체적으로 침해됐다고 할 수 있으며, 항소심의 심리는 더 이상 유효한 절차의 연속으로 간주될 수 없다. 그러한 위법은 성

질상 파기자판으로 해소될 수 없으므로, 항소법원은 제366조를 유추적용해 사건을 제1심으로 환송해야 한다. 대법원은 필요적변호사건에서 변호인 없이 공판절차를 진행했거나 궐석재판의 요건이 불비됐음에도 심리를 진행해 판결한 경우 항소법원은 파기자판해야 하고, 국민참여재판 대상사건에서 의사확인절차를 누락한 경우 피고인이 항소심에서 책문권을 포기하면 하자가 치유된다고 한다. 그러나 저자는 이들 사안에서 항소법원은 예외 없이 사건을 제1심으로 환송해야 한다고 본다.

이상과 같은 관점이 실무에 적용됨으로써, 공판절차는 기능적 효율성의 13
형사정책적 명분하에 절차적 보장을 희생시키는 경향에서 벗어나 형식적 엄격성이라는 규범적 가치에 보다 충실한 모습을 띠게 되며, 형사소송법의 '범죄인의 마그나 카르타'로서의 성격 또한 좀 더 선명히 구현되리라 믿는다.

사항색인

참고문헌

(저자명 가나다순, 동일 저자의 문헌들 사이에서는 발행일순)

국내문헌

1. 단행본

로베르트 알렉시(변종필/최희수/박달현 譯), 법적 논증 이론, 고려대학교출판부(2007)
______________(이준일 譯), 기본권이론, 한길사(2007)
________________________, 법의 개념과 효력, 고려대학교출판부(2007)
박미숙, 공소시효제도에 관한 연구, 한국형사정책연구원(2004)
변종필, 형사소송의 진실개념, 세종출판사(1999)
______, 형법해석과 논증, 세창출판사(2012)
아르투어 카우프만(김영환 譯), 법철학, 나남(2007)
에른스트 크라머(최준규 譯), 법학방법론, 박영사(2022)
이상돈, 형사소송원론, 법문사(1998)
______, 기초법학(제2판), 법문사(2010)
임성민, 국민참여재판의 현황 및 활성화방안에 관한 연구, 사법정책연구원(2024)

2. 논문

강동범, "소송행위의 하자와 치유", 고시계 제43권 제7호(1998)
강동욱, "국민참여형사재판의 개시에 관한 논의", 법학논총 제37권 제2호(2013)
강명수, "저작권법 위반행위에 있어 전자적 형태로 제출된 범죄일람표와 공소제기의 성부", 형사법의 신동향 제58호(2018)
강일신, "정합적 법해석의 의미와 한계", 법철학연구 제17권 제1호(2014)
강철하, "공소장일본주의에 관한 법적 쟁점과 해석방향", 법학논집 제19권 제4호(2015)
공두현, "판결하기 어려운 사건, 쉬운 사건, 보통의 사건", 저스티스 제192호(2022)
군나 두트케(김성은 譯), "형사절차에서 보호적 형식: 하나의 낡은 모델?", 형사정책연구 제20권 제4호(2009)
권순민, "국민참여재판의 신청과 배제에 관한 연구", 법학논총 제38권 제4호, 단국대학교(2014)
권영법, "위법수집증거배제의 기준", 저스티스 제118호(2010)
김기두, "함정수사", 월간고시 제114호(1983)
김대성, "공소장일본주의의 실효성 확보를 위한 고찰", 아주법학 제8권 제3호(2014)
김양섭, "법률상의 방식을 위반한 재정신청을 인용하여 공소제기결정을 한 잘못을 그 본안절차에서 다툴 수 있는지 여부", 대법원판례해설 제86호(2011)
김용찬, "국민참여재판 회부시까지의 절차에 관한 고찰", 저스티스 제116호(2010)
김일수, "피고인의 소송법상 지위", 고시연구 제11권 제7호(1984)
김재중/이훈, "재정신청 대상 아닌 사건에 대한 재정결정의 효력", 법학연구 제26권 제4호(2018)
김정한, "피고인의 특정에 관한 소고", 형사소송 이론과 실무 제7권 제1호(2015)
______, "궐석재판과 증거동의 의제에 관한 소고", 법학논고 제54집(2016)
______, "형사소송에서 책문권의 인정과 한계에 대한 실무적 고찰", 법학논총 제19권 제3호(2012)
김혁돈, "모발감정결과에 의한 공소사실의 특정", 형사소송 이론과 실무 제8권 제2호, 한국형사소송법학회(2016)

나기업, “형사소송에서 피고인의 확정과 불일치의 문제”, 법학논총 제39권 제3호(2019)
______, “위법수집증거배제법칙과 형량”, 형사정책연구 제33권 제1호(2022)
______, “약식절차를 둘러싼 몇 가지 쟁점”, 법조 제71권 제6호(2022)
______, “효력을 상실한 비약상고의 항소간주”, 법조 제72권 제3호(2023)
______, “공소제기의 무효”, 법조 제72권 제6호(2023)
______, “형사소송에서 하자의 치유와 책문권포기”, 저스티스 제201호(2024)
______, “제1심의 소송행위가 모두 무효인 경우 항소법원의 조치”, 저스티스 제204호(2024)
______, “공소장일본주의 위반과 공소사실 불특정의 소송법상 효과”, 형사정책연구 제35권 제4호(2024)
______, “형사소송에서 의사표시의 하자”, 법조 제74권 제1호(2025)
로베르트 알렉시(박정훈 譯), “법체계와 실천이성”, 법철학과 사회철학 제3집(1993)
마틴 보롭스키(정종섭/박진완 譯), “기본권규범으로서 원리”, 서울대학교 법학 제44권 제1호(2003)
문기탁, “훈시규정에 대한 고찰”, 성신법학 제9호(2010)
미카엘라 페터스(정종섭/박진완 譯), “규칙과 원리로서의 기본권”, 서울대학교 법학 제43권 제4호(2002)
민만기, “마약류 투약 사건과 공소사실의 특정”, 성균관법학 제28권 제4호(2016)
박달현, “보충성의 원칙과 친고죄의 본질”, 비교형사법연구 제3권 제1호(2001)
박성민, “저작재산권침해죄에 있어 공소사실의 특정”, 계간 저작권 제33권 제3호(020)
박진완, “규칙과 원리로서 기본권”, 공법연구 제34집 제1호(2005)
백형구, “공소장일본주의”, 고시계 제49권 제9호(2004)
______, “피고인 및 공소사실의 특정”, 고시계 제29권 제8호(1984)
______, “형사소송의 목적, 특히 재판의 신속에 관하여”, 고시연구 제8권 제10호(1981)
변종필, “형사소송의 목적과 ‘실체적 진실’원칙”, 안암법학 제4호(1996)
______, “형사소송에서의 진실개념과 형사소송구조”, 형사정책연구 제7권 제3호(1996)
______, “형사소송과 법적 청문”, 인권과 정의 제245호(1997)
______, “형사소송법의 이념과 기본원칙”, 법치국가와 형법, 세창출판사(1998)
______, “공개주의와 공판의 의사소통구조”, 형사정책연구 제9권 제4호(1998)
______, “형사소송과 범죄투쟁, 그리고 인권”, 비교형사법연구 제5권 제2호(2003)
______, “형법해석에서 법정책적 논거원용의 타당성문제”, 형사법연구 제26호(2006)
______, “법규칙과 법원리 구별의 유용성과 한계”, 강원법학 제34권(2011)
______, “형벌조항에 대한 위헌심사와 책임원칙”, 형법해석과 논증, 세창출판사(2012)
______, “‘적법한 절차’를 위반한 사법경찰관 작성 피의자신문조서의 증거능력”, 형사법연구 제25권 제4호(2013)
______, “공소장일본주의 위반과 하자의 치유”, 비교형사법연구 제18권 제3호(2016)
______, “형사소송구조 논의의 실천적 함의”, 강원법학 제51권(2017)
______, “형사소송법에서 유추금지원칙의 적용과 범위”, 비교법연구 제21권 제2호(2021)
변종필/나기업, “직접주의와 공판중심주의·전문법칙의 관계”, 법조 제71권 제3호(2022)
빈프리트 하쎄머(변종필 譯), “형사소송에서 처분불가능한 것”, 형법정책, 세창출판사(1998)
______________(한영수 譯), “효율성지향 형법에서의 시민권의 운명”, 형법정책, 세창출판사(1998)
손기호, “마약류 약물사범과 공소사실의 특정”, 형사판례연구 5(1997)
신동운, “양형판단과 형사항소심의 구조”, 서울대학교 법학 제57권 제4호(2016)
신상현, “위법한 함정수사의 법적 효과에 대한 재검토”, 법학논총 제29권 제2호(2016)
______, “형사절차에서 피고인의 이의제기와 하자치유”, 안암법학 제51권(2016)
신양균, “형사소송법상 소송능력에 대한 재검토”, 동북아법연구 제14권 제1호(2020)
신이철, “형사절차상 성명모용이 판명된 경우 검사와 법원의 조치”, 외법논집 제33권 제2호(2009)
심재우, “당사자주의와 직권주의”, 고시계 제22권 제1호(1977)
심헌섭, “법과 힘”, 서울대학교 법학 제22권 제3호(1981)
심희기, “성명모용소송에서 피고인 인정과 검사·법원이 취하여야 할 조치”, 고시연구 제30권 제7호(2003)
안성수, “공소사실의 특정”, 홍익법학 제11권 제2호(2010)

안수길, "소극적 공리주의와 사회적 약자 보호", 한양법학 제29권 제3집(2018)
안준홍, "법규칙과 법원리를 질적으로 구별할 가능성에 대한 비판적 고찰", 법철학연구 제11권 제2호회(2008)
알빈 에저(손미숙 譯), "'당사자주의' 대 '직권주의'", 형사정책연구 제26권 제4호(2015)
양동철, "개정 형사소송법상의 공소장일본주의", 경희법학 제45권 제1호(2010)
______, "마약류 자기사용죄에 있어서의 공소사실의 특정", 경희법학 제44권 제1호(2009)
양천수, "형사소송법상 실체진실주의와 적정절차원칙에 대한 비판적 고찰", 경남법학 제23집(2008)
예상균, "마약 투약사범의 공소사실 특정", 법과 정책연구 제14집 제4호(2014)
원혜욱, "마약류 투약범죄에 있어서 공소사실의 특정과 피고인의 방어권 보장", 형사판례연구 17(2009)
윤동호, "기소변경주의의 의미와 한계", 비교형사법연구 제27권 제2호(2025)
______, "전문증거의 증거능력에 관한 문제영역 분석과 평가", 영남법학 제40권(2015)
윤영석, "면소판결의 본질과 일사부재리효", 비교형사법연구 제25권 제2호(2023)
은승표, "R. 알렉시의 원칙과 규칙 구별 이론에 대한 하나의 단상", 영남법학 제41집(2015)
이기광, "성명모용의 경우 법원이 취하여야 할 형사소송절차상의 조치", 재판과 판례 제6집(1997)
이부하, "원칙이론에 의한 헌법재판적 형량", 법학논고 제46집(2014)
이상돈, "공판중심주의의 활성화", 21세기 형사사법개혁의 방향과 대국민 법률서비스 개선방안 V, 한국형사정책연구원(2004)
______, "법관의 말행위와 올바른 법", 저스티스 제25권 제2호(1992)
______, "법체계의 정합성과 법적 논증의 정합성원칙", 법철학과 사회철학 제4집(1994)
______, "형사소송법개정과 법치국가의 침융", 법학논집 제32권(1996)
이상현, "공소장일본주의의 비교법적 분석", 법조 제60권 제2호(2011)
이승준, "배임죄의 손해 산정", 서울법학 제24권 제3호(2016)
이완규, "독일 형사소송상 직권주의의 재조명", 형사소송 이론과 실무 창간호(2009)
이용승/원호택, "사고 억제의 역설적인 효과에 관한 연구 개관", 심리과학 제7권 제1호(1998)
이은모, "공소사실특정과 관련된 몇 가지 문제점에 대하여", 한양법학 제10집(1999)
이재방, "변호사의 직무상 책임과 윤리의 충돌", 홍익법학 제8권 제3호(2007)
이재상, "재판의 신속", 고시연구 제13권 제5호(1986)
이정민, "국민참여재판에서의 축소사실인정", 형사판례연구 18(2010)
______, "디지털증거의 압수·수색과 절차적 진실", 형사법연구 제28권 제3호(2016)
이존걸, "면소판결사유의 범위", 한국콘텐츠학회논문지 제11권 제5호(2011)
임동규, "면소와 실체심리의 문제", 인도주의적 형사법과 형사정책, 동성사(2000)
조기영, "소송조건에 관한 연구", 서울대학교 박사학위논문(2006)
______, "재정결정에 대한 불복여부 및 재정결정상 하자의 법적 효과", 법조 제59권 제10호(2010)
차용석, "소송행위의 가치평가와 하자의 문제", 고시연구 제19권 제7호(1992)
______, "소송행위의 가치평가와 하자의 문제(下)", 고시연구 제19권 제8호(1992)
최석윤, "형사소송법과 유추금지", 형사정책연구 제14권 제2호(2003)
카티야 랑엔부허(변종필 譯), "영미 법이론에서 법관의 역할", 법철학연구 제6권 제1호(2003)
하태훈, "법치국가에서의 형법과 형사소송법의 과제", 고려법학 제62호0(2011)
홍영기, "공소장일본주의 위반으로서 여사의 기재", 법조 제66권 제3호(2017)
황일호, "마약류 투약범죄에서의 공소사실의 특정", 중앙법학 제18집 제3호(2016)
______, "모발감정결과에 기한 공소사실의 특정", 법학논문집 제32집 제1호(2008)
황현호, "성명모용과 위장출석의 경우 피고인의 인정기준", 사법논집 제25집(1994)

외국문헌

1. 단행본

W. BEULKE, STRAFPROZESSRECHT (1996)
R. DWORKIN, TAKING RIGHTS SERIOUSLY (1978)
J. ESSER, GRUNDSATZ UND NORM IN DER RICHTERLICHEN FORTBILDUNG DES PRIVATRECHTS (1974)
H. HART, THE CONCEPT OF LAW (1961)
H. KÜHNE, STRAFPROZESSLEHRE (1993)
N. MACCORMICK, RHETORIC AND THE RULE OF LAW (2005)
S. MONTEFIORE, STALIN: THE COURT OF THE RED TSAR (2004)
I. MÜLLER, EUROPÄISCHE VERLAGSANSTALT (1980)
W. WILBURG, DIE ELEMENTE DES SCHADENSRECHTS (1941)

2. 논문

R. Alexy, *Zum Begriff des Rechtsprinzips*, RECHTSTHEORIE 59－87 (1979)
_______, *On the Structure of Legal Principles*, 13 RATIO JURIS 294－304 (2000)
_______, *The Dual Nature of Law*, 23 RATIO JURIS 167－182 (2010)
_______, *Formal Principles: Some Replies to Critics*, 12 INT'L J. CONST. L. 511－524 (2014)
M. DamaŠka, *Truth in Adjudication*, 49 HASTINGS L. J. 289－308 (1998)
R. Dworkin, *The Model of Rules*, 35 U. CHI. L. REV. 14－46 (1967)
_________, *Hard Cases*, 88 HARV. L. R. 1057－1109 (1975)
V. Halvorsen, *Is it Better that Ten Guilty Persons Go Free Than that One Innocent Person be Convicted?*, 23 CRIM. JUST. ETHICS 3－13 (2004)
H. Hart, *American Jurisprudence through English Eyes*, 11 GA. L. R. 969－989 (1977)
W. Hassemer, *"Funktionstüchtigkeit der Strafrechtspflege" －ein neuer Rechtsbegriff?*, STRAFVERTEIDIGER 275－280 (1982)
A. Jakab, *Concept and Functions of Principles. A Critique of Robert Alexy*, ON THE NATURE OF LEGAL PRINCIPLES 145－159 (2009)
H. Jung, *Nothing But the Truth? Some Facts, Impressions and Confessions about Truth in Criminal Procedure*, THE TRIAL ON TRIAL I 147－156 (2004)
H. Kudlich, *Nichtige Urteile im Zivil－ und Strafprozessrecht*, 16 HUKUK FAKULTESI DERGISI 201－216 (2014)
P. Wang, *Formal Principles as Second－Order Reasons*, RECHTSPHILOSOPHIE UND GRUNDRECHTSTHEORIE 429－448 (2018)
D. Wegner et al., *Paradoxical Effects of Thought Suppression*, 53 J. PERSONALITY & SOC. PSYCH. 5－13 (1987)
L. Zedner & C. Stuckenberg, *Due Process*, CORE CONCEPTS IN CRIMINAL LAW AND CRIMINAL JUSTICE I 304－342 (2019)

저자 소개

나기업(羅基業)

동국대학교 법과대학 졸업
서강대학교 법학전문대학원 졸업
동국대학교 대학원 법학박사
변호사시험 6회
대한법률구조공단 변호사

저서 《형사소송법》(공저)

논문 <형사소송에서 의사표시의 하자>, <공수처 검사의 수사범위와 영장청구권>, <공소장일본주의 위반과 공소사실불특정의 소송법상 효과>, <제1심의 소송행위가 모두 무효인 경우 항소법원의 조치>, <형사소송에서 하자의 치유와 책문권포기>, <공소제기의 무효>, <5·18에 대한 허위사실유포죄를 둘러싼 2가지 쟁점>, <효력을 상실한 비약상고의 항소간주>, <직접주의와 공판중심주의·전문법칙의 관계>, <약식절차를 둘러싼 몇 가지 쟁점>, <형사절차에서 검증, 감정 및 '필요한 처분'의 개념>, <형사소송에서 피고인의 확정과 불일치의 문제> 外

형사소송에서 하자의 치유

초판발행 2025년 9월 1일

지은이 나기업
펴낸이 안종만·안상준

편 집 이수연
기획/마케팅 정연환
표지디자인 BEN STORY
제 작 고철민·김원표

펴낸곳 (주)박영사
서울특별시 금천구 가산디지털2로 53, 210호(가산동, 한라시그마밸리)
등록 1959. 3. 11. 제300-1959-1호(倫)

전 화 02)733-6771
f a x 02)736-4818
e-mail pys@pybook.co.kr
homepage www.pybook.co.kr
ISBN 979-11-303-2494-4 93360

정 가 22,000원